KB151684

탄소중립 골든타임

추천사

지금 전 세계는 불행하게도 소위 불가항력 선언(Force Majeure)의 조건이 되는 전염병, 전쟁, 자연재난 및 공급망 교란 등의 천재지변을 모두 한꺼번에 경험하고 있다.

코로나 팬데믹에 억눌렸던 수요가 넉넉한 유동성을 밑천 삼아 한꺼번에 튀어 오르면서 인플레이션의 방아쇠를 당겼다. 설마 했던 러시아의 우크라이나 침공, 이로 인한 제재와 보복은 통상의 국제 에너지 거래관계와 시장 질서를 뿌리째 뒤흔들고 있다. 지구에서 가장 뜨거운 미국 데스밸리 Furnace Creek에 천년만의 홍수가 났다거나, 가뭄으로 라인강의 수위가 너무 낮아져서 발전용수가 부족하다는 해외 토픽은 이제 새삼스럽지도 않다.

인류가 사용하는 대표 1차 에너지인 석유와 가스, 석탄의 가격이 이렇게 일제히 폭등한 적은 일찍이 없었다.

러시아를 대체하여 천연가스를 수입할 곳을 찾아 정상들까지 나서서 수소문하는가 하면, 폐지 수순에 있던 석탄발전소를 다시 가동하는 나라들이 늘고 있다. 7년 전 세계가 극적으로 합의에 도달한 파리협정, 각국의 탄소중립 이행선언과 감축 약속은 잠시 잊은 듯 보인다. 천재지변(Act of God)과 진영간 패권 경쟁이 격화됨에 따라 경제 안보, 기술 안보, 에너지 안보의 중요성에 세계가 다시 눈을 돌리게 된 것은 당연하다.

하지만 얼핏 탄소중립을 향한 우리의 발걸음을 붙잡는 듯 보이는 에너지 안보의 본질을 조금만 더 찬찬히 살펴보면 기후 위기 대응과 에너지 안보 확보는 동전의 앞 뒷면과 같다는 것을 알 수 있다.

전통적으로 공급 안정을 위해 에너지를 스스로 생산하거나, 자주 개발률을 높이고, 공급선을 다변화해왔다. 하지만 이제 이것으로 충분치 않다. 깨끗하고 안전하며 비용도 감당할 만하여 세대나 지역간 갈등 요소가 최소화 되어야 공급 차질이 발생하지 않는다. 에너지 안보는 공급 안정성과 지속 가능성의 합주를 통해 완성된다.

가장 심각한 천재지변에 직면한 유럽의 선택이 친환경에너지 가속화와 에너지 소비 절감을 위한 REPower EU이고, 미국 의회가 논의중인 인플레이션 감축 수단은 전기차 등 저탄소 배출 기술을 채택하는 기업과 개인에 대한 세제 혜택 부여라는 점이 시사하는 바가 크다.

『탄소중립 골든타임』은 탄소중립과 에너지 안보를 조화시키면서 함께 풀어야 할 숙제를 하나하나 짚어주고 있다. 탄소중립(net zero)에 이를 최적 경로를 찾는 데 꼭 필요한 무탄소 발전, 계통 유연화, 저장(storage) 믹스, 소비 효율화 등의 핵심기술 요소들도 보여 준다.

저자는 산업통상자원부 출입을 통해 20여 년간 에너지정책이 어떻게 형성되고 변화하였는지, 그리고 에너지 관련 주요 이슈와 현안들이 우리 사회에 어떤 영향을 미쳤는지 생생하게 지켜보았다. 고비 고비마다 어렵고 복잡한 이슈를 전문성과 남다른 열정으로 일목요연하게 풀어서 국민들께 전달해 주었다.

우리는 앞으로 탄소중립을 위한 개별 경제주체들, 그리고 현재와 미래 세대 각각의 역할과 감당해야 할 부담을 논의하고 정해 나가야 한다. 의견을 표출하기 어려운 미래 세대에게 과도하게 부담을 전가하고 있는 것은 아닌지에 대해서도 함께 진지하게 고민해야 한다.

저자가 이야기한 "저탄소시대 선도자"의 기회, 막대한 투자와 시장 선점의 기회가 우리 앞에 있다. 이 책이 이 시대 꼭 필요한 논의의 시작점이 되어 주기를 기대한다.

정승일

한국전력공사 대표이사 사장

감수의 글

코로나19가 다시 유행하고 있지만, 팬데믹에서 엔데믹으로 전환하고 있음은 분명해 보인다. 팬데믹 이전에는 에너지전환이 글로벌 이슈였다. 그래서 인류는 원자력 및 석탄의 활용을 줄이고 재생에너지와 천연가스를 늘리면 될 것으로 생각했다.

하지만 팬데믹 기간 동안, 인류는 기후변화에 대해 다시 한번 더 심각한 고민을 하게 되었다. 결국 에너지전환에서 탄소중립으로 패러다임 전환을 했다. 이에 우리나라는 2020년 10월 '2050 탄소중립'을 선언했고, 2021년에는 세계에서 14번째로 탄소중립을 법제화하고, 2030년 온실가스 감축목표를 대폭 상향 조정했다.

이 가운데 우크라이나-러시아 전쟁으로 촉발된 현재의 글로벌 에너지 위기는 우리로 하여금 탄소중립에 대해 근본적인 질문을 던져주고 있다.

과연 에너지 부족국가인 우리가 탄소중립을 할 수 있을까? 우리만 탄소중립을 해서 기후변화 문제가 해결될까? 에너지 안보가 탄소중립보다 더 중요한 것은 아닌가? 탄소중립의 모범국가라 일컬어지는 독일도 다시 석탄발전을 늘리고 있다는데 우리만 석탄발전을 줄이는 것이 과연 맞는가? 한국형 탄소중립 경로가 과연 존재하는가? 만약 존재한다면 그것은 무엇일까? 탄소중립의 추구가 일자리와 부가가치를 줄이지는 않을까? 개별 기업은 어떻게 탄소중립에 대응해야 하는가?

이 책이 이 질문들에 대한 정답을 완벽하게 담고 있기는 어려울 것이다. 하지만 독자들이 이 질문들에 답할 단초를 얻을 수는 있다. 저자가 그동안 고민하고 조사했던 내용이 이 책에 체계적으로 잘 정리되어 있기 때문이다. 무탄소 · 저탄소 에너지로서의 원자력, 재생에너지, 천연가스의 역할 뿐만 아니라, 또 하나의 미래에너지라 할 수 있는 에너지효율도 다루고 있다.

탄소중립을 위한 필수 기술, 도시 및 산업 부문에서의 탄소중립의 미래, 국내 주요 기업의 탄소중립 추진 사례 등은 정말로 흥미진진하다. 에너지환경 분야 종사자뿐만 아니라 학생 및 일반인에게도 유용한 내용을 듬뿍 담고 있다. 이에 25년 이상 에너지정책을 교육하고 연구한 학자의 입장에서, 이 책을 적극 추천하는 바이다.

유승훈

서울과학기술대학교 창의융합대학 학장
미래에너지융합학과 교수

프롤로그

2022년 여름. 우리는 지금까지 경험해보지 못한 기후위기를 목격했다.

8월의 어느 날 서울 · 경기 · 강원지역 일대에 100~300mm의 물폭탄이 쏟아졌다. 수도권 일부지역에선 하루 강수량이 380mm에 달하면서 115년 기상관측 사상 최대치를 기록했다. 곳곳에서 주택과 도로, 차량침수 피해가 불가항력적으로 발생했다.

영국 런던에선 루턴공항의 비행기가 한동안 운항을 멈췄다. 낮 최고기온이 40℃를 넘어 활주로가 녹아내렸기 때문이다. 런던의 위도는 북위 51도로, 서울(37도)보다 약 1500km 더 북쪽에 위치하고 있다. 러시아 사할린이 북위 45~54도다. 물 부족 현상을 우려한 영국 정부의 대국민 권고사항도 기후재난이 만들어낸 단면이다. 욕조에 물을 받아 목욕하는 대신 샤워로 대체할 것과, 매일 머리감는 것을 지양해달라는 내용을 보면 타임머신을 타고 과거로 회귀한 느낌이다.

미국 캘리포니아주에서는 산불로 지역주민 수천명이 대피했다. 극심한 가뭄으로 나무와 풀의 수분이 말라 화를 키웠다. 세계 최초의 국립공원인 옐로우스톤은 홍수로 고립됐다. 이 홍수는 사흘간 집중된 폭우와 이상고온으로 산정상에 있던 눈이 녹아내리면서 시작됐다.

중국은 61년만의 최고 기온으로 폭염에 시달렸고, 호주에선 나흘동안 700mm에 가까운 폭우가 내렸다. 기후재난은 세계 곳곳에서 인간을 무력화시키며 일상으로 다가오고 있다.

이러한 기후변화의 배경은 지구온난화다. 유엔(UN)은 1900년 산업화 이후

200년동안 지구온도가 1℃ 올랐다고 밝혔다.

기후변화에 관한 정부간 협의체(IPCC)는 2050년까지 현재 수준의 온실가스 배출이 이어진다면 20년 안에 지구 평균온도가 1.5℃ 상승할 것이라고 전망했다. 그 정도로 왜 이리 호들갑을 떠는지 의아해 할 수 있으나 지구 온도 1~2℃ 상승은 우리 집 실내온도 1~2℃ 차이와는 결이 다른 문제다.

지구 온도는 1℃만 올라도 육상생물 10%가 멸종위기에 처하고, 킬로만자로의 만년빙이 사라진다. 3℃ 오르면 허리케인으로 식량생산이 어려워지고, 5~6℃ 상승하면 거주불능 지역이 급격히 늘어나 모든 생물체의 대멸종이 시작된다.

지구온난화 주범인 대기 중 이산화탄소(CO_2) 농도는 올해 사상 최대치를 기록했다. IPCC가 제시한 마지노선을 이미 넘었다. 미국 항공우주국(NASA)이 최근 공개한 지구 서반구 폭염지도는 곳곳이 시뻘건 색으로 뒤덮였다.

기후변화는 오랜 시간 탄소배출이 누적된 결과다. 문제는 오늘부터 작심하고 CO_2 배출을 '제로'(0)로 만든다고 해도 곧바로 지구온도 상승세가 꺾이지 않는다는 점이다. CO_2 감축효과가 지구온도 하강으로 나타나려면 20년 정도의 시차가 생긴다. 관성의 법칙 때문이다. 승용차를 운전하다가 급히 브레이크를 밟았을 때 차가 바로 정지하지 않고 앞으로 밀리는 경우와 비슷하다.

안토니우 구테흐스 UN 사무총장은 "앞으로 10년은 기후변화에 대응하는 결정적인 10년이 돼야 한다"며 "서로 믿고 다 같이 협력해야 한다. 모두 함께 기후 변화에 대응하거나 아니면 다 같이 죽는 것"이라고 말했다.

기후재난이 지금보다 더 심각한 상황이 되면 그 때 우리가 할 수 있는 일은 거의 없을 것이다. 바로 지금이 탄소중립 실현을 위한 골든타임(Golden Time)이다.

유엔무역개발회의(UNCTAD)는 2021년 대한민국에게 선진국 지위를 부여했다. 위상이 커진 만큼 국제사회에서 책임도 무거워졌다. 탄소중립 실현방법을 두고 더 이상 미국이나 유럽국가들 뒤에서 눈치만 살피거나, 우왕좌왕할 때가 아니다. 탄소중립은 국가의 목표이고, 친환경은 기업경영의 원칙이 됐다. 국민의 실생활과 떼려야 뗄 수 없다. 이 책을 쓰게 된 이유다.

탄소중립은 아직 아무도 가보지 않은 길이다. 그래서 위기감이 몰려오지만 기회라는 생각도 든다. 우리나라가 고탄소 시대에는 추격자였지만, 저탄소시대에는 우리가 하기에 따라서 선도자로 올라 설 수 있다.

1장에서는 기후변화의 원인과 현상 등을 통해 왜 탄소중립 논의가 시작됐는지 알아보고, 2장에선 국제사회의 움직임을 살펴봤다. 3장은 우리나라를 비롯한 세계 각국의 에너지 현황과 탄소중립 이행계획을 점검했다. 4장에선 우리가 직면한 문제들 가운데 반드시 풀고가야 할 사안을 △원자력 △재생에너지 △천연가스 △에너지효율 및 수요관리로 나눠 분석했다.

5장은 탄소중립 실현을 위해 필요한 기술을 설명하고, 6장에선 △건설 △자동차 △금융 △RE100과 탄소국경세 등을 다뤘다. 친환경 녹색도시로 자리매

김한 미국 시카고와 탄소제로 도시를 꿈꾸는 아랍에미리트(UAE) 마스다르시티 사례도 들여다봤다. 이처럼 탄소중립을 둘러싼 과거와 현재, 미래를 조명하고 분야별 이슈를 끌어내 대안 도출을 시도했다.

출간 일정이 우여곡절 끝에 계획보다 좀 늦어졌다. 하지만 장명국 내일신문 사장님의 격려 덕분에 힘을 내 글을 완성할 수 있었다. 바쁘신 가운데도 부족한 원고를 꼼꼼히 읽고 추천사를 써주신 정승일 한국전력공사 사장님과 감수의 수고로움을 더해주신 유승훈 서울과학기술대 교수님께 감사드린다.

또한 순간순간 제언을 아끼지 않으시며 자문해주신 임성진 에너지전환포럼 공동대표, 손정락 산업통상자원 R&D 전략기획단 에너지산업MD(Managing Director) 덕분에 부족한 내용을 조금 더 보완할 수 있었다.

자료 하나를 부탁하면 관련내용 서너개씩 찾아 보내준 양정화 산업통상자원부 과장, 김강원 한국에너지공단 팀장의 도움도 컸다. 또 확인해야 하는 해외동향이 있을 때마다 속전속결 도와준 KOTRA 박창은 실장과 김창석 과장에게 크게 신세졌음을 밝힌다. 세 번째 출간기회를 제공해 준 장민환 석탑출판 대표에게도 감사의 마음을 전한다.

끝으로 나의 일상을 전적으로 지지해주는 아내 정승주, 무더운 여름 국방의 의무를 다하고 있는 아들 상화와 함께 출간의 기쁨을 나누고 싶다.

2022년 8월 **이재호**

차례

부록 | 탄소중립 도전에 나선 기업들

1장

왜 탄소중립인가

1. 기후위기의 시대
2. 기후변화의 원인과 현상

1. 기후위기의 시대

2016년 8월 브라질 리우올림픽 남자부 역도경기에서 한 선수가 경기를 마친 후 흥겹게 춤을 추며 퇴장했다. 태평양의 작은 섬나라 키리바시의 카토아타우 선수였다. 그의 성적은 전체 출전선수 17명 중 14위였다. 하지만 등수는 중요하지 않았다.

카토아타우는 언론 인터뷰에서 "지구온난화로 우리나라가 사라져가는 현실을 세상 사람들에게 알리고 싶었다"고 말했다. 가족과 이웃들이 기후난민이 되어가는 가슴 아픈 현실을 알리기 위해 무엇이라도 하려 했던 애절한 춤이었다. 호주의 북동쪽, 태평양 한가운데 33개의 산호섬이 영토인 키리바시는 지구온난화로 해수면이 상승하면서 조금씩 가라앉고 있는 것으로 전해진다.

2019년 9월 미국 뉴욕에서 열린 UN 기후행동 정상회의에서는 한 소녀의 외침이 큰 주목을 받았다. 그레타 툰베리라는 스웨덴 출신의 16살 소녀였다.

이 회의에서 툰베리는 "세계 지도자들이 온실가스 감축 등 각종 환경공약을 내세우면서도 실질적인 행동은 하지 않고 있다"고 비판했다. 이어 "생태계가 무너지고 대멸종 위기 앞에 있는데도, 돈과 영원한 경제성장이라는 동화 같은 이야기만 늘어놓고 있다"며 "당신들은 자녀를 사랑한다고 하지만 그들 눈앞에서 미래를 훔치고 있다"고 꼬집었다.

툰베리는 앞서 1년 전인 2018년 여름, 262년래 가장 더웠던 스웨덴의 폭염과 산불을 겪으면서 본격적인 환경운동에 나섰다. 매주 금요일에는 학교를 결석하고 스웨덴 국회의사당 앞에서 기후변화 대책 마련을 촉구하는 1인 시위를 벌였다. 그의 손에는 '기후를 위한 학교 파업'(school strike for climate)이라는 피켓이 들려있었다. 시위는 세계적인 기후운동 '미래를 위한 금요일'(Fridays for Future)로 이어졌다. 2019년 3월 독일 스페인 호주 등 92개국 1200여 단체가 각국에서 동시다발적으로 집회와 시위를 진행하기도 했다.

하지만 이러한 외침도 무색하게 기후변화로 인한 여러 현상들이 심화되며 지구 곳곳을 위기 속으로 몰아넣고 있다.

세계 곳곳 기후재난 속출

우리는 기후위기 시대에 살고 있다. 세계 곳곳에서 이상 기후재해가 발생한다. 개발도상국은 물론 선진국도 예외가 아니다.

2021년 7월 중국 중부 허난성에는 1000년 만의 기록적인 폭우가 내렸다. 나흘 동안 무려 617.1mm의 강수량을 기록했다. 1시간 동안 201.9mm의 집중호우가 쏟아진 날도 있었다. 이로 인해 수백 명의 인명피해가 생겼고, 재산피해는 1143억위안(약 21조원)에 달했다. 중국 기상청 기상연구소는 "이러한 홍수는 우연히 발생한 이벤트가 아니라 코로나19와 같이 상존하는 일상적인 재해가 될 것"이라고 경고했다.

독일 벨기에 네덜란드 영국 등 유럽도 물폭탄 수준의 기록적인 폭우로 도심이 마비되고, 산사태가 속출했다. 인도 필리핀 예멘 러시아 튀르키예(터키)도 큰 홍수 피해를 입었다.

영국 기상학자인 스티븐 키츠는 "폭염으로 따뜻해진 지구 표면이 대기의 더 차가운 공기와 만나 상승하면서 기류가 수렴해 폭풍우가 발생했다"고 설명했다.[1)]

1) 경향신문, '물 난리로 몸살앓는 세계', 2021년 7월 26일
https://www.khan.co.kr/world/world-general/article/202107261715001

2020년 8월 발생한 캘리포니아 산불은 미국 서부지역에 크고 작은 화재가 9000여건 이상 발생하면서 1년 이상 지속됐다. 피해면적이 1만7231km²(서울시 면적의 약 28배)에 이르고, 피해금액은 120억달러(약 13조6000억원)로 추산된다. 당시 캘리포니아는 비정상적으로 강한 고기압에 둘러싸여 있었는데, 허리케인(대서양 서부에서 발생하는 열대저기압)이 출현하면서 기압변화로 대기가 급격히 불안정해졌다. 이 과정에서 사흘 동안 1만2000여개의 번개가 치면서 대규모 산불이 시작됐다. 연기와 재가 햇빛을 가리면서 하늘이 온통 주황빛으로 물들기도 했다.

2021년 2월 미국 텍사스주에선 대규모 정전사태가 일어났다. 이 정전사태의 1차적인 원인은 북미 전역에 휘몰아친 겨울폭풍이다. 미국 본토의 75%에 눈이 왔으며, 날씨가 온화해 선 벨트(Sun Belt)로 불리는 미 남부지방의 온도도 영하 20℃ 아래로 떨어졌다.

오히려 북서부의 알래스카 페어뱅크스 기온은 영하 16℃에 머물렀다. 다시 말해 미국에서 따뜻한 지역으로 꼽히는 텍사스가 미국에서 가장 추운 알래스카보다 더 추운 상황이 연출된 것이다. 10cm 이상의 폭설까지 내렸다.

이에 한겨울에도 최저기온이 5~10℃를 오가던 텍사스주는 비상이 걸렸다. 전력을 여름철에 집중 생산하고, 겨울철에는 설비 정비 등으로 생산을 급격히 줄여왔기 때문이다.

하지만 예상치 못한 한파로 난방수요가 급증했고, 발전설비는 동파되거나 고장나는 바람에 정전이 발생했다. 특히 텍사스는 전력망이 다른 주들과 연결돼 있지 않아 설비를 복구하기 전까지 속수무책이었다. 정전가구는 450만호, 피해금액은 1956억달러(약 221조원)에 이르렀다.

텍사스주 전기신뢰성위원회(ERCOT)는 정전분석 보고서에서 "텍사스주 정전의 가장 큰 원인은 예상치 못한 한파에 대한 방한대책 부재(평소 눈이

내리지 않음)와 전기난방 수요의 급격한 증가"라고 진단했다. 이랬던 텍사스 주가 2022년 6월에는 기록적인 폭염으로 전력소비량이 역대 최대치를 경신하기도 했다.

글로벌 보험중개기업 Aon에 따르면 2020년 자연재해로 발생한 미국의 경제적 피해는 2680억달러(약 352조원)로 추산됐다. 이는 대한민국의 2020년 예산 512조의 58.6%에 달하는 규모다. 2680억달러는 대한민국이 연구개발을 12년 이상 지속할 수 있는 비용이며, 6년간 국방을, 30년간 환경을, 15년간 공공 · 질서 · 안전을 책임질 수 있는 예산에 해당한다.[2)]

2018년 여름 서울 39.6℃, 111년만의 일

기후위기와 이에 따른 생태계 변화는 우리나라에서도 여러 방면으로 나타나고 있다.

2018년은 사상 최악의 폭염이 있던 해다. 8월 1일 서울 기온은 39.6℃를 기록하며 기상관측을 시작한 이후 111년 만에 최고치를 갈아치웠다. 같은 날 강원도 홍천은 41.0℃로 전국 역대 1위인 대구 40℃(1942년 8월 1일)를 경신했다. 2018년 여름 전국 폭염과 열대야 일수는 각각 31.4일과 17.7일로 평년(9.8일, 5.1일)보다 3배 이상 길었다. 서울도 폭염과 열대야 일수가 각각 35일과 29일로 평년(6.6일, 8.5일)보다 3.5~5배 많았다.

2020년의 이상 기후현상은 기상 역사상 가장 따뜻했던 1월(최고기온 7.7℃)과 최장기간 장마를 꼽을 수 있다.[3)]

2) 조성경, 전기신문, '탄소-석탄 감축, 재생에너지 확대 우리는 무엇을 위해 도전하는가', 2021년 6월 9일, https://www.electimes.com/news/articleView.html?idxno=218501
3) 관계부처 합동(주관 국무조정실, 기상청), 2020 이상기후 보고서, 2021년 1월 28일

■ 한반도 아열대 기후 전망도

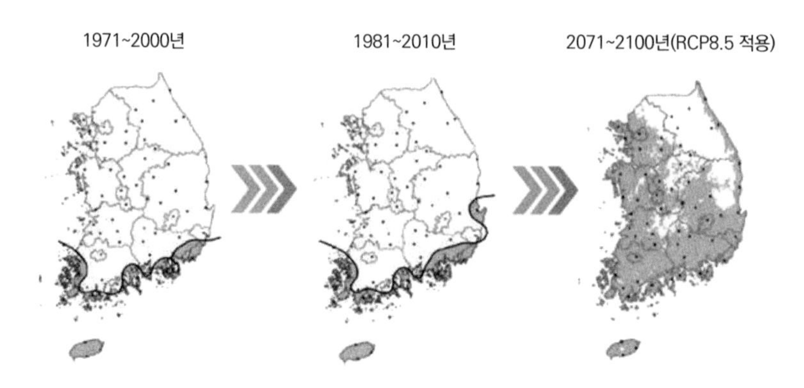

*출처:기상청, 전지구기후서비스체제(GFCS) 이행을 위한 국내 기후정보 개발 및 서비스 개선 연구(2015)

한겨울 포근한 날씨로 얼음이 다 녹아 전국 곳곳에서는 겨울축제가 줄줄이 연기 또는 취소됐다. 장마는 6월 24일 시작해 8월 16일 종료(중부지방 기준)까지 54일간 지속되면서 1973년 이후 가장 긴 장마로 기록됐다.

전국 강수일수도 28.3일로 가장 길었다. 장마철 전국 강수량은 693.4mm로 평년 356.1mm의 두 배에 육박했다. 역대 최장 장마기간과 집중호우로 전국에서 6175건의 산사태(1343ha)가 발생하기도 했다. 7월엔 1951년 이후 처음으로 태풍이 발생하지 않았고, 8월엔 4개의 태풍이 우리나라에 영향을 미쳤다. 11월엔 서울 춘천 강릉 등지에서 104년래 최대 폭우를 기록했다.

우리나라에서는 2009~2018년 10년간 기상재해로 20만명의 이재민이 발생했고, 약 12조원의 경제적 손실을 기록했다. 향후 기후변화에 따른 피해는 이보다 더 늘어날 것으로 우려된다.

한편 기상청에 따르면 1994년 전후로 우리나라의 폭염과 열대야 일수는 크게 증가한 것으로 나타났다. 서울 부산 등 국내 10개 도시의 폭염 발생일수는

1973~1993년 평균 8.6일이었으나 1994~2015년 12.1일로 3.5일 늘었다. 같은 기간 열대야 발생일수도 7.0일에서 13.8일로 두 배 가까이 증가했다.

미국 국립대기연구센터(NCAR)는 만일 지구 대기 중 이산화탄소 농도가 현재와 같은 추세로 2100년까지 두 배 증가할 경우 지구 기온이 5.3℃ 더 올라갈 것이라고 예측했다.

21세기 후반 국산 사과 먹기 힘들듯

기후변화가 지속되고 가속화된다면 농업 생산과 식량안보에 심각한 위험을 초래할 것이란 우려도 나온다. 농업은 날씨와 기상조건에 취약한 산업으로 폭염이나 가뭄, 폭우, 한파 등이 발생할 때마다 영향을 직접적으로 받기 때문이다. 이러한 영향을 장기적으로 받는다면 재배지와 재배품목이 변화하고, 상황에 따라서는 식량위기가 초래될 수 있다.[4)]

기후변화가 농업에 미치는 영향은 월동작물을 제외한 식량작물(벼 콩 옥수수 감자)의 경우 21세기 중반까지 생산량이 일정 수준 유지되다 이후 급격한 수량 감소가 전망된다. 채소의 경우 고추나 배추 같은 작물은 고온피해가 예상되고, 양파는 고온조건에서 수량이 증가할 것으로 보인다.

지구온난화로 우리나라 기후가 아열대(월평균기온 10℃ 이상이 8개월 이상 지속됨)로 바뀌어 감에 따라 앞으로 50년 뒤인 2070년대에는 주요 과일의 재배 지역도 크게 달라질 전망이다. 농촌진흥청은 기후변화 시나리오를 반영한 6대 과일의 재배지 변동을 예측했다.[5)]

4) 김규호 · 장영주, 국회입법조사처, '한국 기후변화 평가 보고서 2020'의 농업부문 주요 내용과 과제, 2020년 8월 20일

5) 농촌진흥청 국립원예특작과학원, '온난화로 미래 과일재배 지도 바뀐다' 보도자료, 2022년 4월 13일

■ 사과단감 재배지 변동예측

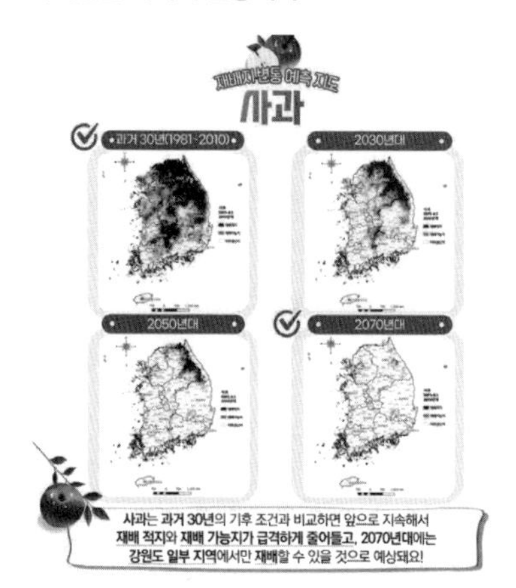

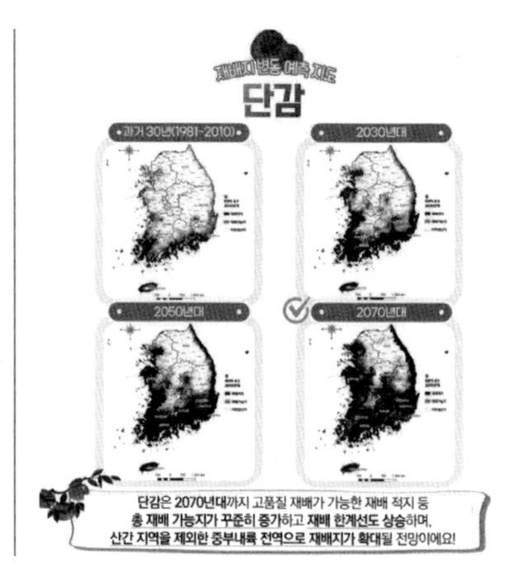

*출처:농촌진흥청

농촌진흥청에 따르면 사과는 앞으로 지속해서 재배 적지와 재배 가능지가 급격히 줄어들고, 2070년대에는 강원도 일부 지역에서만 재배 가능하다. 우리나라에서 사과재배 면적은 2030년 27.5%, 2050년 10.5%, 2090년 0.9%로 크게 줄어들 것으로 예상된다.

배는 2030년대까지 총 재배 가능지 면적이 증가하다가, 2050년대부터 줄어 2090년대에는 역시 강원도 일부 지역에서만 재배가 가능할 것으로 예측됐다. 사과와 배는 7℃ 이하에서 1200~1500시간 이상 경과해야 정상적인 재배가 가능하다. 따라서 지구온난화로 겨울철 기온이 상승하면 남쪽지방은 재배하기 어려워진다.

복숭아도 배와 비슷한 양상을 보여 2090년엔 강원도 산간지역에서만 재배 가능할 전망이다. 포도는 총 재배지 면적을 2050년대까지 유지할 수 있으나, 이후 급격히 줄어 2070년대에는 고품질 재배가 가능한 지역이 급격히 감소할 것으로 예상된다.

단감은 2070년대까지 고품질 재배가 가능한 재배 적지가 꾸준히 증가하는 등 산간 지역을 제외한 중부내륙 전역으로 재배지가 확대될 전망이다. 감귤도 총 재배 가능지가 지속적으로 증가하고, 재배 한계선이 제주도에서 남해안과 강원도 해안지역으로 확대될 것으로 예측됐다.

단감과 감귤은 내한성(추위 견디는 성질)이 약해 최저기온이 높아야 잘 자란다. 따라서 온난화 현상으로 재배면적이 늘어날 것이란 관측이다.

'꿀벌 실종사건' 원인도 기후변화

충남 아산에서 20여 년간 양봉 농가를 운영해온 A씨는 2022년 이른 봄 황당한 일을 겪었다. 270여개의 벌통에 든 벌 70%가 집단 폐사한 것이다. 이처럼 봄철 꿀 수확기를 앞두고 국내 양봉농가에서 꿀벌 대량 폐사 사건이 잇따라 발생했다.

꿀벌 폐사는 전국적으로 일어났으며, 전남 경남 제주지역의 피해가 상대적으로 컸다. 농촌진흥청은 양봉농가의 꿀벌 피해 원인은 꿀벌응애류 발생과 이상기후 현상 등이 복합적으로 작용했기 때문이라고 밝혔다.[6]

특히 2021년 9~10월에는 저온현상이 발생해 꿀벌의 발육이 원활하지 못했고, 11~12월에는 고온으로 꽃이 이른 시기에 개화하는 현상이 나타나 봉군(벌무리)이 약화됐다고 설명했다.

이렇게 약화된 봉군으로 월동 중이던 일벌들이 화분 채집 등 외부활동 중 체력이 소진됐고, 외부기온이 낮아지면서 벌통으로 돌아오지 못한 것으로 추정된다. 일벌들은 월동기간 공 모양으로 밀집된 형태를 유지하는데, 강한 봉

6) 농촌진흥청, '전국 양봉농가 월동 꿀벌 피해 민관 합동 조사 결과' 보도자료, 2022년 3월 13일

군들은 단단히 밀집해 외부환경에 강하게 대응하지만 약한 봉군들은 민감하게 반응한다. 사태가 심각해지자 농촌진흥청은 2023년부터 8년동안 484억원을 투입해 꿀벌 보호를 위한 밀원(꽃과 꽃가루를 통해 꿀벌의 생산을 돕는 식물) 개발과 생태계 보전에 나서기로 했다.

미국과 유럽에서는 이미 2000년대 중반부터 이러한 현상이 나타난 것으로 전해진다. 꿀벌 실종사건은 양봉농가의 피해로만 그치는 게 아니라 다른 농작물의 생산 감소로 이어져 결국 인간의 식생활에도 막대한 영향을 미칠 것으로 보인다.

유엔식량농업기구(FAO)에 따르면 세계 식량의 90%를 차지하는 주요 100대 농작물 중 70% 이상이 꿀벌의 수분으로 생산된다. 즉 꿀벌 개체수가 줄면 견과류와 과일, 채소 등의 생산도 감소해 세계적인 식량난을 초래할 수 있다.[7)]

FAO가 산정한 꿀벌의 경제적 가치는 연간 2350억~5770억달러(약 285조~700조원)에 이른다. 클레어 얀츠(Claire Jantz) 미국 시펜스버그대 교수는 "우리는 벌이 사라진 세상을 맞이하기 전에 벌 없이 어떻게 식량을 생산할 것인지 생각해야 한다"고 말하기도 했다.

수온 상승해 오징어·명태 서식지도 바뀌어

생태계 변화는 바다 속이라고 예외가 아니다. 기후변화는 해양생태계를 위협하며 수산업의 위기를 가져오고, 나아가 인류의 생존을 위협한다.

해양수산부 국립해양조사원에 따르면 우리나라 제주도 북쪽과 서쪽 해역의 표층수온이 지난 16년(2000년 3월~2015년 3월) 동안 약 1.3℃ 높아진 것으로

7) 그린피스, 꿀벌이 사라진 아침 식탁, 2022년 4월 19일
https://www.greenpeace.org/korea/update/22219/blog-ce-honeybee-and-food-crisis

나타났다.[8)]

국립해양조사원은 제주해협 부근 해역(모슬포, 제주북부, 여수)을 따라 표층 수온 상승추세가 뚜렷하다고 설명했다. 부산은 같은 기간 0.9℃ 상승했다. 한반도 연근해 수온상승으로 우리나라 어장지도도 크게 바뀌고 있다.

더불어민주당 어기구 의원(충남 당진)이 해양수산부로부터 제출받은 '최근 50년간 대표어종의 어획량변화'에 따르면 도루묵 임연수 등 한류성 어종 어획량은 급감한 반면 오징어 고등어 멸치 등 난류성 어종 어획량은 크게 늘었다.[9)]

1970년대 6만2730톤 정도 잡히던 명태는 2010년대 3톤으로 거의 씨가 말랐다. 정부는 수산자원회복사업으로 2014년부터 7년간 '명태 살리기 프로젝트'를 추진, 17억원의 예산을 투입해 163만마리 인공종자를 동해에 방류했다. 하지만 동해 수온에 적응해 지금까지 생존한 것을 직접 확인한 사례는 2015년 방류했던 명태 1만5000마리 가운데 17마리에 불과하다.

동해안에서 많이 잡히던 오징어는 북쪽으로 많이 올라갔거나 넓게 퍼졌고, 남해안에서 멸치 어획량도 줄었다. 수온이 올라가면서 갓 태어난 멸치의 생존율이 떨어졌기 때문이다. 제주 앞바다에서 놀던 감태 자리돔은 차가운 바다를 찾아 거처를 옮겼다.

해양은 산성화되고 있으며 바다사막화라 불리는 갯녹음 현상을 어렵지 않게 볼 수 있다. 갯녹음이란 연안 암반지역에서 해조류가 사라지고 흰색의 석회 조류가 달라붙어 암반이 흰색으로 변하는 현상이다.

해수면 상승도 예사롭지 않다. 해수면 상승은 바닷물 수위가 높아지는 것을 말한다. 일반적으로 지구상에 있는 모든 얼음이 녹으면 해수면이 약 70m 상

8) 해양수산부 국립해양조사원, '16년간 남해안 수온 최대 1.3도 상승' 보도자료, 2015년 12월 11일
9) 어기구 의원, '수온상승으로 한반도 어장지도 변화' 보도자료, 2021년 10월 21일

■ 한류·난류성 대표 어종과 어획량 변화

(단위:톤)

어종		1970년대	1980년대	1990년대	2000년대	2010년대
한류성	명태	62,730	83,056	12,079	162	3
	도루묵	10,950	5,604	2,831	2,611	4,902
	임연수어	2,337	3,645	3,923	1,285	1,246
난류성	오징어	38,318	48,246	181,923	206,060	129,318
	고등어류	84,298	109,429	181,318	154,428	137,190
	멸치	129,140	157,410	200,139	235,890	211,866

*출처:해양수산부(각 연대별 10년 평균량)

승한다고 알려져 있다. 특히 대서양의 네덜란드 · 베네치아, 인도양의 자카르타 · 몰디브, 태평양의 키리바시, 마셜제도 등은 해수면이 1m만 상승해도 도시존립에 치명적인 타격을 받을 것으로 예측된다. 앞서 언급한 키리바시의 역도선수 카토아타우의 메아리는 이러한 위기감의 울림이다.

우리나라 역시 삼면이 바다로 둘러싸여 있으며 해안을 따라 주거, 관광, 산업단지, 발전소 등이 조성돼 있다. 따라서 해수면 상승이 지속되면 습지 손실, 해안 침식 등은 물론 거주지, 산업 · 발전시설, 곡창지대가 수몰될 수 있다.

국립해양조사원에 따르면 1991년부터 2020년까지 30년간 한반도 연안의 평균 해수면은 매년 3.03mm씩 높아져 평균 9.1cm 가량 상승한 것으로 나타났다.[10] 해역별 평균 해수면 상승률은 동해안이 연 3.71mm으로 가장 높았고, 이어 서해안(연 3.07mm), 남해안(연 2.61mm) 순이었다. 관측지점별로 보면 울릉도가 연 6.17mm로 가장 높았으며, 이어 포항 보령 인천 속초 순으로 조사됐다.

최근 30년간의 연안 평균 해수면 상승 속도를 살펴보면 1991~2000년 연

10) 해양수산부 국립해양조사원, '우리나라 해수면 지난 30년 동안 평균 9.1cm 높아져' 보도자료, 2021년 12월 21일

3.80mm, 2001~2010년 연 0.13mm, 2011~2020년 연 4.27mm였다. 특히 1990년대보다 최근 10년의 상승 속도가 10% 이상 증가했는데, 이는 해수면의 상승 속도가 계속 빨라지고 있음을 시사한다.

국립해양조사원은 "지구온난화가 심화되면서 바닷물이 따뜻해지고 있다. 이에 극지 빙하가 녹으면서 해수 총량도 늘어나고 있다"고 분석했다.

앞서 2021년 8월 '정부간 기후변화에 관한 협의체(IPCC)' 산하 실무그룹은 1971년부터 2006년까지 전 지구 평균 해수면이 연 1.9mm씩, 2006년부터 2018년까지는 연 3.7mm씩 상승했다는 보고서를 발표했다.

이 결과와 비교하면 우리나라 연안의 해수면 상승률은 1971~2006년 연 2.2mm로 전 지구 평균보다 소폭 빨랐으나, 2006~2018년에는 연 3.6mm로 지구 평균과 유사하게 상승하고 있다.

해양은 이산화탄소 배출량의 20% 이상을 흡수해 지구의 열을 식히고, 생명체가 살아갈 환경을 유지하는 역할을 한다.[11] 따라서 해양의 변화는 지구적 기후위기와 맞닿아 있으며, 육지에 닥칠 위기를 경고한다고 할 수 있다.

그렇다면 기후변화는 왜 일어나는 것일까.

기후는 일반적으로 30년(세계기상기구-WMO가 정한 평균 산출기간)에 걸친 평균 기상상황을 말한다. 날씨가 시시각각 변하는 순간적인 대기현상이라면 기후는 장기간에 걸친 날씨변화의 종합적인 상황이라고 표현할 수 있다.

기후변동은 다소 변화가 있지만 평균값을 크게 벗어나지 않는 자연적인 기후 움직임을 뜻하고, 기후변화는 자연적인 기후변동 수준을 벗어나 더 이상 평균값 상태로 돌아오지 않는 기후를 말한다.

11) 송상근, 내일신문, '기후위기 대응-해양에서 답을 찾자', 2021년 9월 16일
http://m.naeil.com//m_news_view.php?id_art=399292

2. 기후변화의 원인과 현상

기후변화는 △태양에너지 변화 △지구공전궤도 변화 △화산활동 같은 자연적인 원인과 이산화탄소 배출 등 인간 활동에 따른 원인이 있다. 특히 인간은 18세기 산업혁명 이후 경제발전을 일구면서 방대한 양의 온실가스-이산화탄소(CO_2)를 배출했고, 경작을 위해 산림을 많이 훼손했다.

이산화탄소 대기 체류시간 100~300년

공기 중에 온실가스 농도가 늘어나면 지구의 평균기온이 올라간다. 온실가스란 지구를 둘러싸고 있는 기체로, 지표면에서 우주로 발산하는 적외선 복사열을 흡수 또는 반사할 수 있다. 온실가스에는 이산화탄소를 비롯 메탄(CH_4), 아산화질소(N_2O) 등이 있다.

이중 이산화탄소는 가장 대표적인 온실가스로 대기 중에 체류하는 시간이 100~300년에 달한다. 이산화탄소는 화석에너지 소비와 용광로 사용, 시멘트 생산 등 인간의 활동과 유기물의 부패, 동 · 식물 호흡과정으로 대기 중에 배출된다.

메탄은 습지나 늪의 흙 속에서 유기물의 부패와 발효에 의해 생기며, 일산화탄소와 수소를 반응시켜 얻기도 한다. 메탄의 온난화잠재력은 이산화탄소와 아산화질소보다 각각 약 21배, 31배 큰 것으로 알려져 있다.

미국 해양대기국에 따르면 2022년 5월 하와이에서 관측된 이산화탄소 월평균 농도가 421ppm을 기록했다. 이는 전년 5월보다 1.8ppm 증가한 것으로 지구 역사상 410만년 이래 최고치다.

세계적으로 온실가스는 1990년 약 33GTCO_2eq(이산화탄소 환산기가톤) 배출됐는데, 2019년 배출량은 52.4GTCO_2eq에 달했다.[12) 이는 2008~2012년 1차 교토의정서 의무이행 기간 동안 온실가스 감축목표가 달성됐음에도 나온 결과여서 충격을 더했다.

"기후변화는 태풍과 홍수 가뭄 산불 폭염 등 자연환경의 파괴적 특징을 더욱 극심하게 만든다. 동시에 인류사회 및 경제시스템의 결점도 극대화한다. 기후변화 영향은 가장 취약하면서도 가장 책임이 없는 인구가 가장 고스란히 받게 된다."[13)]

지구가 살려면 0.5℃ 남았다

이처럼 기후변화 속도는 갈수록 빨라지고 있다.

사람은 정상 체온 36.5℃를 넘어 40℃까지 오르면 생명이 위험해진다. 그렇다면 우리가 살고 있는 지구는 온도가 얼마나 될 때 위험해질까. 지구의 현재 평균 온도는 약 15℃(최고온도 57℃, 최저온도 －89℃)다.

기후변화에 관한 정부간 협의체(IPCC)는 2015년 파리협정에서 지구 온도가 산업화 이전보다 2℃ 오르면 지구의 생명이 위험해질 수 있다고 진단했다. 여기서 산업화 이전이란 지구에서 기상관측망이 온도를 측정하기 시작한 1850년부터 1900년까지 50년 동안의 평균온도를 말한다.

12) UN Environment Programme(UNEP), 'Emissions Gap Report 2020', 2020년 12월 9일.
톤CO_2eq(TCO_2eq)는 온실가스 양을 표기하는 대표적인 단위다. 지구온난화 영향이 이산화탄소 1톤에 상당하는 온실가스의 양을 의미한다. 보통 온실가스 배출량에서 '톤'은 '톤CO_2eq'를 말한다.

13) S. Nazrul Islam and John Winkel, UN Department of Economic & Social Affairs, '기후변화와 사회적 불평등', 2017년 10월 17일

이어 IPCC는 2018년 지구생명을 좌우할 위기의 온도를 2℃ 상향에서 1.5℃ 상향으로 수정 발표했다. 즉 지구의 평균 온도가 2100년까지 산업화 이전보다 1.5℃ 이상 높아지지 않아야 한다고 경고한 것이다.

또 IPCC는 2018년 발표한 '지구온난화 1.5℃ 특별보고서'에서 지구 평균온도가 산업화 이전보다 2017년 기준 약 1℃ 상승했다고 밝혔다. 이어 2030~2052년에는 산업화 이전 대비 1.5℃ 상승할 것으로 내다봤다.

그런데 2021년 발표한 '6차 평가보고서'의 제1실무그룹 보고서에서는 산업화 이후 기온이 1.5℃ 상승할 시점을 2021~2040년으로 예측했다. 이전 분석보다 무려 10년이상 앞당긴 것이다.

이런 점을 고려하면 지구 온도는 산업화 이전인 1850~1900년보다 이미 1℃ 오른 상황이기 때문에 이제 인류에겐 0.5℃만 남아있을 뿐이다. 우리가 살아가고, 우리 다음세대가 살아갈 지구를 지키기 위해 탄소중립(Carbon neutral)을 서둘러 시작해야 하는 이유다. 탄소중립이란 기업이나 단체, 개인이 발생시킨 이산화탄소 배출량만큼 다시 흡수하는 대책을 세워 실질적인 이산화탄소 배출량을 '0'으로 만드는 개념이다. 넷 제로(net-zero)라고도 한다.

즉 대기 중으로 배출한 이산화탄소의 양을 상쇄할 정도의 이산화탄소를 다시 흡수함으로써 이산화탄소 총량을 중립 상태로 만든다는 의미다.

우리가 간과해선 안 될 점이 또 있다. 기후변화가 진행된다는 건 누적된다는 의미이기도 하다. 만약 우리가 지금 당장 이산화탄소를 전혀 배출하지 않는 넷제로(0)를 실현한다고 하더라도 곧 바로 지구의 온도 상승이 멈추지는 않는다.

과학계에선 그런 상황이 와도 향후 20년 동안은 지구 온도가 지금처럼 오른다고 진단한다. 이미 배출된 온실가스가 대기에 머무는 잔류기간이 있기 때문인데 관성의 특성으로 설명할 수 있다.

예를 들어 자동차를 운전하다가 브레이크를 서서히 밟으면 그동안 달렸던 속도 때문에 바로 멈추지 않고 조금 더 앞으로 나아가는 식이다. 특히 빙판에서는 이러한 현상이 단적으로 나타난다. 이 때문에 이산화탄소 감축 효과가 지구 온도를 낮추는 데까지 이어지려면 20년 정도 걸린다는 설명이다.

20개국이 세계 온실가스 배출 76.5% 차지

Minx et al.(2021)[14]에 따르면 국가별 온실가스 배출량(2019년 기준)은 1위 중국(142억1900만톤CO_2eq), 2위 미국(62억6700만톤CO_2eq), 3위 인도(37억1400만톤CO_2eq), 4위 러시아(37억1400만톤CO_2eq), 5위 브라질(23억6500만톤CO_2eq) 순이다.

일본은 전년 5위에서 6위(12억3800만톤CO_2eq)으로 한 계단 떨어졌으며, 한국은 전년 11위에서 13위(7억4300만톤CO_2eq)로 두 계단 내려왔다. 독일은 9위(8억2200만톤CO_2eq), 영국(4억5100만톤CO_2eq)과 프랑스(4억4600만톤CO_2eq)은 각각 19위, 20위로 조사됐다.

클라이밋워치(Climate Watch)에 따르면 중국은 2014년 이후 미국을 추월해 2019년까지 1위를 이어오고 있다. 1990년부터 2018년까지 누적 온실가스 총배출량을 살펴보면 중국과 미국에서 내뿜은 온실가스 배출비중이 각각 19.8%와 17.2%다. 한국 비중은 1.5%이며, 온실가스 배출량 상위 20위까지 국가들의 누적 배출량 비율을 합하면 76.5%에 이른다.

14) IPCC AR6에 인용된 논문. EU 공동연구센터(JRC)에서 개발된 모형(EDGAR)을 사용해 1970~2019년 전 세계 국가들의 온실가스 배출량을 추정했음. 국가별 배출량은 각 국가가 UNFCCC에 제출한 국가별 공식 배출량과 다소 차이가 있음

■ 국가별 온실가스 배출 순위 (단위:백만톤CO_2eq)

순위	국가	1990년	2010년	2017년	2018년	2019년
1	중국	4,010	11,696	13,575	13,931	14,219
2	미국	6,234	6,762	6,209	6,372	6,267
3	인도	1,416	2,831	3,531	3,669	3,714
4	러시아	3,108	2,246	2,313	2,372	2,365
5	브라질	696	1,189	1,312	1,293	1,304
6	일본	1,305	1,326	1,321	1,274	1,238
7	인도네시아	425	792	1,060	1,115	1,163
8	이란	333	810	937	962	980
9	독일	1,239	948	903	878	822
10	멕시코	465	771	805	809	794
11	캐나다	598	730	767	776	778
12	사우디	237	621	788	772	773
13	**대한민국**	**325**	**674**	**748**	**762**	**743**
14	호주	456	597	595	592	599
15	남아공	404	578	585	584	592
16	터키	223	422	588	585	564
17	파키스탄	211	393	504	520	525
18	베트남	109	303	389	428	484
19	영국	780	601	477	468	451
20	프랑스	553	517	467	455	446

*출처:Minx et al.(2021) - IPCC AR6에 인용된 논문

이산화탄소 배출량 역시 중국과 미국이 1, 2위를 기록했으며, 한국은 9위였다. 한국은 온실가스 총배출량에서 이산화탄소가 차지하는 비율이 2018년 기준 91.4%에 달했다.

우리나라 환경부 · 한국환경공단이 집계한 온실가스 배출량은 'Minx et al' 논문과 다소 차이를 보인다. 한국환경공단에 따르면 우리나라의 2018년 온실

가스 총배출량은 7억2760만톤CO_2eq이다. 이는 2017년 총배출량인 7억1100만톤CO_2eq에 비해 2.3% 늘어난 것이자 1990년 2억9220만톤CO_2eq보다 149.0% 증가한 수치다.[15)]

2018년도 총배출량의 86.9%(6억3240만톤CO_2eq)는 에너지분야, 7.8%(5700만톤CO_2eq)는 산업공정분야, 2.9%(2120만톤CO_2eq)는 농업분야에서 배출됐다. 에너지분야의 2018년 배출량은 1990년에 비해 2.7% 늘었는데 공공 전기·열 생산 부문에서 1700만톤 증가했기 때문이다. 인구당 배출량은 2.0% 증가해 14.1톤CO2eq/명 수준이다.

여기서 에너지분야는 에너지산업, 제조업·건설업, 수송, 건물 등을 모두 포함한다. 산업공정분야는 광물산업, 할로카본 및 육불화황 등이다.

이와 함께 온실가스 배출량을 다른 기준으로 분류하기도 한다. 우리나라 2018년 온실가스 총배출량을 기준으로 전환(발전)부문 2억6960만톤(37%), 산업부문 2억6050만톤(36%), 수송부문 9810만톤(13.7%) 등으로 구분하는 경우다.

산업부문 중에서는 철강 1억100만톤, 석유화학 4600만톤, 시멘트 3400만톤을 각각 배출해 이 3개 업종이 산업부문의 약 70%를 차지한다. 전체 배출량으로는 25% 규모다.

기업별 온실가스 배출량은 〈3장 2. 한국 에너지믹스 현황과 전망〉에서, 산업(철강)부문 온실가스 배출 대안은 〈6장 5. RE100과 탄소국경세〉에서 자세히 들여다보기로 한다.

15) 한국환경공단, 기후변화 홍보포털, https://www.gihoo.or.kr/portal/kr/biz/inventory.do

2장

국제사회 움직임

1. 기후변화 대응위한 국제사회 노력
2. 국제사회 변화 기류

1. 기후변화 대응위한 국제사회 노력

약 160만년 전 호모 에렉투스[16]가 출현한 이후 지구상에 기후위기라는 말이 등장한 건 그리 오래되지 않았다.

스웨덴의 화학자 스반테 아레니우스(Svante Arrhenius)는 1896년 스톡홀름 물리학회에 기고한 논문에서 '대기 중 이산화탄소 양이 두 배 많아지면 지구 평균기온이 5~6℃ 오른다'고 밝혔다. 지구온난화 가능성을 학술적으로 처음 제기한 사람이다.

하지만 아레니우스는 이 문제를 크게 걱정하지 않았다. 대기 중에서 이산화탄소가 두 배 이상 늘어나는데 약 3000년이 소요될 것이라고 추정했기 때문이다. 또 지구온도가 올라가는 일을 긍정적으로 봤다. 빙하시대를 막을 뿐만 아니라 추운 지역은 보다 살기 좋은 기후로 변할 것이라고 생각했다. 농작물 수확도 풍성해지리라 기대했다.

그 가운데 세계 곳곳에선 산업화가 빠르게 진행됐다. 산업화의 주 연료는 석탄이었고, 석탄에서 나오는 이산화탄소가 기하급수적으로 대기 중에 퍼졌다. 이렇게 기후위기에 대한 관심은 사람들 사이에서 멀어져갔다.

16) 호모 에렉투스의 가장 중요한 사건은 이스라엘, 헝가리, 남부 프랑스, 스페인 등에서 밝혀진 '불의 사용'이다. 불의 사용은 음식조리, 도구제작, 활동시간 및 영역 확대, 방어능력 향상 등 그들의 생활에 많은 변화를 일으켰을 것이다. 많은 학자들은 이들이야말로 진정한 호모 속(屬)에 해당하는 인류형태의 조상으로 본다.(고고학사전)

캘린더 효과와 킬링곡선

1938년 영국의 기상학자이자 증기기사였던 가이 스튜어트 캘린더(Guy Stewart Callendar)는 아레니우스의 주장을 재확인 하는 글을 썼다. 그는 런던 왕립기상학회에 발표한 논문에서 '대기 중 이산화탄소는 실제 증가하고 있고, 기후변화를 초래한다'고 주장했다.

하지만 캘린더 역시 아레니우스처럼 이 문제를 크게 걱정하지 않았다. 지구온난화는 세상을 쾌적하게 만들어주는 '인류에게 유익한 현상'이라고 생각했다. 왕립기상학회에 참석한 전문가들도 그의 논문 내용을 심각하게 받아들이지 않았다.

그러나 캘린더의 이론, 즉 기후변화에서 이산화탄소가 갖는 역할은 결국 후대에 '캘린더 효과'(Callendar Effect)라는 용어로 알려지게 된다. 그의 주장은 지구온난화라는 아이디어를 막연한 개념에서 탈피시켜 아이디어 시장으로 밀어 넣었다.[17)]

이후 로저 르벨(Roger Revelle) 전 미국 캘리포니아대 교수는 1957년 논문에서 '산업연료 연소가 기하급수적으로 늘어날 경우 몇십 년 후에 의미심장한 결과가 나올 수 있다'고 경고했다.

르벨의 주장은 캘리포니아대 교수 찰스 데이비스 킬링(Charles David Keeling)이 입증해 나갔다. 킬링은 1958년부터 남극과 하와이 마우나로아산에서 이산화탄소를 매일 측정했다. 마우나로아산 해발 3396m 지점에 위치한 대기 관측소는 대기 흐름이 안정적이고 환경 오염원이 없어 정확한 결과를 얻을 수 있는 최적지로 꼽힌다.

---

17) 대니얼 예긴, 출판 올, '2030 에너지전쟁' p526, 2013년

■ 킬링곡선

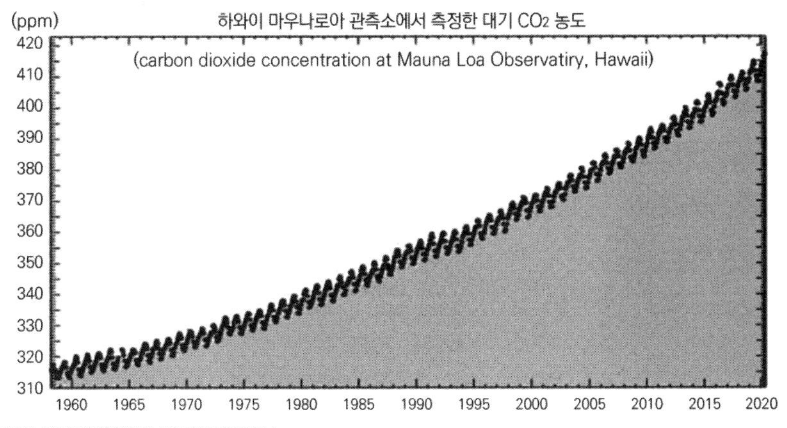

*출처:미 국립해양대기처 산하 지구체계연구소

킬링은 꾸준한 이산화탄소 농도 측정으로 '킬링곡선'을 만들었고, 현재까지 대기 중에 이산화탄소 함량이 꾸준히 증가하는 것을 입증했다. 킬링곡선에 따르면 이산화탄소 평균 농도는 1958년 313ppm이었으나 1990년 354ppm으로 뛰었고, 2018년 409ppm으로 급증했다.

킬링곡선으로 지구온난화에 대한 낙관론은 고개를 숙였다. 대신 인류에게 재앙이 될 수 있다는 주장이 힘을 얻기 시작했다. 아울러 자본주의-사회주의 진영간 냉전시대로 인한 핵전쟁 공포와 맞물리면서 환경운동을 촉발하는 계기가 됐다.

기후변화에 관한 정부간협의체 설립

1988년 11월 스위스 제네바에 세계 각국의 기상학자, 해양학자, 경제학자, 빙하전문가 등 3000여명이 모였다. 그리고 '기후변화에 관한 정부간협의체'(IPCC)를 설립했다.

이전까지 기후위기가 과학자들 사이에서 논의되던 화두였다면 IPCC 발족 시점부터 지구의 공통문제로 인식되기 시작했다. 이후 IPCC가 정기적으로 발표하는 특별보고서를 통해 관심이 고조됐다.

IPCC 1차보고서는 1990년에 나왔다. 보고서는 지구가 더워지고 있다고 진단했다. 최근 100년 동안 지구 대기상의 평균 온도가 0.3~0.6℃ 올라갔고, 해수면 높이는 10~25cm 상승했다고 밝혔다. 산업 활동 및 에너지이용 시스템이 현 상태로 계속될 경우 이산화탄소 배출량이 해마다 1.7배 늘어날 것으로 전망했다. 아울러 지구온난화는 인간 활동뿐만 아니라 자연현상과도 연관 있다고 분석했다.

1995년 발표된 2차보고서는 온실가스가 현 추세대로 증가할 경우 2100년 지구의 평균 온도는 0.8~3.5℃ 상승하고, 해수면도 15~95cm 높아질 것이라고 전망했다. 2001년 내놓은 3차보고서에서는 기후 변화가 자연적인 요인보다 인간 활동에 의한 영향이 더 크다고 선언했다.

2007년 발표된 4차보고서는 이산화탄소가 두 배로 늘어날 경우 지구온도가 2.0~4.5℃ 상승할 것이라고 내다봤다. 이어 기후변화에 대한 책임은 인간에게 있을 가능성이 대단히 높다며 한걸음 더 나아갔다.

IPCC는 이러한 노력을 인정받아 앨 고어 전 미국 부통령과 함께 2007년 12월 노벨평화상을 공동수상했다. 시상식에선 IPCC를 대표해 인도의 경제학자이자 엔지니어인 라젠드라 파차우리(Rajendra Pachauri)가 수상했다. 파차우리의 등장은 개발도상국이 기후변화 문제에 적극적으로 참여하기 시작했음을 의미하는 것이기도 했다.

2007년 4월엔 역대 가장 중요한 '환경 판결'로 꼽히는 사건이 있었다. 미국 대법원은 '매사추세츠가 기후변화로 인해 초래될 수 있는 해안 폭풍과 해안 손실에 대해 제소할 자격이 있다. 매사추세츠가 피해를 입을 위험은 실질적이고 급박하다'고 선고했다.

판결 이유로는 '이산화탄소는 탄화수소를 태울 때뿐 아니라 동물의 호흡을 통해서도 만들어지지만 사람들의 건강과 복지를 위협할 것으로 예상할 만한 오염물질이 틀림없다'고 밝혔다.[18]

세계 정상들이 처음 서명한 '리우 회의'

IPCC가 과학자들 사이에서만 논의되던 기후변화 문제를 국제사회 이슈로 만들었다면 유엔기후변화협약(UNFCCC)은 구체적인 실천방안을 언급했다는 점에서 의미가 크다.

1992년 6월 브라질 리우데자네이루에서 환경개발회의(UNCED)가 열렸다. 이 회의에는 세계 185개국의 대표단과 114개국 정상을 비롯 기업인, 비정부기구 회원, 언론인 등 2만5000여명이 참석했다. 그리고 세계 정상들이 모여 UNFCCC에 서명했다.[19] 첫 번째 서명자는 조지 H.W.부시 41대 미국 대통령이었다.

UNFCCC 의무사항은 온실가스 배출 저감 노력과 관련 국가보고서를 공개해야 한다. 우리나라는 1993년 12월 47번째로 가입했다. 2021년말 기준 197개국과 유럽연합(EU)이 당사국으로 참여하고 있다. 또 1995년부터 매년 1회 당사국 총회(COP, Conference of the Parties)를 개최한다.

UNFCCC의 목표는 '인간이 기후체계에 위험한 영향을 미치지 않을 수준에서 대기중 온실가스를 안정화(Stabilization) 시키는 것'이다. 협약 원칙으로는

18) 대니얼 예긴, 출판 올, '2030 에너지전쟁' p613, 2013년
19) 2050탄소중립위원회, 탄소중립 학습 자료집: 서명 당시 24개 경제협력개발기구(OECD) 회원국, 16개 동구권 국가 및 유럽공동체(EEC)가 참여

'온실가스 감축에 있어 선진국이 리더십을 발휘할 것과 개도국의 특별한 상황을 고려할 필요가 있다'고 명시했다. 즉 개도국에는 자체적인 감시 외에 어떤 의무사항도 강제하지 않았다.

선진국의 리더십과 관련해서는 '온실가스 배출량을 2000년까지 1990년 수준으로 줄여야 한다'고 의무를 제시했다. 하지만 이 외에 구체적인 실천방안은 거론하지 못했다.

교토의정서의 성과와 한계

1997년 열린 유엔기후변화협약(UNFCCC) 3차 당사국 총회(COP3)에서는 교토의정서를 채택(발효 2005년 2월 16일)했다. 교토의정서는 기후변화협약의 구체적 이행을 위해 선진국의 온실가스 의무 감축목표를 규정한 국제조약이다. 처음에 192개 국가가 참여했으며, 우리나라는 1998년 가입했다.

교토의정서는 부속서(Annex) A에서 온실가스 물질을 지정했다. 이산화탄소(CO_2), 메탄(CH_4), 아산화질소(N_2O), 수소불화탄소(HFCs), 과불화탄소(PFCS), 육불화황(SF_6) 등이다.

감축의무는 1차 공약기간(2008~2012년) 동안 선진국의 온실가스 배출량을 1990년 대비 평균 5.2% 줄이되 국가별 차등 적용하기로 했다. 예를 들어 유럽연합(EU) 8%, 미국 7%, 일본 6% 각각 감축하되, 러시아는 0% 등이다.

물론 선진국들 간에도 감축목표를 둘러싸고 교착상태가 지속됐으나 엘 고어 미국 부통령의 중재로 전격 합의에 이르렀다. 엘 고어는 정치를 그만둔 후 지구환경 위기를 다룬 다큐멘터리 영화 '불편한 진실'을 제작하는 등 환경운동가의 삶을 살고 있다.

교토의정서 회의당시 주최 측은 환경문제의 중요함을 각인시키기 위해 회의장 난방기를 제대로 가동하지 않았다. 회의가 열린 12월의 일본 교토는 겨울이었기 때문에 세계 각국에서 온 회의 참가자들이 추위를 쉽게 견딜 수 있는 상황이 아니었다. 결국 주최 측은 대표단에게 담요를 제공했다. 하지만 담요를 넉넉히 공급하지 못해 각 대표단들은 할당된 담요 수를 놓고 거세게 반발하기도 했다.[20)]

교토의정서는 국가 단위의 온실가스 감축 의무를 처음 부여한 국제조약이라는 점에서 가장 큰 의의가 있다. 또 1차 공약기간동안 감축 의무국들은 감축목표(1990년 대비 평균 5.2%)를 훨씬 뛰어넘는 22.6% 감축 실적을 올렸다.

세계 128개국에서 약 8000여개 달하는 청정개발제도(CDM) 사업도 진행돼 비용 효과적인 방식으로 개도국의 온실가스 감축을 이끌었다.[21)]

반면 일부 선진국들이 교토체제 참여를 거부하거나 탈퇴하고, 개도국이 온실가스 감축 의무대상에서 제외된 점은 분명 한계였다. 이에 따라 지구 전체 온실가스 배출량은 계속 증가세를 이어왔다.

미국은 교토의정서가 발효되기 전인 2001년 탈퇴했다. 개도국의 감축의무 결여와 미국경제 불이익 등을 이유로 제시했다. 이어 캐나다는 세계에서 온실가스 배출비중이 가장 큰 미국 중국 인도 등이 적용대상에서 빠진 것에 문제를 제기하며 2011년 탈퇴하기에 이른다. 2012년에는 일본과 러시아도 2차 공약기간(2013~2020년) 불참을 선언했다.

이러한 결과 세계 온실가스 배출량은 지속적으로 증가했고, 점차 새로운 체제에 대한 요구가 높아졌다. 우리나라는 2002년 11월 국회에서 교토의정서 합의내용을 비준했으나 개도국으로 분류돼 온실가스 감축의무가 없었다. 대

20) 대니얼 예긴, 출판 올, '2030 에너지전쟁' p589, 2013년

21) 2050탄소중립위원회, 탄소중립 학습 자료집: 개발도상국은 감축량을 선진국에 판매해 약 95억~135억달러의 수익을 창출했고, 선진국도 35억달러의 비용을 절감

신 당사국 공통의무 사항인 온실가스 국가통계 작성과 보고의무는 적용됐다. OECD 국가 중 한국과 멕시코만 감축의무 대상에서 제외됐었다.

파리협정은 전진의 법칙

그동안 국제사회에서는 2012년(교토의정서 1차 공약기간) 이후를 대비할 새로운 기후체계 구축 여론이 끊이지 않았다. 2007년 13차 당사국총회(COP13)에서는 선진국뿐만 아니라 개도국도 온실가스 감축의무에 동참하자는 합의가 도출되기도 했다.

하지만 2009년 덴마크 코펜하겐에서 열린 15차 당사국총회(COP15), 2010년 멕시코 칸쿤에서 진행된 16차 당사국총회(COP16) 등에서 구체적 합의안을 마련하는 데 실패했다. 칸쿤회의에서는 선진국과 개도국의 입장차이가 여전했지만 '양측 모두 받아들일 수 있는 협정을 만들어 교토의정서를 대체하자'며 가능성을 남겨두었다. 칸쿤회의에서는 또 선진국들이 2020년까지 매년 1000억달러를 출자해 개도국들의 온실가스 감축노력을 돕기로 했다. 하지만 재원조성은 제대로 진행되지 않았다.

중국정부는 "선진국은 지난 10여년 동안 이 약속을 진정으로 이행한 적이 없다"면서 "미국은 공여 약정액의 20%, 호주와 캐나다의 납부액은 50%에도 못 미쳤다"고 지적하기도 했다.[22] 평행선을 달리던 협상은 프랑스 파리에서 열린 2015년 21차 당사국총회(COP21)에서 교토의정서를 대체할 새로운 협약(Transforming our world: the 2030 Agenda for Sustainable Development)을 채택하기에 이른다. 선진국과 개도국의 극적인 대타협이 성사된 것

[22] 인민망 한국어판, 중국 외교부 '선진국, 개도국에 기후 출자 약속 이행해야', 2021년 11월 4일

▮ 파리협정 당시 주요국의 국가온실가스 감축목표(NDC) 내용

구분	한국	미국	EU	중국	인도	일본	호주	러시아	캐나다	멕시코
감축 목표 (%)	37	26~28	40	60~65	33~35	26	26~28	25~30	30	無 (무조건)25 (조건부)40
목표 연도	2030	2025	2030	2030	2030	2030	2030	2030	2030	2030
기준 연도	-	2005	1990	2005	2005	2013	2005	1990	2005	-
목표 유형	BAU	절대량	절대량	집약도	집약도	절대량	절대량	절대량	절대량	BAU

*출처:유엔기후변화협약(UNFCCC) INDC 포털 재구성
*BAU는 배출전망치 *이후 주요국들은 개정된 감축 계획을 제출함

이다. 파리협정은 미국 중국 유럽연합(EU) 등 주요국의 적극적인 노력으로 2016년 11월 4일 발효됐다. 당시 55개국이 비준을 완료했고, 이들이 전 세계에서 차지하는 온실가스 배출량은 55%가 넘었다. 우리나라는 파리협정 발효 하루 전인 2016년 11월 3일 비준했다.

파리협정의 목표는 지구온도를 산업화 이전 대비 2℃ 상승 이하(well below)로 억제하고, 나아가 1.5℃ 이내로 억제하려고 노력하는 것이다. 2℃란 온실가스로 인한 기후변화를 인류가 감내할 수 있는 한계점 온도다.[23)]

그리고 목표달성을 위해 당사국 모두에게 국가온실가스 감축목표(NDC)를 자발적으로 정하도록 했다. 온실가스 감축 목표연도는 2030년 또는 2050년으로 하고, 기준연도는 감축하는 국가가 직접 설정하도록 했다.

23) 2050 탄소중립위원회, 탄소중립 학습 자료집: 2℃ 목표를 달성하면 기후변화 문제가 전부 해결돼 인류가 안전할 것이라고 생각하면 곤란하다. 제한속도와 비슷해 상황에 따라 다르다. 하지만 인류가 기후변화 문제에 효과적으로 대응하기 위한 수단으로 사용되고 있다.

대신 파리협정 당사국들은 5년마다 NDC를 제출해야 하며, 글로벌 이행점검 체계를 만들었다. 또 NDC를 제출할 때마다 기존보다 진전된 목표를 제시해야 한다. 후퇴없는 전진의 법칙이다. 협정의 종료시점 없이 지속적인 진단체계를 구축한 점도 특징이다.

사실 파리회의에서는 합의된 내용의 법적 구속력 여부가 논쟁의 핵심사항 중 하나였지만 결론을 내진 못했다. 다만 NDC는 강제조항이 아니지만 세계 주요국들이 합의한 것으로서 권위와 추진력을 담보하고 있다.

매년 탄소 180억톤씩 대기에 쌓여

IPCC가 2014년에 펴낸 5차보고서는 인간과 기후변화에 대한 인과관계를 보다 명확히 단정지었다. 1950년 이후 나타난 지구온난화가 화석연료(석유 석탄 가스 등) 사용 등 인간 활동때문일 가능성이 매우 높다(95% 이상의 확률)고 결론내린 것이다.

인간이 에너지를 얻기 위해 사용한 화석연료의 연소는 지구온난화 주범인 이산화탄소 농도를 지속적으로 증가시켜왔다고 진단했다. 또 최근 발생하는 기후변화 현상들은 인간과 생태계에 광범위한 영향을 미치고 있다고 밝혔다.

이러한 사실은 국제탄소기구(GCP)가 지구의 탄소순환(2010~2019년 평균)을 조사한 결과에서도 여과 없이 드러난다.

이 조사에 따르면 지구상에 탄소는 육상에서 4400억톤, 해양에서 3300억톤, 화석연료 사용에서 340억톤, 농지에서 60억톤이 매년 배출된다. 전체를 합하면 8100억톤에 이른다.

이중 식물의 광합성과 바다의 순환 등으로 7920억톤이 흡수(육상 4530억톤+해양 3390억톤)된다. 그렇다면 매년 180억톤이 대기에 남는다. 매년 발생하는 탄소의 2.2%는 흡수되지 않고 대기층에 쌓여가는 셈이다. 어찌 보면 흡수되지 않고 대기에 남는 양이 작게 느껴지지만 이 양이 매년 누적된다고 생각해보자.

이 온실가스는 일종의 보호막 같은 작용을 해 지구를 뒤덮어 온실처럼 만들 것이다. 때문에 우주공간으로 다시 되돌아가야 할 태양열이 대기층 아래 더 많이 남게 된다. 이러한 결과로 일어나는 것이 지구의 심각한 온난화이고, 온실효과(greenhouse effect)다.[24)]

특히 주목할 부분은 자연부문 및 인공부문에서 배출된 탄소와 흡수된 탄소의 변화다. 배출된 탄소 중 인간과 동물의 호흡, 식물의 부패 등 자연적으로 나온 7700억톤은 그대로 자연에 흡수된다.

반면 화석연료 사용 등 인간의 활동(인공부문)으로 배출된 400억톤 중 흡수되는 양은 220억톤에 그친다. 매년 대기상에 남는 180억톤은 모두 인간의 활동과 관련된 것이라는 점이다.

24) 대니얼 예긴, 리더스북, 'THE NEW MAP', p536~537, 2021년

2. 국제사회 변화 기류

파리협정이 발효됐지만 위기도 있었다. 온실가스 배출량이 세계에서 두 번째로 많은 미국이 원인을 제공했다.

2016년 11월 9일. 22차 당사국 총회(COP22)가 열리던 모로코 마라케슈가 발칵 뒤집혔다. 도널드 트럼프가 미국 대통령에 당선됐다는 소식이 전해지자 총회 참석자들이 충격에 빠진 것이었다. 영국 주간지 옵서버는 "트럼프 당선 소식에 과학자들이 두려움에 떨고 있다"며 COP22의 현장 분위기를 전하기도 했다. 총회기간 내내 파리협약이 제대로 이행될 수 없을 것이라는 회의감이 가득했다.

트럼프가 촉발한 '잃어버린 4년'

트럼프는 대통령 후보 시절 "지구온난화는 중국이 지어낸 사기(거짓말)"라며 버락 오바마 행정부의 핵심 환경정책인 '청정전력계획'을 뒤집겠다고 공약했었다.

실제로 트럼프는 대통령 당선 첫해인 2017년 6월 1일 파리기후협약 탈퇴를 선언했다. 이후 2019년 11월 탈퇴 절차에 돌입해 1년 뒤인 2020년 11월 탈퇴가 공식화됐다. 이에 환경운동가들 사이에선 트럼프의 재임기간을 가리켜 '잃어버린 4년'이라고 표현하기도 한다.

하지만 미국의 일탈은 오래가지 않았다. 조 바이든이 트럼프의 재선을 저지하고, 대통령에 당선된 후 2021년 2월 19일 파리협약 당사국으로 정식 복귀했다. 바이든 대통령은 2021년 11월 1일 영국 글래스고에서 열린 26차 당사국총회(COP26) 연설 도중 트럼프 행정부가 파리협약에서 탈퇴한 것에 대해 사과 의사를 밝혔다. 바이든 대통령은 "전임 행정부가 파리협약에서 탈퇴한 데 대해 사과한다"면서 "파리협약 탈퇴로 미국은 난관에 처했다. 미국의 탈퇴가 국제사회의 대응을 늦췄다"고 안타까워했다.

미국의 이같은 입장변화를 계기로 국제사회의 기후변화 대응은 한결 책임감과 속도감 있게 진행될 것으로 기대된다.

기후정책은 파리협정 이전과 이후로 구분

파리협정은 세계 각국이 기후변화에 더욱 강력한 국제적 실천을 결의하는 전기가 됐다. 기존 교토의정서 체제에서는 선진국과 개도국을 구분해 선진국(37개 선진국과 유럽연합)만 온실가스 감축의무국이었다. 개도국은 자발적인 참여 형태를 취했지만, 파리협정 이후에는 선진국과 개도국 모두 온실가스 감축의무를 져야 한다.

2015년 파리협정 채택시 유엔기후변화협약(UNFCCC) 당사국 총회(COP21)는 극적으로 합의된 지구온난화 1.5℃ 목표의 과학적 근거를 마련하기 위해 IPCC에 특별보고서를 요청했다.

이에 IPCC는 2018년 '지구온난화 1.5℃ 특별보고서'를 제출했다. 이 과정에는 6000여건 이상의 과학적 연구가 인용되고, 전 세계 전문가 및 정부 검토위원 수천 명이 참여한 것으로 알려졌다.

지구온난화 1.5℃ 특별보고서는 2018년 10월 1일부터 6일까지 우리나라 인천시 송도에서 열린 제48차 IPCC 총회에서 의결됐다. 당초 회의는 5일까지였으나 치열한 논의 끝에 일정을 하루 연장했고, 결국 회원국 만장일치로 승인됐다.

이번 회의에는 135개국 정부 대표단과 국제기구 대표 등 570여명이 참석해 뜨거운 관심을 보였다. 보고서에 따르면 산업화 이전(1850~1900년) 수준 대비 현재 지구 평균온도는 약 1℃ 상승했다. 앞으로 지구 평균온도가 2℃ 상승할 경우 1.5℃ 이하로 상승을 억제했을 때보다 기후변화 위험이 크게 증가한다. 따라서 지구평균온도 상승을 1.5℃로 제한하면 2℃ 상승에 비해 기후변화 위험을 예방할 것이라고 강조하고 있다.

예를 들어 지구 해수면 상승은 지구온난화 2℃ 대비 1.5℃에서 10cm 더 낮아진다. 여름철 북극해 해빙이 녹아 사라질 확률은 지구온난화 2℃ 에서는 적어도 10년에 한 번이지만 1.5℃로 제한하면 100년에 한 번 발생한다. 산호초는 1.5℃ 상승시 70~90% 정도 줄어들고, 2℃ 상승시에는 99% 이상 사라질 것으로 전망했다.

또 2100년까지 온도 상승폭을 1.5℃ 이내로 제한하려면 사회 모든 부문에서 신속하고 광범위하면서 전례없는 변화가 필요하다. 지구 평균온도 상승을 1.5℃로 제한하기 위해서는 2010년 대비 이산화탄소 배출량을 2030년까지 최소 45% 감축해야 하며 2050년 넷제로(net-zero)가 달성돼야 한다.

모든 잔여 이산화탄소 배출량은 대기의 이산화탄소 제거(저장 · 흡수)를 통해 균형(제로)을 맞춰야 한다는 의미다.[25]

특별보고서는 이에 따라 온도 상승을 1.5℃로 억제할 것을 제안하며 1.5℃ 목표를 달성하기 위해 2050년까지 전 지구적인 탄소중립이 이루어져야 한다고 권고했다.

25) 기상청, '제48차 IPCC 총회' 보도자료, 2018년 10월 8일

'석탄의 단계적 축소' 합의한 COP26

파리협정 이후 국제사회에 주목할 만한 기후변화 회의는 영국 글래스고에서 2021년 11월 개최된 COP26 이다. 코로나19 확산으로 2020년 개최될 회의가 2021년으로 연기됐으며, 본격적인 파리협정 이행 원년에 열린 행사로서 의미가 컸다.

이번 총회 의장국은 영국이었는데 특히 글래스고에서 회의가 열린 이유가 눈길을 끌었다. 글래스고는 산업혁명의 상징인 도시로 꼽히는데, 화석연료 사용과 이산화탄소를 줄이자는 취지로 총회 장소가 결정됐다고 한다.

COP26에는 미국 캐나다 독일 프랑스 등 120여개국 정상들이 참석했으며, 우리나라도 당시 문재인대통령이 현장에서 함께했다. 역대 개최된 당사국총회 중 가장 많은 4만여명이 참석했다.

COP26에서는 글래스고 기후합의(Glasgow Climate Pact)를 도출했다. 구체적으로 △온난화 억제 목표 달성을 위한 감축목표 추가 상향 △개도국의 기후변화 적응 지원 강화 △석탄 및 화석연료 의존 축소 △기후재원 확대 등이 담겼다.

이번 회의의 가장 큰 성과중 하나는 세계 각국이 2022년도에 '2030 온실가스 감축목표'를 지구온도 상승 1.5℃에 맞춰 다시 제출하기로 했다는 점이다. 1.5℃ 제한 목표를 달성하려면 2030년까지 2010년 대비 온실가스 배출량을 45% 감축해야 한다고 밝힌 바 있다.

하지만 당사국들이 기존에 제출한 자발적기여방안(NDCs)은 감축목표를 100% 이행하더라도 2030년 배출량이 2010년 대비 오히려 13.7% 증가할 것으로 분석된 데 따른 조치였다.

또 선진국이 개도국들의 탄소중립 실천을 돕기 위해 기후변화 적응기금을 2050년까지 두배 늘리는 방안도 합의했다. 선진국들이 2020년까지 개도국

지원을 위해 약속한 연간 1000억달러 규모의 기후재원 조성에 실패하면서 이 문제가 쟁점으로 부상했다.

이에 선진국들은 2023년까지 1000억달러 달성이 가능할 것으로 전망하고, 이번 협상에서 재원 조성 의무를 재확인했다. UNFCCC이 분석한 보고서에 따르면 글로벌 차원의 기후재원 규모는 최근 4년간 평균 7220억달러로 추정되지만 글로벌 차원의 다른 금융재원에 비하면 규모가 작은 것으로 평가된다.

COP26 총회 성과와 관련해 가장 엇갈린 평가를 받은 부문은 석탄발전에 관한 내용이다. 긍정론자들은 당사국총회 사상 처음으로 결정문에 석탄과 화석연료 보조금이 직접 언급되었다는 데 의미를 부여한다. 석탄발전 의존도를 낮추겠다고 분명한 시그널을 제공했다는 평가다.

실제로 당사국총회 기간 신규 석탄발전소 건설을 중단하고 석탄발전을 점진적으로 폐지한다는 각국의 발표가 이어졌다.

석탄발전 폐지와 신규 석탄발전 건설 및 투자 중단 선언에 한국 인도네시아 폴란드 베트남 등 23개국이 새로 동참했다. 미국 캐나다 이탈리아 에티오피아 피지 등의 국가와 유럽투자은행(EIB) 프랑스개발청(AFD) 등 공적금융기관들은 2022년까지 탄소 저감장치가 없는 화석연료 부문에 대해 공적지원을 중단하고 청정에너지 전환에 대한 지원을 늘리는 데 합의했다.[26)]

하지만 비판론자들은 합의문에 석탄발전의 단계적 '폐지'가 '축소'로 후퇴했고, 구체적인 기준이 부재하다고 지적한다. 당초 결정문 초안은 석탄발전과 화석연료 보조금의 폐지를 촉구하는 내용이었으나, 당사국들간 입장 차이를 고려해 석탄발전은 단계적으로 축소(phasedown) 한다고 수정됐다.

26) 대외경제정책연구원(KIEP), 2021년 유엔기후변화협약 당사국총회(COP26) 논의 및 시사점, 2021년 11월 30일

이와 관련, COP26 의장을 맡았던 알록 샤르마는 당시 언론 인터뷰에서 '합의문 후퇴'의 책임을 중국과 인도에 돌렸다.

샤르마 의장은 "우리는 석탄을 역사로 보내는 길을 가고 있다. 이것은 우리가 지킬 수 있는 계약"이라며 "하지만 중국과 인도는 '단계적 폐지'(phase out)를 끝까지 반대했다"고 전했다.[27]

33개국, 2040년 무공해차 100% 전환 선언

COP26에서 또 다른 이슈는 수송(자동차)부문에서 나왔다. '무공해차 전환위원회'(ZEVTC)는 COP26 기간 중 4차회의를 열고 "주요 자동차시장(Leading Market)은 2035년까지, 전 세계시장은 2040년까지 각각 신차에 대해선 무공해차만 판매할 것을 노력(Work Towards)하겠다"고 선언했다. 주요 자동차시장은 미국 중국 일본 유럽연합(EU)을 말한다.

ZEVTC는 영국이 주도해 2020년 11월 창설한 장관급 협의회로, 세계 자동차판매의 75%를 차지하는 15개국이 참여했다. 한국을 비롯 영국 독일 이탈리아 프랑스 스웨덴 스페인 네덜란드 노르웨이 덴마크 일본 인도 미국 캐나다 멕시코 등이다. 중국은 3차 회의부터 옵저버로 참여하고 있다.

이번 무공해차 전환 선언에는 영국 스웨덴 덴마크 핀란드 네덜란드 노르웨이 룩셈부르크 아일랜드 폴란드 리투아니아 튀르키예(터키) 캐나다 아르헨티나 칠레 우루과이 등 33개국(인도는 조건부 참여)이 동참했다.

볼보 다임러 재규어&랜드로버 BYD GM 포드 메르세데스벤츠 등 11개 완성차 제조업체도 이름을 올렸다. 이 외에 지방정부(캘리포니아 뉴욕 퀘벡 로마

27) 연합뉴스, COP26 의장 "중국 · 인도, '석탄 폐지' 반대 설명해야" 2021년 11월 15일 https://www.yna.co.kr/view/AKR20211115019051009?input=1195m

서울 등), 공유경제 플랫폼(우버 등), 투자사 및 금융기관 등이 참여했다.[28)]

그러나 세계 자동차 제조와 판매에서 높은 비중을 차지하는 미국 독일 한국 일본 중국 등은 서명에 불참했다. 다만 글로벌 무공해차 전환 논의는 지속적으로 협력하기로 했다. 한국은 자체적으로 △온실가스 · 연비 규제 △저공해차 보급 목표제 강화 △보조금 · 세제 혜택 부여 △충전기반 확충 등을 적극 추진한다. 이를 통해 2030년까지 전기 · 수소차 450만대 보급 등 무공해차 전환에 속도를 낸다는 방침이다.[29)]

IPCC 6차보고서, 서울에 대한 경고

IPCC 종합보고서는 유엔기후변화협약, 교토의정서, 파리협약 등 국제사회의 중요한 환경 관련 회의에서 핵심 자료로 활용된다. 지금까지 IPCC 종합보고서는 앞에서 언급했듯 1990년부터 2014년까지 총 5차례 나왔다.

IPCC는 6차보고서와 관련해 2021년 8월 제1실무그룹보고서(WG1)를 발간한데 이어 2022년 2월 제2실무그룹보고서(WG2), 3월 제3실무그룹보고서(WG3)를 각각 발표했다. 6차 종합보고서는 2022년 9월쯤 최종안이 나올 예정이다. 5차보고서가 나온 지 8년 만이다.

IPCC 1차 실무그룹은 과학적 근거, 2차 실무그룹은 기후변화 적응 · 영향 · 취약성, 3차 실무그룹은 기후변화 완화 · 감축에 대해 연구하며 실무그룹보고서에서 그러한 내용을 반영했다.

최종안에 앞서 실무그룹이 공개한 평가보고서에는 과거 어느 때보다 기후

28) 대외경제정책연구원(KIEP), 2021년 유엔기후변화협약 당사국총회(COP26) 논의 및 시사점, 2021년 11월 30일
29) 산업통상자원부, '세계적 무공해차 전환 가속화 논의' 보도자료, 2021년 11월 10일

변화에 대한 경고메시지를 담았다.

"기후변화는 인류 웰빙과 지구 건강에 위협적이다. 기후변화에 적응 · 완화하기 위한 행동에 나서지 않으면 미래를 지킬 수 있는 기회를 놓치게 될 것이다. 기회의 창은 아주 빠르게 닫히고 있다"는 내용이다.[30)]

보고서는 "각국 정부가 내놓은 온실가스 감축 계획대로면 세계 평균 기온은 (목표치 1.5℃보다 높은) 2.3~2.7℃까지 오를 수 있다"며 "온실가스 배출량 감축이 현재 계획 수준에 그치면 식량 생산망, 물 공급, 해안지역 침수, 생물종 멸종 등의 문제를 가져올 것"이라고 경고했다. 이어 "지구 평균기온이 산업화 이전보다 1.5℃ 더 상승할 경우 3억5000만명, 2℃ 상승 시 4억1000만명의 도시인구가 물 부족에 시달릴 것"이란 우려도 제기했다.

이번 보고서에선 서울을 세계 주요도시 중 홍수 위협을 크게 받을 곳 중 하나로 꼽는 등 한국에 대한 경고도 포함했다. 부산은 해수면 상승으로 2070년 연간 피해액이 30억달러(약 3조6000억원)에 이를 것으로 보인다. 같은 기간 울산은 5억700만달러(약 6000억원), 인천은 9억6200만달러(약 1조1600억원)의 피해가 예상된다. 또 기후변화로 인한 재난은 기존 약자에 더 큰 영향을 미치고, 새로운 약자도 만들 것이라고 우려했다. 보고서에 따르면 온실가스 배출량이 목표치보다 많으면 2100년 해수면이 75cm 상승할 것으로 예상되는데, 이 경우 대규모 홍수에 노출된 인구가 두 배로 늘어난다.

결국 가장 취약한 지역에 거주하는 사람들이 덜 취약한 지역의 사람들보다 폭풍 홍수 가뭄 등으로 사망할 확률이 15배 높다. '기후난민' 발생이 우려되는 상황이다. 이에 보고서는 "기후 정의와 형평성이 핵심이고, 상대적으로 빈곤

30) 중앙일보, '인류위협 명시한 기후변화 보고서', 2022년 2월 28일
https://www.joongang.co.kr/article/25051872

한 국가에 지원이 우선돼야 한다"고 강조했다.[31)]

6차보고서는 2022년 11월 이집트 샤름 엘-셰이크에서 열리는 COP27과 2023년 11월 아랍에미리트(UAE) COP28에서 국가별 탄소중립 실천방안 합의에 주요한 근거로 활용될 전망이다.

이집트에서 열린 제27차 유엔기후변화협약 당사국총회(COP27)는 크게 3가지를 합의했다. △기후변화 취약국을 지원하는 '손실과 피해' 기금(fund) 조성 △온실가스 감축 프로그램 2026년까지 운영 △석탄발전 단계적 감축 및 비효율적 화석연료 보조금 단계적 폐지 등이다.

2022년 11월 6일(현지시간) 개막한 COP27은 18일 폐막 예정이었으나, 주요 쟁점에 대한 당사국간 견해차로 20일에야 폐막했다.

정식 의제로 처음 채택된 '손실과 피해' 보상 여부는 총회기간 내내 뜨거운 감자였다. 기후변화에 따른 이상기후, 러시아-우크라이나 전쟁이 불러온 식량난, 물가 급등, 달러 강세로 최악의 경제위기에 처한 개발도상국들은 즉각적인 기후재앙 피해구제를 위한 재원마련을 요구했다.

하지만 자칫 기후위기 촉발의 무한책임으로 천문학적인 금액을 보상할 수 있는 선진국은 합의를 주저했다. 막판에 기금 조성 합의는 했지만 어떤 피해를 언제부터 보상할지, 누가 어떻게 보상금을 부담할지 등은 의견차를 못 좁혔다. 향후 기금운용 방식을 놓고 격론이 예상되는 대목이다.

또 지구온도 상승 1.5℃ 제한목표 달성을 위해 석탄 발전뿐 아니라 석유·가스 사용도 감축하자는 의견이 제기됐지만, 당사국 다수의 동의를 얻는데 실패했다. 결국 COP26 합의를 재확인하는 수준에 그쳤다.

---

31) 경향신문, '가난한 사람, 가난한 국가에 더 가혹한 기후변화', 2022년 2월 28일
https://www.khan.co.kr/environment/climate/article/202202282000001

3장

우리의 현실

1. 세계 에너지 현황
2. 한국 에너지믹스 현황과 전망
3. 한국 2030 NDC 및 2050 시나리오
4. 세계 주요 국가들 계획

1. 세계 에너지 현황

인류는 어떤 에너지를 주로 사용하며 생활해왔고, 앞으로는 어떻게 될까.

석탄시대에서 재생에너지시대로의 에너지전환이 빨라지고 있다. 과거에는 석탄 비중이 압도적으로 높았지만 점차 다변화되며 미래에는 재생에너지 비중이 절대적으로 늘어날 전망이다.

2050년 재생에너지 44%, 석탄 4%

영국의 에너지기업 브리티시페트롤리엄(BP)이 펴낸 '세계 1차 에너지원별 비중 추이'에 따르면 1900년도는 석탄이 95%에 달했고, 석유 4%, 가스 1% 수준이었다. 이후 석유가 석탄비중을 조금씩 대체해 나가다가 1931년 석유비중이 20%를 기록했다. 석탄은 73%로 여전히 비중이 높았고, 천연가스 5%, 기타 비화석연료 2% 순이었다.

석유는 1949년 30%를 돌파한데 이어 1963년 40%, 1973년 50%에 이르며 정점을 찍었다. 석유는 1999년까지 40%대 점유율을 유지하다 2000년 39%, 2018년 33%로 하락세를 보이고 있다.

1차 에너지(Primary Energy)란 어떠한 가공이나 변환 과정도 거치지 않은 자연상태 에너지를 말한다. 1차 에너지를 소비자가 사용하기 편리하도록 가공하거나 변환해 만든 전기, 도시가스 등은 2차 에너지 또는 최종 에너지(Final Energy)라고 한다.

2018년 기준 1차 에너지원별 비중은 석유가 제일 높고, 석탄 28%, 가스

■ 세계 1차에너지원별 비중

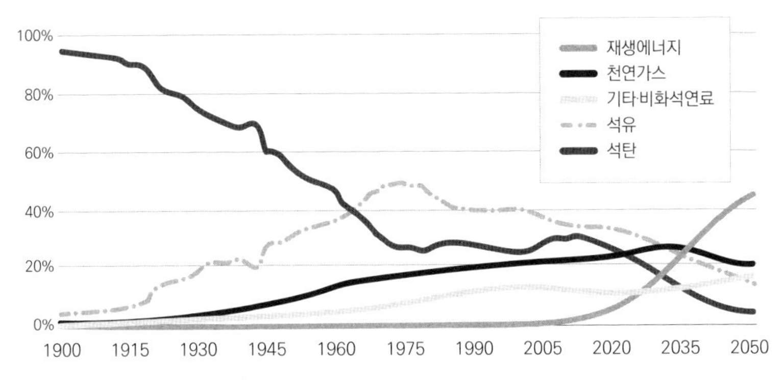

*출처:BP(Rapid 시나리오, 1990~2050)

24%, 기타 비화석연료 11%, 재생에너지 5% 순이다.

이처럼 1차 에너지 중 석유수요가 많은 것은 인간의 의식주 생활과 밀접한 연관이 있기 때문이다. 우선 석유는 의복의 원료인 합성섬유를 만들고, 야채나 과일 등을 재배할 때 쓰는 화학비료를 제조할 때 필요하다.

또 원유를 증류할 때 유출되는 나프타는 다양한 석유화학제품을 만들 때 쓰인다. 우리가 매일 사용하는 스마트폰, 컴퓨터, 냉장고, 세탁기를 생산할 때나 자동차, 비행기를 운행할 때도 석유가 있어야 한다. 최근 들어 비중이 급감했지만 발전(發電, 전기 생산) 연료로도 쓰인다.

국제에너지기구(IEA)가 발표한 2016년 기준 전 세계 부문별 석유소비량에 따르면 수송용이 55.1%(189억배럴)를 차지한다. 이어 산업용(석유화학 포함) 18.6%(64억배럴), 발전용 13.9%(47억배럴), 기타 12.5%(43억배럴) 순이다.

우리나라의 부문별 석유 소비비중은 좀 다르다. 2020년 기준 전체 8억7236만배럴중 산업용이 5억4386만배럴로 62.3%에 이른다.

이어 수송용 2억7719만배럴(31.8%), 가정 · 상업용 3663만배럴(4.2%), 공

공 · 전환(발전) 1505만배럴(1.7%) 등이다.[32)]

IEA는 2017년 발행한 보고서에서만 하더라도 석유수요가 2040년까지 지속적으로 증가해 제 1의 에너지원 자리를 지킬 것으로 내다봤었다. 개도국들의 경제성장이 석유수요를 견인할 것이란 전망에서다.[33)]

그러나 최근 BP보고서에서는 석유비중이 2030년 28%, 2035년 25%, 2040년 21%, 2045년 17%, 2050년 14% 등 하락할 것으로 전망됐다.

천연가스는 1950년 10%, 1987년 20%를 넘어선 이후 매년 20%대를 유지, 2018년 24%를 차지했다. 앞으로는 2030년 26%, 2040년 24%, 2050년 21%로 하락세지만 20%대를 유지할 것으로 보인다.

재생에너지는 1990년 처음 1%로 유의미한 수치를 기록한 후 18년 만인 2008년 2%로 뛰었다. 이후 2013년 3%, 2016년 4%, 2018년 5%를 기록했다. 하지만 앞으론 증가속도가 더 빨라져 2025년 11%, 2030년 16%, 2035년 24%, 2040년 33%, 2045년 40%, 2050년 44%로 수직상승할 것으로 예측됐다. 비화석연료도 2018년 11%에서 2035년 14%, 2050년 16%로 증가한다.

반면 석탄비중은 2025년 22%, 2030년 18%, 2035년 12%, 2040년 8%, 2045년 6%, 2050년 4%로 급격히 쇠락의 길로 접어들 전망이다. 이미 탄소중립을 추진 중인 국가나 기업들은 잇따라 석탄 퇴출을 선언하고 있다.

BP가 예상한 2050년 세계 1차에너지 소비비중은 재생에너지 44%, 천연가스 21%, 비화석연료 16%, 석유 14%, 석탄 4% 순이다.

그런데 전력을 생산하는 발전부문이 탄소중립 실현을 위한 최대 핵심요소로 꼽힌다. 최종에너지 소비에서 전기 비중이 절대적으로 많기 때문이다.

---

32) 에너지경제연구원, '에너지통계연보2021', p132~133
33) 박재영 외, 석탑출판, '에너지대전환 2050', p109

■ 최종에너지 중 전기비중

구분	2017	2030	2040	2050
최종에너지소비량(백만TOE)	172.6	158.7	137.8	114.4
전기소비량(백만TOE)	43.7	49.6	55.3	72.9
전기비중(%)	25.3	31.2	40.1	63.7
전기생산량(TWh)	553.5	628.4	700.5	935.1

*출처:지속가능발전과 에너지·산업전환, 한국환경정책평가연구원 이창훈 외(2019)
*최종에너지는 나프타 등 석유화학 원료로 사용된 양을 제외한 에너지소비량임.

국내시장 전망이긴 하지만 최종에너지 소비량은 2017년 1억7260만TOE[34]에서 2030년 1억5860만TOE, 2050년 1억1440만TOE로 감소한다. 반면 이 기간 전기소비량은 4370만TOE에서 4960만TOE, 7290만TOE로 증가한다. 이에 최종에너지 중 전기비중은 2017년 25.3%에서 2050년 63.7%로 증가할 것으로 전망됐다.[35]

우리나라 온실가스 배출의 87%는 에너지 연소과정에서 발생하므로, 탈탄소 에너지전환 없이 탄소중립은 사실상 불가능하다고 봐야 한다.[36] 또 탈탄소 에너지전환은 전기화가 필수적으로 동반된다.

전력생산을 위한 연료 중 대표적인 탄소 무배출 에너지원은 재생에너지와 원자력이다. 재생에너지와 원자력의 이용형태는 열이나 수송용보다 발전 형태로 대부분 사용된다.

예를 들어 도시가스로 난방을 하는 경우 이산화탄소가 배출된다. 하지만 재

34) TOE(Ton Oil Equivalent)는 석유환산톤이라고 부른다. 어떤 물질에서 나오는 에너지의 양을 석유 1톤을 연소시킬 때 발생하는 에너지로 환산해 표준화한 단위다. 예를 들어 유연탄 2톤이 석유 1톤의 에너지 양과 같다면 유연탄 2톤은 1TOE이 된다.
35) 이창훈 외, 한국환경정책평가연구원, 지속가능발전과 에너지 · 산업전환, 2019
36) 2050탄소중립위원회, 탄소중립 학습 자료집, 2021년 7월

생에너지로 생산한 전기로 난방을 할 경우 온실가스가 배출되지 않는다. 탄소중립을 위해 난방의 전기화 필요성이 제기되는 이유다.

또 수송부문의 경우 내연기관자동차는 전기차보다 에너지효율이 낮다. 최종에너지를 기준으로 하면 4배 이상의 에너지를 소비한다. 따라서 자동차의 전기화 자체가 에너지사용량을 줄인다는 계산이 나온다.[37]

물론 이 부분은 아직도 논란의 여지가 있다. 전 과정에서의 이산화탄소 발생량(Well-to Wheel) 차원에서 보면 아직 전기차 효율이 상대적으로 낮을 가능성이 있다. 2050탄소중립위원회가 전기차 효율이 높다고 주장한 것은 전기가 기본적으로 재생에너지로부터 공급되는 것을 전제한다.

물론 여기에는 전기요금의 정상화가 선결요인이다. 〈4장 4.에너지효율과 수요관리〉에서도 살펴보겠지만 전기요금이 원가보다 싸거나 타 에너지요금에 비해 지나치게 낮을 경우 전기소비 낭비현상을 초래할 수 있다.

2050년 탄소중립을 위한 다양한 에너지전환 시나리오에서 제시된 최종 에너지에서의 전기비중은 50~70% 수준이다.

재생에너지와 천연가스 발전은 깐부

전 세계 발전비중을 살펴보면 1차 에너지소비와 유사한 흐름을 보이긴 하지만 정비례하는 건 아니다. 기본적으로 석탄 · 석유 발전이 줄고, 재생에너지 발전이 증가하는 에너지전환의 방향은 같다.

하지만 석탄발전 비중은 여전히 높고, 재생에너지 증가에 맞춰 천연가스 발전이 늘어나는 점도 눈길을 끈다.

---

37) 2050탄소중립위원회, 탄소중립 학습 자료집, 2021년 7월

■ 전 세계 발전량 믹스 추이

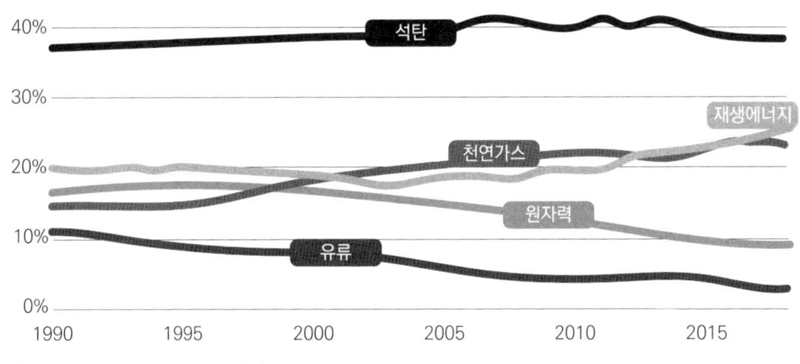

*출처:IEA World Energy Balances 2020

IEA가 분석한 '전 세계 발전량 믹스 추이'에 따르면 2019년 기준 에너지원별 발전비중은 석탄이 36.8%로 가장 높다. 이어 재생에너지 26.5%, 천연가스 23.6%, 원자력 10.4%, 석유(중유) 2.8% 순이다.

석탄발전 비중은 1990년 조사시점부터 37% 이상을 이어왔으며, 2014년 41.14%에 달했다. 2019년이 36.8%로 가장 낮았다. 석탄발전은 온실가스 규제 등 탄소중립이 시대정신으로 부상하면서 퇴출돼야 할 에너지원으로 지목됐다. 이러한 분위기는 한해 두해 멀다 하고 급진전되고 있다.

재생에너지 발전은 1990년 19.7%에서 시작해 2011년까지 18~20%대를 기록했다. 한자리 수에 머물던 우리나라와 대조적이다. 이후 세계 재생에너지 발전비중은 2012년 21.2%, 2015년 23.1%, 2017년 24.8%, 2018년 25.6%, 2019년 26.5% 등 증가속도가 가파르다.

재생에너지 성장세는 앞으로 가속화될 전망이다. 한국수출입은행은 '2021년 3분기 태양광산업 동향' 보고서에서 2021년 세계 태양광 신규 설치량이

201GW에 달할 것으로 내다봤다. 전년 144GW보다 39.5% 늘어난 규모다.

천연가스 발전은 1990년 14.8%에서 2004년 20.1%로 증가한 이후 20%대를 유지해왔다.

조사기간 중 2019년이 23.6%로 가장 높았다. 천연가스는 재생에너지 발전이 늘면서 간헐성(intermittent power generation)의 한계를 극복하기 위한 대안으로 활용도가 증가한 것으로 분석된다.

간헐성이란 기상 조건에 따른 발전량 변동을 말한다. 재생에너지는 해가 떠 있는 시간(태양광)이나, 바람이 부는 시간(풍력) 등 날씨에 따라 전력생산량이 불규칙한 특징이 있다.

가스터빈은 시동을 건 후부터 전력운전까지 시간이 매우 짧다. 때문에 천연가스 발전소는 멈춰있다가도 재생에너지의 간헐성 문제나 전력수급에 차질이 발생했을 때 즉시 가동할 수 있다는 장점이 있다. 또 친환경적으로 평가돼 재생에너지와는 탄소중립 목표달성을 위한 깐부라고 할 수 있다.

원자력발전(원전) 비중은 1990년부터 1999년까지 10년간 17.0%대였다. 2000년 16.8%로 소폭 감소한 이후 2005년 15.1%, 2010년 12.8%, 2015년 10.6%, 2019년 10.4%로 뚜렷한 하락세를 보이고 있다.

2011년 3월 일본 동북부 지방을 관통한 대규모 지진과 쓰나미로 인한 후쿠시마 원전사고는 안전의 중요성을 재각인 시켰다. 이후 독일 등 일부 국가들은 탈원전을 선언하거나 원전비중을 축소하고 있다. 그러나 탄소중립을 위해서는 원전을 활용해야 한다는 주장도 만만찮게 제기된다.

석유발전은 1990년 11.2%에서 지속적으로 감소해 2000년 7.7%, 2010년 4.5%, 2017년 3.3%, 2018년 2.9%, 2019년 2.8%로 축소됐다. 탄소중립 시대가 도래함에 따라 – 국제유가에 따라 다소 오르내림이 있을 수는 있지만 – 석유발전 비중은 더 위축될 것으로 보인다.

태양광 발전단가 국가별로 천차만별

에너지원별 발전기의 경쟁력을 비교할 때 환경성, 안전성과 함께 빼놓을 수 없는 게 경제성이다. 경제성은 균등화발전비용(LCOE, Levelized Cost of Energy)을 활용한다. 균등화발전비용은 발전기가 생산한 전력의 단위당 단가를 산출한 값인데, 투자 연료 운영 사후처리 등 비용을 총 발전량으로 나눈 개념이다. 특히 운영비 연료비뿐만 아니라 외부 효과비용까지 반영하기 때문에 각기 다른 조건의 에너지원별 발전단가를 비교하는 데 쓰인다.

미국의 투자은행 라자드(Lazard)는 매년 주요 발전원별 균등화발전비용을 산출하고 있는데 재생에너지 비용이 급감해 주목된다.

2021년말 기준 발전단가가 가장 비싼 에너지원은 천연가스로 MWh당 173달러에 이른다. 이어 원자력 167달러, 석탄 108달러, 육상풍력 38달러, 태양광 36달러 순이다.

2009년만 해도 태양광의 균등화발전비용은 359달러로 타 에너지원에 비해 월등히 비쌌으나 기술발전 · 보급 확대 등으로 급속히 비용이 하락했다. 2009년 대비 2021년 가격은 90.0% 내려갔다.

육상풍력도 2009년 135달러에서 2015년 65달러, 2021년 38달러 등 71.9% 저렴해졌다.

천연가스는 균등화발전비용이 2009년 275달러에서 점진적으로 하락세를 보이고 있지만 현재 가장 비싼 에너지원이다. 2015년 192달러, 2020년 175달러, 2021년 173달러(2009년 대비 -36.4%)로 조사됐다. 가스발전은 천연가스 가격에 가장 민감하게 연동되는데, 천연가스 가격이 비싼 것이 주이유다. 또 러시아-우크라이나 전쟁 같은 지정학적 위기 · 수급난이 발생해 천연가스 가격이 천정부지로 오르면 가스발전 단가도 그만큼 인상된다.

천연가스 가격이 안정화됐을 때는 그 다음 주목할 부분이 유지보수 비용이다. 천연가스 발전소는 원전이나 석탄발전소와 달리 주기기 가스터빈의 정비 주기가 짧고 비용이 많이 든다. 국내의 경우 지금까지 가스터빈을 전량 외국 제품에 의존해왔던 점도 문제다.

해외에서 수입한 가스터빈의 유지 · 보수 · 정비서비스는 공급사(글로벌 탑티어)만 가능하기 때문에 무리한 가격을 요구해도 그 횡포를 막을 대안이 없었다. 결국 이런 부분이 천연가스 발전소의 균등화발전비용을 올린 원인이다. 국산 가스터빈 개발 및 대규모 보급이 요구되는 이유다.

태양광과 달리 태양열은 아직 비싸다. 2009년 168달러에서 2021년 141달러로 16.1% 하락에 그쳤다. 여기서 조사한 태양열은 집광형 태양열발전(CSP: Concentrated Solar Power)을 말한다. 태양열로 물을 끓이고, 거기서 나오는 증기로 터빈을 돌려 전기를 생산하는 방식이다. 사막처럼 고온지역에 유리해 우리나라에서는 개발 · 적용하지 않고 있다. 또 가정에서 쓰는 태양열발전은 온수기(전기를 만들지 않고 급탕 · 온수용)가 주된 기능이어서 균등화발전비용을 추산하지 않는다.

석탄은 2009년 111달러에서 2021년 108달러로 소폭 하락했다. 원자력은 2009년 123달러에서 2015년 117달러로 하락했다가 2019년 155달러, 2021년 167달러로 증가세다. 주요 에너지원 중 유일하게 균등화발전비용이 상승했다. 이에 대해 원자력업계의 반론도 만만치 않다. 우선 원전의 외부비용을 타 에너지원에 비해 과도하게 반영했다는 지적이다.

또 재생에너지 균등화발전비용은 주변 여건과 외부환경 영향이 크기때문에 해외 다른 국가비용이 낮아졌다고 우리나라까지 무조건 동반 하락하는 것은 아니다. 개발 중인 소형모듈원전(SMR)이나 차세대 원전의 경우 효율성과 안전성이 대폭 강화돼 외부비용이 급감할 것이란 주장도 제기된다.

그럼에도 불구하고 원전의 경우 사용후핵연료 처리문제나 주민수용성 해소

문제는 해결해야할 난제다.

한편 우리나라도 에너지전환 정책 추진에 맞춰 2017년 한국형 균등화발전원가를 처음으로 분석해 공개한 바 있다. 우리나라 실정은 라자드가 전망한 세계 균등화발전비용과 흐름이 비슷하지만 다소 차이를 보인다.

에너지경제연구원과 한국산업조직학회가 공동 연구한 결과 원전의 1KWh당 균등화발전단가는 2017년 55.7~65.7원에서 2030년 63.8~73.8원으로 12.3~14.5% 오르는 것으로 전망됐다. 반면 태양광과 풍력 등 재생에너지는 이 기간 최대 45% 낮아질 것으로 내다봤다. 30MW 이상 대형 태양광발전의 경우 빠르면 2020년대 중반, 늦어도 2020년대 후반에 원전보다 균등화발전비용이 낮아질 것으로 예측했다.[38]

이처럼 에너지원별 경제성은 기관이나 단체 등 상호 입장에 따라, 국가별 특성에 따라 아직 많은 차이를 보인다. 이 부분은 〈4장 1.원자력〉 부문에서 구체적으로 다루기로 한다.

38) 박재영 외, 석탑출판, '에너지대전환 2050', p164

2. 한국 에너지믹스 현황과 전망

우리나라의 석유소비와 전력소비가 각각 세계 7위 수준을 유지하고 있는 것으로 나타났다.

국제에너지기구(IEA)와 영국 에너지기업 BP 자료에 따르면 2019년 기준 우리나라의 석유소비는 1억1600만톤으로, 세계 7위다. 1위는 미국(8억4500만톤)이었으며, 2위 중국(6억5400만톤), 3위 인도(2억3700만톤), 4위 일본(1억6800만톤), 5위 러시아(1억5400만톤), 6위 사우디(1억5300만톤)로 우리나라보다 앞에 있다.

한국 1인당 에너지소비, 세계평균의 3배

전력소비는 중국(7154TWh)이 1위였으며, 미국(4187TWh), 인도(1349TWh), 러시아(1004TWh), 일본(1001TWh), 캐나다(565TWh)가 2~6위를 차지했다. 한국은 7위(562TWh)였다. 독일은 석유소비 1억700만톤, 전력소비 549TWh로 각각 10위, 8위에 올라 우리나라보다 소비가 적은 것으로 파악됐다.

1차에너지 소비는 중국(33억8900만TOE), 미국(22억1300만TOE), 인도(9억3800만TOE)가 1~3위를 기록했다. 이들 3개국은 석유소비와 전력소비도 1~3위안에 포함됐다. 한국(2억8000만TOE)은 브라질(2억9300만TOE)에 이어 9위였다.

석유정제능력은 한국이 5위(339만3000배럴/1일)에 이름을 올렸다. 미국(1897만4000배럴), 중국(1618만9000배럴), 러시아(667만6000배럴), 인도

▮ 우리나라 에너지부분의 국제위상

구분	에너지소비 (백만TOE)	석유소비 (백만톤)	석유정제능력 (천배럴/일)	전력소비 (TWh)	1인당에너지소비 (TOE/인)	1인당 전력소비 (kWh/인)
1	중국 3,389	미국 845	미국 18,974	중국 7,154	아이슬란드 16.66	아이슬란드 52,514
2	미국 2,213	중국 654	중국 16,199	미국 4,187	카타르 14.60	노르웨이 23,762
3	인도 938	인도 237	러시아 6,676	인도 1,349	트리니다드토바고 12.27	바레인 20,132
4	러시아 773	일본 168	인도 4,994	러시아 1,004	브루나이 9.43	카타르 16,632
5	일본 415	러시아 154	한국 3,393	일본 1,001	바레인 9.40	쿠웨이트 16,254
6	캐나다 306	사우디 153	일본 3,343	캐나다 565	쿠웨이트 8.82	핀란드 15,568
7	독일 294	한국 116	사우디 2,905	한국 562	캐나다 8.13	캐나다 15,018
8	브라질 293	브라질 112	이란 2,495	독일 549	지블롤터 7.80	UAE 13,451
9	한국 280	캐나다 110	브라질 2,290	브라질 546	미국 6.74	스웨덴 12,787
10	이란 273	독일 107	독일 2,085	프랑스 475	한국(14위) 5.42	한국(13위) 10,878
세계	14,486	4,423	101,748	25,027	1.89(평균)	3,265(평균)

*출처: 1) IEA, World Energy Balances 2021(2019년 기준) – 에너지소비, 전력소비, 1인당 에너지소비, 1인당 전력소비
2) BP, Statistical Review of World Energy, 2021(2019년 기준) – 석유소비, 석유정제능력

(499만4000배럴)로 1~4위였다. 일본은 우리나라에 이어 6위(334만3000배럴)였다.

1인당 에너지소비와 1인당 전력소비는 판도가 좀 달랐다. 1인당 에너지소비

와 전력소비가 세계에서 가장 많은 국가는 아이슬란드다. 아이슬란드의 1인당 전력소비량은 5만2514kWh로, 2위인 노르웨이(2만3762kWh)보다 두 배 이상 많다.

우리나라(1만878kWh)의 5배, 세계평균(3265kWh)의 16배를 소비한다. 아이슬란드의 1인당 에너지소비도 세계평균(1.89TOE)의 8.5배가 넘는다. 아이슬란드는 과거부터 줄곧 이러한 소비흐름을 보이고 있다.

스칸디나비아 반도, 영국, 아일랜드와 그린란드 사이에 있는 바다 한가운데에 위치(북위 64~66°)하고 있다. 자국어 국호는 '이슬란드'(Island, 얼음의 땅), 중국어 명칭은 '빙다오'를 쓰는데, 말 그대로 '얼음섬'이라는 뜻이다.

아이슬란드의 높은 에너지 소비는 크게 세 가지로 요약된다. 첫째 수력·지열발전 등 재생에너지원이 풍부해 전력생산 비용이 저렴하다. 둘째 알루미늄과 실리콘 생산 등 에너지 집약적인 산업이 발달했다. 셋째 춥고 어두운 긴 겨울 때문에 전기수요가 많다.

아이슬란드의 1인당 에너지소비량은 2018~2019년 비트코인 채굴이라는 또 다른 에너지집약 산업이 이끌었다. 2018년 에너지 회사 HS 오르카의 요한 스노리 시구르베르크손은 비트코인 채굴이 그 해 미국의 모든 가계를 합친 것보다 더 많은 전기를 사용했다고 추정했다.[39]

1인당 전력소비량이 2위인 노르웨이는 북유럽의 스칸디나비아 반도에 위치하고 있다. 원유 수출량 세계 10위 수준의 산유국이며, 수력발전 비중이 높다. 1인당 국내총생산은 6만7294달러로 세계 4위일 만큼 부국이다.

1인당 전력소비 3위국이자 1인당 에너지소비 5위국인 바레인은 중동 유일

---

39) 아이슬란드리뷰, 2019년 11월 28일
www.icelandreview.com/news/icelanders-used-most-electricity-per-capita-in-2017/

한 섬나라다. 산유국이며, 광물자원도 풍부해 수출품목 1위다.

1인당 에너지소비 3위인 트리니다드 토바고는 카리브해 남쪽 베네수엘라 바로 위에 있는 섬나라다. 면적이 51만3000ha(세계 171위)로 작지만 석유와 천연가스 자원이 풍부하다.

1인당 국내총생산은 1만5384달러(세계 42위)로 중남미 국가 중에선 높은 수준을 유지하고 있다.

우리나라는 1인당 에너지소비 5.42TOE(1인당)로, 세계 14위다. 세계 평균 1.89보다 약 3배 많다. 1인당 전력소비는 1만878kWh(1인당)로 세계 13위다. 세계평균 3265kWh의 3.3배 수준이다.

한편 우리나라의 부문별 최종에너지 소비는 산업용이 가장 많고, 이어 가정 · 상업용, 수송용, 공공용 순이다. 산업용 비중은 1990년 48.4%에서 2000년 56.2%, 2020년 62.0%(1억3796만TOE)로 갈수록 증가하고 있다.

반면 가정 · 상업용은 1990년 28.9%에서 2000년 21.4%, 2020년 17.9%(3991만TOE)로 감소세다. 수송용은 1990년 18.9%에서 2020년 17.7%(3944만TOE)로, 공공용은 같은 기간 3.8%에서 2.4%(525만TOE)로 각각 줄었다.[40]

4차 산업혁명으로 전력소비 증가

우리나라 전력소비량은 2010년 434.2TWh에서 2018년 526.1TWh로 매년 증가했다. 2018년에는 전년 대비 전력소비 증가율이 3.6%에 달했다.

그러다 2019년 전력소비량은 520.5TWh로 1.1% 감소했다. 여름철엔 신선하고, 겨울철엔 온화했던 날씨가 주요인이었다. 평균기온(2018년 → 2019

40) 에너지경제연구원, 에너지통계연보 2021, p36~37

▮ 4차 산업혁명에 따른 전력소비량 영향

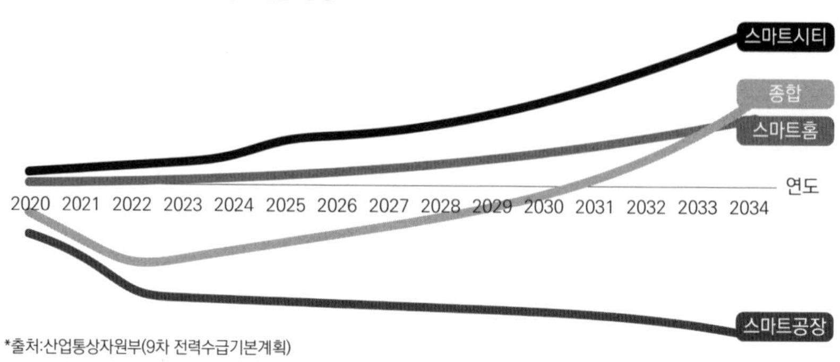

*출처:산업통상자원부(9차 전력수급기본계획)

년)이 여름철은 27.1℃에서 25.5℃로 내렸고, 겨울철엔 1.3℃에서 3.1℃ 올랐다.

2019년 기준 용도별 전력소비는 산업용이 279.8TWh로 53.8%를 차지하고 있으며, 상업용 170.3TWh(32.7%), 가정용 70.5TWh(13.5%) 등이다. 산업용 전력소비 비중은 2014년 55.4%로 정점을 찍은 후 소폭 하락세를 보이고 있지만 여전히 50% 이상을 유지하고 있다.

전체적인 전력소비는 향후에도 4차 산업혁명 등의 영향으로 꾸준히 늘어날 것으로 보인다.

9차 전력수급기본계획에 따르면 2034년 기준 647.9TWh로, 계획기간(2020~2034년) 동안 연평균 1.6% 증가할 것으로 전망됐다. 최대전력은 2034년(동계) 기준 117.5GW로 예측됐다. 여기엔 전기차 확산 효과 1.0GW가 포함됐다. 전기차 효과는 2034년 겨울 최대전력 기준, 정부 보급목표(2040년 830만대) 추세를 반영해 산출했다.

하지만 정부는 수요관리 등을 통해 2034년 전력소비 전망치를 554.8TWh(계획기간 연평균 0.6% 증가)로 낮춰 수립했다. 2019년 수요와 비교하면 34.3TWh

늘어난 수치다. 최대전력 예상 목표치는 2034년(동계) 기준 102.5GW다.

전력소비는 2030년까지 스마트공장 확산으로 공정효율이 향상되면서 감소효과가 있지만 그 이후엔 스마트 시티 · 홈 확산에 따른 서비스 확대로 증가효과가 더 클 것으로 관측된다. 이에 고효율기기 확대, 에너지관리시스템 구축, 정상적인 요금체계, V2G(Vehicle-to-grid) 보급 등을 통한 적극적인 수요관리가 필요하다. V2G는 전기차를 전력망과 연결해 배터리의 남은 전력을 이용 · 판매하는 기술이다.

2021년 발전비중 원전 27.3%, 신재생 7.5%

정부가 에너지전환을 추진하면서 탈석탄을 선언했지만 석탄발전은 우리나라 에너지믹스에서 아직 가장 큰 비중을 차지하고 있다.

한국전력공사에 따르면 2021년(잠정치) 에너지원별 발전비중은 석탄이 34.2%로 가장 많고, 액화천연가스(LNG)가 29.2%로 그 뒤를 이었다. 2021년에는 LNG발전이 원전비중을 처음으로 앞질렀다. 원전은 27.3%였으며, 신재생에너지 7.5%, 유류 0.4%로 나타났다.

석탄발전은 2007년 38.6%(발전량 15만5685GWh) 비중으로 에너지원별 발전량 1위에 오른 후 현재까지 자리를 유지하고 있다. 2010년엔 발전량 19만8287GWh로 비중이 41.8%에 이르기도 했다. 이후 2015년 39.3%, 2020년 35.6%, 2021년 34.3%로 하락세를 보이고 있다. 이러한 흐름은 앞으로 더 가속화될 전망이다.

산업통상자원부는 9차 전력수급기본계획에서 '현재 운영 중인 석탄발전 60기 중 30기(15.3GW)를 2034년까지 폐지'하기로 했다. 미세먼지와 온실가스 문제 대응을 위해 석탄발전의 과감한 감축이 필요하다는 판단에서다. 이 경우 석탄발전 설비비중은 2020년 28.1%에서 2035년 15.1%로 감소하고, 발전량

▮ 국내 에너지원별 발전량 및 비중

(단위:GWh, %)

구분		원자력	석탄	LNG	신재생	유류	계
2001년	발전량	112,133	112,257	30,549	2,330	21,988	285,224
	발전비중	39.3	39.4	10.7	0.8	7.7	100
2005년	발전량	146,779	134,892	58,137	4,077	16,210	364,639
	발전비중	40.3	37.0	7.7	1.1	4.4	100
2010년	발전량	148,596	198,287	96,193	8,160	11,711	474,660
	발전비중	31.3	41.8	20.3	1.7	2.3	100
2015년	발전량	164,762	207,333	100,749	19,464	9,537	528,091
	발전비중	31.2	39.3	19.1	3.7	1.8	100
2020년	발전량	160,183	196,498	145,892	43,449	2,281	552,108
	발전비중	29.0	35.6	26.4	7.9	0.4	100
2021년 (잠정치)	발전량	158,015	197,966	168,286	43,095	2354	576,719
	발전비중	27.3	34.3	29.2	7.5	0.4	100

*전체에서 기타(집단에너지, 증류탑폐열, 천연가스압터빈 등)는 빠져있음

*부생가스는 2019년 10월 이후, 폐기물에너지는 2020년 1월 이후 각각 신재생에서 기타로 분류

▮ 국내 신재생에너지 발전량 및 비중

(단위:GWh, %)

구분		태양광	풍력	수력	바이오	폐기물	연료전지	계
2010년	발전량	1,073	812	3,682	409	2,005	179	8,160
	발전비중	13.1	10.0	45.1	5.0	24.6	2.2	100
2021년 (잠정치)	발전량	21,822	3,170	3,055	1,446	0	4,545	43,096
	발전비중	50.6	7.4	7.1	18.2	0	10.5	100

*출처:한국전력

*전체에서 해양, 석탄액화가스 등은 제외함

은 2020년 35.6%에서 2034년 29.9%로 줄어들 전망이다.[41]

석탄발전 존재의 위축은 이후 2050탄소중립위원회의 시나리오에서 더 강력해지는데 A안 · B안 모두 0%(2050년 기준)로 전면 퇴출이다.

41) 산업통상자원부 공고 제2020-741호, 9차 전력수급기본계획(2020~2034), 2020년 12월 28일

원전 비중은 1990년 49.1%(5만2886GMWh)에 달했다. 이후 2005년 40.3%를 차지할 만큼 의존도가 컸다. 하지만 에너지원의 다변화와 탈원전 분위기까지 겹쳐 점진적으로 하락, 2021년 27.3%를 기록했다.

원전은 문재인정부 들어 에너지전환로드맵(2017년 10월), 3차 에너지기본계획(2019년 6월)에 이어 9차 전력수급기본계획에서도 감축 기조를 이어갔다. 노후원전 수명은 연장하지 않고, 원전 건설은 신규로 추진하지 않는다는 게 문재인정부의 원칙이었다. 이 경우 원전 설비비중은 2020년 21.0%에서 2034년 15.5%로 줄고, 발전량은 2020년 29.0%에서 2030년 25.0%로 감소하는 것으로 예상됐다.

하지만 2022년 5월 9일 취임한 윤석열 대통령은 '탈원전 백지화, 원전 최강국 건설'을 공약으로 내세웠다. 윤석열정부는 그동안 중단됐던 신규원전 재추진, 수명만료 원전의 계속운전 허용을 공식화해 에너지전환 정책의 일대 변화를 선언했다.

LNG발전 비중은 2005년 7.7%에서 2015년 19.1%, 2020년 26.4%, 2021년 29.2%로 급증하고 있다. 친환경발전소로 분류된 데다 신재생에너지의 백업발전 역할까지 더해졌다. 나아가 9차 전력수급기본계획에서는 폐지되는 석탄발전 30기 중 24기(12.7GW)의 LNG발전으로의 전환도 추진하기로 했다.

신재생에너지 발전비중은 2001년 0.8%에 불과했으나 2010년 1.7%, 2015년 3.7%, 2020년 5.8%, 2021년 7.5% 등 수직상승세를 보이고 있다. 특히 부생가스와 폐기물에너지가 각각 2019년 10월, 2020년 1월 이후 신재생에너지에서 기타로 분류체계가 바뀐 점을 고려하면 증가속도가 매우 가파른 것으로 관측된다.

9차 전력수급기본계획에 따르면 신재생에너지 발전설비는 2020년 20.1GW에서 2022년 29.4GW, 2030년 58.0GW, 2034년 77.8GW(발전비중 20.8%)로 급격히 증가할 전망이다. 이중 2034년 태양광과 풍력설비가 각각 45.6GW, 24.9GW로 신재생 전체의 91%를 차지할 것으로 계획돼 있다.

2021년 기준 태양광과 풍력이 신재생에너지 발전량에서 차지하는 비중은 각각 50.6%, 7.4% 등 58.0%에 이른다. 연료전지 비중은 2010년 2.2%에서 2021년 10.5%로 증가했다.

2021년 국내 온실가스 배출량 역주행

2021년 한국이 배출한 온실가스는 이산화탄소 환산량으로 6억7960만톤으로 잠정 집계됐다. 2020년 배출량 잠정치 6억5660만톤보다 3.5% 늘어난 수치다. 환경부 온실가스종합정보센터가 발표한 내용이다.

우리나라 온실가스 배출량은 2018년 7억2700만톤으로 정점을 기록한 이후 2년 연속 감소했는데 3년 연속 감소세를 이어가는건 실패했다. 2050년 탄소중립 실현을 위해 매년 4% 이상 감축해야하는데 오히려 역주행한 것이다.

2021년 인구 1명이 배출한 온실가스는 13.1톤으로, 2020년 12.7톤보다 증

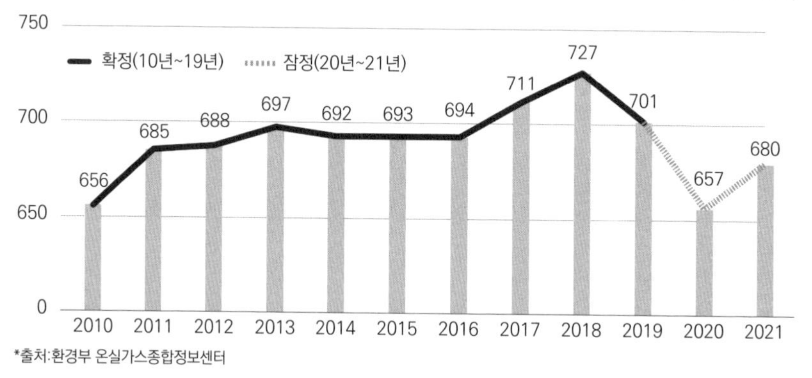

*출처: 환경부 온실가스종합정보센터

가했다. 이처럼 온실가스 배출량이 증가한 것은 코로나19 대유행이 주춤해지면서 사회적 거리두기가 해소됐고, 제조업 등 생산활동이 기존 수준으로 회복하고 있기 때문으로 분석된다.

온실가스종합정보센터에 따르면 2021년 온실가스 배출량 잠정치를 분야별로 보면 발전 · 제조 · 수송 등 에너지 분야 배출량이 가장 많았다. 에너지분야 온실가스 배출량은 전년보다 3.6% 늘어난 5억9060만톤으로 나타났다. 전체 배출량의 87%에 해당한다.

에너지분야 배출량 가운데 38%를 차지하는 발전 · 열생산 부분 배출량은 2억2200만톤으로 2020년 2억1810만톤보다 1.8% 증가했다. 다만 발전량은 577TWh로 전년 552TWh보다 4.5% 급증했다. 발전량 증가분과 비교하면 이 분야에서 온실가스 배출량이 과도하게 늘어난 것은 아니라고 할 수 있다.

석탄발전 비중이 줄고 LNG와 재생에너지를 활용한 발전이 늘어난 점이 주이유로 풀이된다. 실제로 이 기간 1MWh 전력생산시 온실가스 배출량은 0.395톤에서 0.385톤으로 감소했다.

수송부문 배출량은 9790만톤으로 전년 9630만톤보다 1.7% 늘었다. 사회적 거리두기가 점진적으로 완화되면서 차량이동 수요가 증가한 것으로 풀이된다. 고속도로 교통량을 살펴봐도 2020년 16억1400만대에서 2021년 17억2700만대로 증가한 것으로 나타났다.

국내 전체 온실가스 배출량 7.5%를 차지하는 산업공정 분야는 배출량이 5100만톤으로 전년 4850만톤보다 5.2% 증가했다. 건설경기가 회복조짐을 보이면서 시멘트 생산량이 늘고 반도체 생산도 활발해진 것이 주이유로 꼽힌다.

농업분야 배출량은 2020년 960만톤에서 2021년 980만톤으로 2.1% 증가했고, 같은 기간 폐기물 분야 배출량은 1710만톤에서 1680만톤으로 1.8% 줄었다.

2021년 온실가스 배출량은 한국 뿐 아니라 세계적으로도 늘어났다. 이유는 우리나라와 마찬가지로 코로나19로 위축됐던 산업활동과 이동량이 회복세를 보였기 때문이다.

한국 온실가스 배출량 증가율 3.5%는 유럽연합(EU) 7%, 미국 6.2%, 중국 4.8% 등 주요국보다 낮은 수준이다. 세계 평균은 5.7%다.

또 온실가스종합정보센터는 2021년 기준 한국의 국내총생산(GDP) 10억원당 온실가스 배출량이 355.7톤으로 전년 357.6톤보다 줄었다고 밝혔다. 온실가스 배출량 증가율은 3.5%로 GDP 증가율 4%보다 낮았다. 이 부분을 보면 온실가스 저감 정책이 어느정도 효과를 발휘하고 있다고 볼 수 있다.

상위 10개기업이 국내 온실가스 배출 47%

환경부 온실가스종합정보센터에 따르면 2020년 기준 국내에서 온실가스를 가장 많이 배출한 기업은 포스코로 7566만9968톤CO_2을 배출했다. 우리나라 전체 온실가스 배출량의 11.5%에 달하는 규모다.

이어 △한국남동발전 △한국동서발전 △한국중부발전 △한국서부발전 △한국남부발전 △현대제철 △삼성전자 △쌍용양회 △에쓰오일(S-oil)이 2~10위를 차지했다.

전년과 비교하면 4위, 6위인 중부발전과 남부발전이 서로 자리를 뒤바꿨다. 또 2019년 9위였던 현대그린파워가 현대제철에 인수되면서 11위였던 에쓰오일이 10위에 이름을 올렸다. 그 외에 상위 10위권 기업은 변화가 없었다.

11~20위권은 포스코에너지(18위), 한국지역난방공사(19위), 한화토탈(20위)이 새롭게 포함됐다. 대신 성산양회는 20위에서 21위로, LG디스플레이는 19위에서 22위로 빠졌다.

10위내 기업의 국내 온실가스 배출비중은 남동발전 6.5%, 동서발전 5.3%, 중부발전 5.3%, 서부발전 4.6%, 남부발전 4.4%, 현대제철 4.4%, 삼성전자 1.9%,

쌍용양회 1.5%, 에스오일 1.5%였다. 이들 10개 기업이 발생하는 온실가스가 국내 전체 배출 비중의 46.9%에 달했다. 11~20위 기업까지 포함하면 상위 20개 기업의 온실가스 배출비중은 56.5%였다. 상위 20개 기업중 전년대비 온실가스 배출량이 늘어난 곳은 현대제철과 삼성전자뿐인 것으로 조사됐다.

■ 2020년 국내 기업 온실가스 배출량 순위

순위	회사명	온실가스 배출량 (톤 CO_2eq)	에너지소비량 (TJ)	배출계수 (톤 CO_2eq/TJ)	2021~2023년 할당량(만톤)
1	포스코	75,669,968	382,757	198	23,119
2	한국남동발전	42,521,216	483,780	88	13,257
3	한국동서발전	34,905,112	420,898	83	9,188
4	한국중부발전	34,775,156	427,322	81	9,940
5	한국서부발전	30,422,589	359,490	85	9,078
6	한국남부발전	29,006,534	370,693	78	9,472
7	현대제철	28,623,105	122,203	234	8,865
8	삼성전자	12,531,900	177,122	71	3,227
9	쌍용양회공업	9,868,739	56,509	175	3,203
10	에쓰오일	9,579,376	125,785	76	2,565
11	LG화학	8,176,631	152,392	54	2,712
12	GS칼텍스	7,788,771	101,519	77	2,505
13	현대오일뱅크	6,934,967	70,956	98	1,941
14	SK에너지	6,920,461	80,050	86	2,145
15	GS동해전력	6,797,741	76,329	89	1,611
16	삼표시멘트	5,984,233	34,526	173	1,980
17	롯데케미칼	5,570,916	100,847	55	2,052
18	포스코에너지	5,442,966	108,023	50	1,190
19	한국지역난방공사	5,214,198	103,844	50	1,806
20	한화토탈	4,801,448	106,417	45	1,395

*출처:환경부 온실가스종합정보센터(2050 탄소중립위원회 재구성)

현대제철은 2019년 2224만5165톤CO_2에서 2020년 2862만3105톤CO_2으로 28.7% 증가했다. 현대제철이 현대그린파워를 인수하면서 이 회사의 온실가스 배출량이 포함된 영향이다. 현대그린파워는 2019년 1083만5566톤CO_2을 배출해 전체 9위였다.

이런 점을 고려하면 현대제철의 2020년 온실가스 배출량은 전년(현대제철과 현대그린파워 배출량 합계 3308만731톤CO_2)보다 15.6% 줄었다.

삼성전자는 2019년 1113만1587톤CO_2대비 12.6% 증가했다. 삼성전자는 탄소배출 감축을 적극 추진했지만 공장신설로 온실가스 배출량이 증가한 것으로 파악된다. 삼성전자는 세계적으로 반도체 수요가 증가하면서 2019년 하반기 평택 2공장을 준공했다.

삼성전자는 2022년 평택 3공장 준공(2023년 초부터 7세대 V(Vertical) 낸드플래시 등 양산)에 이어 향후 4~6공장도 건립할 예정으로 알려졌다. 삼성전자는 메모리반도체 초격차 유지 및 2030년 시스템반도체 세계 1위 달성을 위해 평택공장을 핵심요충지로 육성한다는 방침이다.

국내 최다 배출기업 포스코는 2020년 배출량이 전년대비 7.1% 감소했고, 같은 기간 남동발전과 남부발전도 각각 20.4%, 20.9% 줄인 것으로 조사됐다.

발전공기업 온실가스 저감 투자 급증

이처럼 우리나라 기업들도 온실가스 배출을 줄이기 위해 투자에 적극 나서고 있다.

기업데이터연구소 CEO스코어가 2011~2020년 기간 온실가스 저감 투자액과 배출량을 모두 공시한 기업 213곳을 조사한 결과 해당 기업의 누적 투자액은 8조8947억원으로 나타났다.

기업별 누적 투자액은 중부발전이 1조3020억원으로 가장 많았다. 중부발전은 2013년 1조81억원을 투입, 우리나라 최초의 화력발전소인 당인리발전소를 서울복합화력발전소로 전환했다.

2013년 세계최초로 발전소 지하화 공사에 착공해 2019년 LNG 복합화력 방식의 1,2호기(400MW×2기)를 준공했다. 이곳에는 태양광 1.3MW, 연료전지 5.6MW 설비도 갖췄다.

온실가스 저감 투자 2위는 포스코(8713억원), 3위 SK하이닉스(7852억원), 4위 남동발전(6280억원), 5위 남부발전(6207억원) 등이다. 이어 철도공사(3732억원), 삼성전자(3608억원), LG화학(3488억원), 동서발전(2675억원), SK브로드밴드(2656억원)가 6~10위를 차지했다.

이번 조사결과 전체 온실가스 저감 투자액 가운데 공기업 15곳의 투자액은 총 3조9026억원에 달했다. 전체 투자액의 43.9% 규모다.

민간기업 198곳의 투자 총액이 4조9921억원임을 고려하면 1개 기업당 투자액은 공기업이 월등히 많은 것으로 파악됐다.

발전사를 비롯한 공기업들이 온실가스 저감 투자에 적극 나서면서 온실가스 배출량도 크게 줄었다. 공기업의 온실가스 배출량은 2011년 2억1838만톤에서 2020년 1억8438만톤으로 3400만톤(15.6%) 감소했다.

이에 비해 민간기업의 온실가스 배출량은 2011년 2억2565만톤에서 2020년 2억7006만톤으로 4441만톤(19.7%) 증가했다. 민간기업의 경우 생산시설 확충 규모와 속도가 온실가스 저감 투자보다 빨라 이런 결과가 나타난 것으로 보인다.

3. 한국 2030 NDC 및 2050 시나리오

한국은 2030년까지 국가 온실가스를 2018년 대비 40% 감축하는 '2030 국가온실가스감축목표'(NDC) 안을 확정했다. 또 2050년까지 재생에너지 발전 비중을 61~71%까지 끌어올리겠다는 '2050 탄소중립 시나리오'도 만들었다.

문재인정부 시절 위 두가지 안을 2021년 10월 27일 열린 국무회의에서 확정 · 발표했다. 당시 문재인 대통령은 "2030 NDC 상향안은 국제사회에 우리의 탄소중립 의지를 확실히 보여주는 것"이라며 "아무도 가보지 않은 길이자 매우 어려운 길이지만 담대하게 도전해 반드시 이행해야 한다"고 강조했다. 하지만 제조업 비중이 높은 우리나라 산업구조 등을 고려하면 쉽지 않은 목표다.

배출량 40% 감축목표는 공격적

2030 NDC 상향안은 2021년 11월 영국에서 열린 제26차 유엔 기후변화협약 당사국 총회(COP26)에서 국제사회에 공식 발표했다.

먼저 2050년 탄소중립의 중간목표인 '2030 NDC'는 2018년 대비 2030년까지 40% 감축하는 게 골자다. 기존 2030 NDC 목표가 2018년 대비 26.3% 감축이었던 점을 고려하면 급격한 수정안이다.

부문별로 살펴보면 전환(발전) 부문은 석탄발전 비중을 2018년 41.9%에서 2030년 21.8%로 줄이고, 신재생에너지발전 비중은 2018년 6.2%에서 2030년 30.2%로 대폭 확대한다. 이를 통해 2018년 배출량 대비 2030년 배출량을 44.4% 감축한다는 구상이다.

산업부문은 2018년 대비 2030년 배출량을 14.5% 감축한다. 철강산업 공정 전환, 석유화학 원료 전환 등을 통해서다. 건물부문은 2018년 대비 2030년 배출량을 32.8% 줄일 계획이다. 실현방법은 에너지절감 건축 활성화, 에너지 고효율기기 보급 등이다. 수송부문은 무공해차를 450만대 이상 보급해 같은 기간 37.8% 감축하기로 했다.

탄소 흡수원 보전 및 복원도 병행할 방침이다. 2030년 온실가스 2670만톤을 흡수하고, 탄소포집 · 이용 · 저장기술(CCUS) 도입과 국외 감축사업 등도 추진한다.

문재인정부는 2018년 7억2700만톤인 온실가스 배출량을 2030년 40% 감축하면 4억3660만톤으로 줄어들 것으로 전망했다.

2030 NDC는 2050 탄소중립 목표 달성을 위한 일종의 중간 목표다. 2030 NDC 계획을 수립할 당시 환경단체들은 "국내 노력은 적게 하면서 감축 효과가 불확실한 해외 감축분을 많이 포함시켰다"고 지적하기도 했다.

2030 NDC에는 '국외 감축분' 3350만톤이 포함돼 있다. 온실가스 국외감축이란 해외에서 온실가스 감축활동을 벌인 뒤 그 실적만큼 크레디트(ITMO · 국제이전감축분)를 거래하는 제도를 말한다.

한편 우리나라의 2030 NDC 40% 감축안은 상당히 공격적인 목표로, 실현 과정이 만만치 않다. 단순히 국가별 감축목표를 살펴보면 △미국 50~52% 감축(2005년 대비 2030년까지) △EU 55% 감축(1990년 대비 2030년) △영국 78% 감축(1990년 대비 2035년) △일본 46% 감축(2013년 대비 2030년) 등 한국목표가 낮아 보인다.

하지만 기준연도가 다른 점을 주목할 필요가 있다. 미국이나 유럽 등은 이미 온실가스 배출량 정점이 각각 2005년, 1990년으로 이 시점을 기준으로 목표를 잡았다. 그러다보니 목표달성을 위한 연평균 감축비율은 한국이 4.17%

인데 비해 미국 2.73~2.89%, EU 1.98%에 불과하다. 영국과 일본도 각각 3.17%, 3.56%로 한국보다 낮다.

선진국과 개도국들이 탄소중립 시점과 감축비율을 놓고 갈등을 보이는 점은 이와 무관치않다. 선진국들은 이미 산업화 과정에서 온실가스를 과다 배출해 지구온난화 주범이었으면서 이제와 개도국들에게 같은 기준을 들이대며 압박한다는 지적이다.

2050 시나리오, '넷제로' 못박고 복수안 제시

'2050 탄소중립 시나리오'는 2050년 탄소중립을 달성하려는 우리사회의 미래상을 담았다. 아울러 전환 · 산업 · 건물 · 수송 등 부문별 정책 방향을 제시해 탄소중립으로 나아가는 이정표 역할이 기대된다.

2050 탄소중립위원회가 제시한 구체적인 시나리오는 △화력발전 전면 중단 등 배출 자체를 최대한 줄이는 A안 △화력발전 중 석탄발전은 없애고, 액화천연가스(LNG)를 일부 남기는 대신 이산화탄소 포집 및 활용 · 저장

시나리오상 전원별 발전량 및 온실가스 배출량 (단위:TWh, 괄호 안은 전체 에너지 소비량 중 부문별 소비량 비중)

구분	원자력	석탄	LNG	재생E	연료 전지	동북아 그리드	무탄소 가스터빈	부생 가스	합계	예상배출량 (백만톤)
A안	76.9 (6.1%)	0.0% (0.0%)	0.0% (0.0%)	889.8 (70.8%)	17.1 (1.4%)	0.0% (0.0%)	270.0 (21.5%)	3.9 (0.3%)	1257.7 (100%)	0
B안	86.9 (7.2%)	0.0% (0.0%)	61.0 (5.0%)	736.0 (60.9%)	121.4 (10.1%)	33.1 (2.7%)	166.5 (13.8%)	3.9 (0.3%)	1208.8 (100%)	20.7

*출처:정부부처 합동 참고자료
*석탄발전 중단은 근거 법률 및 보상방안 마련 전제
*환경급전, 배출권거래제 등 시장 메커니즘 활용 전환 추진

(CCUS) 등 신기술을 적극 활용하는 B안으로 구성됐다.

A안 · B안 모두 2050년 온실가스 순배출량은 '0'(넷제로)인 점이 특징이다. 문재인정부는 2050년까지 여러가지 제반 상황이 바뀔 것을 대비해 2개안을 채택해 유연하게 대처하되, 넷제로 원칙은 변함 없도록 못 박은 것으로 분석된다. 구체적으로 살펴보면 전환부문은 A · B안 모두 석탄발전을 전면 중단하고, 재생에너지 발전비중을 대폭 상향한다.

A안의 경우 2050년 원전 비중을 6.1%(발전량 76.9TWh)까지 줄이고, 재생에너지 비중은 70.8%(발전량 889.8TWh)까지 늘린다. 나머지는 무탄소 터빈 21.5%(270.0TWh), 연료전지 1.4%(17.1TWh), 부생가스 0.3%(3.9TWh) 등이다.

B안은 2050년 원전 비중을 7.2%(발전량 86.9TWh)로 줄이고, 재생에너지 비중은 60.9%(발전량 736.0TWh)로 늘린다. 이 외에 무탄소 터빈 13.8%(166.5TWh), 연료전지 10.1%(121.4TWh), 부생가스 0.3%(3.9TWh) 등이다. 아울러 A안에 없던 LNG 5.0%(61.0TWh), 동북아그리드 2.7%(33.1TWh)가 포함됐다.

전환부문에서는 일상생활에서 전기소비를 절약하도록 생활방식을 혁신하고, 장기적으로 전기요금 정상화가 필요하다고 제안했다.

산업부문에서는 철강공정을 수소환원제철로 100% 대체하고, 철스크랩 전기로 조강을 확대해 배출량 95%를 감축한다. 시멘트업종에선 연료를 유연탄에서 폐합성수지로 100% 전환하고, 석유화학 · 정유업종은 원료를 석유납사에서 바이오납사로 바꿔 배출량 73%를 감축하도록 했다.

건물부문에서는 에너지절감 건축물, 그린리모델링 등으로 건축물의 에너지효율 향상을 가져온다. 에너지설비 및 기기 에너지사용 원단위 개선으로도 에너지를 30% 절감할 것으로 내다봤다.

수송부문의 경우 A안 전기 · 수소차 97%, B안 전기 · 수소차 85% 각각 보급하는 방안을 제시했다. 이 방안이 실현되면 2018년 9810만톤CO_2이던 배출량이 A안 280만톤CO_2, B안 920만톤CO_2으로 각각 줄어들 전망이다.

이러한 주요 부문의 배출량 감축과 함께 CCUS 기술을 활용, 국내외 해양지층에 최대 6000만톤을 저장하고, 광물 탄산화 · 화학적 전환 등으로 2520만톤을 처리한다. 또 숲 가꾸기 등 산림순환경영 강화, 생태복원, 연안 및 내륙 습지 신규 조성, 바다 숲 마련 등을 추진한다. 이 모든 안이 현실화되면 2050년 우리나라 온실가스 순 배출량은 '0'이 된다.[42)]

2030 NDC안 실행방안은 수정될 듯

그러나 문재인정부에서 마련한 '2030 국가온실가스감축목표'(NDC) 안과 '2050 탄소중립 시나리오'가 당초안대로 실행될 가능성은 희박하다. 2022년 5월 출범한 윤석열정부는 문재인정부의 에너지정책과 상반된 견해를 보이고 있다.

물론 윤석열정부는 2030년까지 온실가스 배출량을 2018년 대비 40% 감축하는 NDC를 달성하겠다고 밝혔다. 다만 구체적인 실행방안은 변경 가능성이 있음을 예고했다. 원전 건설 재개와 운영허가가 만료되는 원전의 계속운전(수명연장) 등 원전 비중 확대를 통해서다. 지금까지 상황으로 보면 '2050 탄소중립 시나리오' 안은 대폭 수정될 가능성이 크고, '2030 NDC' 안은 원자력과 재생에너지 비중을 조정할 것으로 보인다.

윤석열정부의 에너지 공약은 탈원전 정책 백지화와 원전 최강국 도약으로 요약된다. 특히 탈원전 정책 폐기와 함께 언급한 신한울 3 · 4호기 건설 재개는 윤석열정부 원전 정책의 정체성을 단적으로 보여준다.

42) 정부부처 합동, 2050 탄소중립 시나리오안, 2021년 10월 18일

신한울 3·4호기는 1400MW급 원전 2기를 짓는 사업이다. 2015년 건설이 확정돼 2022년, 2023년 각각 준공 예정이었다. 하지만 문재인정부의 탈원전 정책으로 공사가 늦춰지며 사실상 백지화됐었다.

앞서 부지매입과 기기 사전제작 등에 약 7790억원이 투입됐다. 공사가 전면 취소되면 두산에너빌리티는 한국수력원자력을 상대로 손해배상 소송을 제기할 가능성이 커 추가 손실이 우려되기도 했다.

현재 가동 중인 원전의 계속운전도 적극 추진할 방침이다. 윤석열정부는 공약에서도 안정성 확인을 전제로 원전의 계속운전 방침을 약속했다.

문재인정부가 노후화된 원전의 설계수명을 연장하지 않겠다고 공언한 것과 대조되는 부분이다. 2022년 6월말 현재 국내 가동 중인 원전은 총 24기다. 이 중 월성 2~4호기와 고리 2~4호기 등 10기의 수명이 2030년까지 순차적으로 만료될 예정이다.

차세대 원전으로 꼽히는 소형모듈원전(SMR) 개발·수출도 한층 속도를 낼 전망이다. 윤석열정부는 "2030년까지 원전 수출 10기를 달성해 10만개의 고급 일자리를 창출하겠다"고 밝혔다.

이런 점을 고려할 때 탄소중립에 대한 기본 원칙은 변함없지만 실현하기 위한 전략은 조정될 것으로 보인다.

우선 국내측면으로 보면 2021년 8월 31일 국회를 통과한 '탄소중립기본법'에서 2030 NDC를 2018년 대비 35% 이상 감축하도록 명시하고 있다. 이어 40% 감축하는 내용의 시행령이 2022년 3월 25일 제정됐다.

우리나라는 탄소중립기본법 제정으로 유럽연합(EU) 스웨덴 영국 프랑스 독일 덴마크 스페인 뉴질랜드 캐나다 일본 등에 이어 세계 14번째로 '2050 탄소중립' 비전과 이행체계를 법제화했다.

국외적으로는 2021년 11월 영국 COP26에서 공식 선언을 했다. 법적 강제력은 없지만 국제 관례나 현재 분위기상 원칙을 되돌리기 어려운 대목이다. 다만 '2050 탄소중립 시나리오'나 '감축수단'은 국제사회에 구체적으로 제출한 게 없고, 국내 절차상 국무회의에서 의결한 내용이므로 변경 가능하다. 실제로 산업통상자원부가 2022년 8월말 공개한 '제10차 전력수급기본계획(전기본)' 실무안에 따르면 문재인정부때 확정한 '2030년 NDC안'보다 원전은 8.9%p 상향됐고 재생에너지는 8.7%p 하향 조정됐다.

구체적으로 살펴보면 2030년 원전 발전량은 201.7TWh로, 전체 발전량의 32.8%를 차지할 전망이다. 이어 신재생에너지 21.5%(132.3TWh), 석탄 21.2%(130.3TWh), LNG 20.9%(128.2TWh), 무탄소 2.3%, 기타 1.3% 등이다. 재생에너지는 "주민 수용성과 실현가능성 등을 고려했다"고 설명했다.

한편 국제사회 일정대로라면 2023년 글로벌 이행점검이 있고, 2025년 상향된 목표치를 제출하도록 되어 있다. 때문에 전문가들은 '전진의 법칙만 있을 뿐 후퇴 없는' UN기후협약을 떠올리면 우리나라의 위상을 고려할 때 '목표 자체를 수정하기' 어렵다고 진단한다.

결국 윤석열정부는 집권 후반기로 갈수록 탄소중립에 대한 부담이 더 커질 것으로 예상된다. 오늘 해야 할 숙제를 내일로 미루면 과제가 복리로 늘어날 가능성이 크다.

4. 세계 주요 국가들 계획

전 세계적으로 탄소중립에 동참하는 국가들이 급격히 증가하고 있다. 유엔 기후변화협약(UNFCCC) 당사국총회에 '2030 국가온실가스 감축목표'(NDC)를 제출한 국가는 192개국이다.

또 기후감축(Climate Watch)에 따르면 2021년 11월 기준 총 71개국이 목표연도를 구체적으로 밝히는 등 탄소중립을 선언했다. 이중 43개국은 문서화 또는 법제화까지 마쳤다. 법제화한 국가들은 모두 2030년을 기준으로 온실가스 감축 중간목표도 제시했다.

세계 71개국, 탄소중립 목표연도 제시

이들은 2030년부터 2070년까지 다양하게 탄소중립 실현 목표연도를 제시했는데, 71개국 중 49개국이 2050년을 목표로 잡았다. 정부간 기후변화협의체(IPCC)는 탄소중립 실현 시점을 "늦어도 금세기 중반"으로 권고한 바 있다.

세계 최초로 탄소중립을 선언한 국가는 스웨덴이다. 2017년에 탄소중립 목표연도로 2045년을 규정하고, 이를 법제화했다.

영국은 2019년 6월 G7 국가들 가운데 처음으로 2050 탄소중립을 선언하고, 이를 실현하기 위해 기후변화법을 개정했다. 이어 2019년 12월 EU, 2020년 9월 중국, 2020년 10월 한국과 일본, 2021년 1월 미국이 각각 탄소중립을 선언하기에 이른다.

▮ 국가별 탄소중립 목표 시점

2030	2035	2040	2045	2050			2053	2060	2070	21세기후반
바베이도스	**핀란드**	**오스트리아**	**독일**	**안도라**	**아일랜드**	**뉴질랜드**	튀르키예	바레인	인도	**말레이시아**
몰디브		**아이슬란드**	**네팔**	**아르헨티나**	이스라엘	**파나마**		중국	모리셔스	**태국**
모리타니			**스웨덴**	**호주**	이탈리아	**포르투갈**		니제르		**싱가포르**
				브라질	자메이카	르완다		러시아		
				불가리아	일본	**세이셸**		사우디		
				캐나다	라오스	**슬로바키아**		**스리랑카**		
				카보베르데	**라트비아**	**슬로베니아**		우크라이나		
				칠레	**라이베리아**	**솔로몬제도**				
				콜롬비아	리투아니아	**대한민국**				
				코스타리카	**룩셈부르크**	**스페인**				
				사이프러스	말라위	**스위스**				
				덴마크	**마셜제도**	**UAE**				
				도미니카	**모나코**	**영국**				
				유럽연합	몬테네그로	**미국**				
				피지	나미비아	**우루과이**				
				프랑스	나우루	베트남				
				헝가리						

*출처:Climate Watch, https://www.climatewatchdata.org/net-zero-tracker?indicator=nz_year(2021년 11월 6일 검색) 대외경제정책연구원(KIEP) 재구성
*문진영·이성희, 대외경제연구원(KIEP), 2021년 유엔기후변화협약 당사국총회(COP26) 논의 및 시사점, 2021년 11월 30일
*주:굵은 글씨체로 표기된 국가는 탄소중립 목표가 법제화 또는 정책화되고 있는 국가이며, 그 외 국가는 정치적인 선언에 그친 국가임.

탄소중립을 이미 달성한 국가도 있다. 바로 부탄과 수리남 등 2개국이다. 중국과 인도 사이에 위치한 남아시아의 작은 내륙국 부탄은 헌법에 '삼림 비율이 60% 이하로 떨어지면 안 된다'고 명시돼 있다. 남아메리카 북부, 베네수엘라 우측에 소재한 수리남은 산림이 국토의 94.6%로 세계 최고 수준이다. 수리남은 넷플릭스(netflix) 드라마로 제작돼 널리 알려진 국가이기도 하다.

부탄과 수리남은 유엔기후변화협약(UNFCCC)에 2020년 제출한 2차 '2030 국가온실가스 감축목표'(NDC) 보고서에서 탄소중립을 이미 달성했다고 밝혔다.

연도별 탄소중립 목표시점을 주요 국가별로 살펴보면 2030년 몰디브를 시작으로, 2035년 핀란드, 2040년 오스트리아, 2045년 독일 스웨덴 등이다. 2050년은 한국 미국 캐나다 EU 영국 프랑스 스위스 덴마크 이탈리아 포르투갈 헝가리 일본 베트남 아랍에미리트 호주 브라질 아르헨티나 우루과이 파나마 칠레 등 49개국이 포함돼 있다.

2053년 튀르키예(터키), 2060년 중국 러시아 우크라이나 사우디, 2070년 인도이며, 말레이시아 태국 싱가포르는 구체적인 연도 없이 21세기 후반이라고 명시했다. 탄소중립 실현 목표를 밝힌 국가들의 국내총생산(GDP) 합계는 전 세계의 약 80%에 이른다.

탄소중립으로 산업구조 전환 추진

특히 코로나19 팬데믹 상황 속에서 각 국가들이 탄소중립 정책을 적극적으로 수립한 것은 주목할 만하다. 주요국들은 탄소중립 이슈를 코로나19 극복의 경기부양 정책과 연계해 추진한 측면이 있다. 관련분야에 막대한 예산을 반영하며 신시장을 형성해 나가는 것이다. 나아가 단기적인 경기부양뿐만 아니라 중장기적 산업구조 전환을 목표로 추진하고 있다는 분석도 있다.[43)]

실례로 미국은 자국이 경쟁력을 지닌 분야에서 탄소중립을 적극 추진해 이후 산업구조에서도 경쟁력을 유지한다는 입장을 밝혔다. 바이든 대통령은 "갈

43) 일본 다이와종합연구소, 탈탄소화 정책의 국제 비교에 보는 일본의 과제, 2021년 2월 24일

수록 심화되는 기후변화 위기 속에서 우리 모두에게 엄청난 기회가 있다고 믿는다"며 "기후변화 대응을 세계 경제의 기회로 봐야한다"고 말했다.

EU도 기후변화대책을 산업 전략화해 탄소중립을 실현하겠다는 구상을 공론화했다. 중국은 지속가능한 경제발전과 신성장동력 창출을 위해 녹색성장 전환이 필요하다고 강조한다. 일본은 탄소중립 토대의 녹색성장전략에서 신산업성장을 기대하고 있다.

한국산업기술진흥원(KIAT)은 '주요국의 탄소중립을 위한 산업정책 현황과 시사점' 보고서에서 "각 국가들은 탄소중립 과정에서 자국 산업이 글로벌 가격경쟁력이나 시장지배력을 상실할 수 있음을 알고 있다"면서 "때문에 산업경쟁력 강화를 위해 탄소중립 정책과 산업정책을 결부시킬 수밖에 없다"고 진단했다.

탄소세 등 탈탄소 정책이 하나둘씩 적용될 경우 중간투입비용 상승에 따른 가격경쟁력 상실, 탄소배출 집약적 제품이 혁신적 제품으로 대체됨에 따른 시장지배력 위축 등을 우려한다는 분석이다.

이와 관련해 일본 다이와종합연구소는 탄소세가 50달러(CO_2톤)인 경우 국가별 중간투입비용 부담 증가순은 중국 〉 미국 · 일본 〉 EU 로 추정했다.[44]

중국은 다수의 산업에서 대폭적인 투입 비용 증가가 예상되며, 이러한 비용 상승은 판매가격 상승압력을 높여 중국 제조업의 가격경쟁력 약화를 초래할 것으로 예측된다. 반면 EU는 다수의 산업에서 중간투입비용 증가율이 세계 평균보다 낮기 때문에 상대적으로 가격경쟁력을 유지할 수 있다. EU가 환경정책을 적극 추진하는 배경에는 이러한 산업구조도 주효하게 작용하는 것으로 보인다.

44) 일본 다이와종합연구소, 탈탄소사회 실현의 경제적 의의와 과제, 2021년 2월 2일

탄소중립이 보호무역주의 강화

또 하나의 분석은 탄소중립 정책 추진과정에서 보호무역주의가 강화될 수 있다는 점이다.[45)]

바이든 미 대통령은 미국산 소재 · 부품을 사용한 무공해차에 한해 보조금을 제공하겠다고 발표했고, 일본은 녹색성장전략 일환으로 배터리 등 공급망 안정화를 추진하고 있다. EU도 중소기업 보호라는 명분아래 역내 공급망 강화를 추진할 가능성이 크다. EU가 확정했고, 미국이 검토 중인 탄소국경조정제도 역시 새로운 무역장벽(녹색보호무역주의)으로 떠오르고 있다.

이와 함께 탄소중립 선언 이후에도 국가마다 전략 · 방법 등에서 차이를 보여 통일적인 기준이 필요하다는 지적이다. 탄소중립 목표연도를 국가별 상황에 따라 일괄적으로 정할 수 없지만 △대상 온실가스 종류 △국외 감축분 반영 여부 △국제항공 · 해운부문 포함 유무 등의 경우다.[46)]

대상 온실가스 종류는 탄소중립 달성 대상으로 선정하는 온실가스가 무엇이냐의 문제다. 이산화탄소만 감축대상으로 삼는지, 아니면 교토의정서에서 규제대상으로 규정한 6대 온실가스를 모두 포함하느냐 여부다. 6대 온실가스는 이산화탄소(CO_2), 메탄 (CH_4), 아산화질소(N_2O), 수소불화탄소(HFCs), 과불화탄소(PFCs), 육불화황(SF_6) 등이다.

헝가리와 아일랜드는 이 사항에 대해 결론을 아직 내리지 않았으며, 그 외의 국가들은 교토의정서 6대 온실가스를 대상으로 설정한 것으로 알려졌다.

국외 감축분 반영 여부는 당사국들의 경우 NDC 달성을 위해 배출권 형태인 '국제적으로 이전된 감축 결과물'(ITMO)을 발행 · 이전해 사용할 수 있

45) 한국산업기술진흥원(KIAT), 주요국의 탄소중립을 위한 산업정책 현황과 시사점, 2021년 8월
46) 김수린 · 김창훈, 에너지경제연구원, 세계 탄소중립 선언 동향 및 평가, 2021년 11월 1일

다. 하지만 이 문제에 대한 국제합의가 이뤄지지 않아 이 부분도 국가별로 다르다.

국제항공·해운부문 포함 유무는 자국 역내를 오가는 항공기와 선박이 배출하는 온실가스를 감축대상으로 볼 것이냐 아니냐의 문제다. 탄소중립 법제화를 마친 국가 중 국제항공·해운부문을 모두 감축 대상으로 설정한 국가는 영국과 스페인뿐이다. EU는 국제해운만 포함시켰고, 독일 프랑스 스웨덴 뉴질랜드 등 대다수 국가들은 감축대상에서 제외했다.

도시 기업 교육기관으로 확산

탄소중립 선언은 국가 범위를 넘어 도시, 기업 등으로 확산되고 있다. 대표적으로 UNFCCC가 주도하는 'Race To Zero' 캠페인을 꼽을 수 있다. Race To Zero는 탄소중립을 추진하면서 양질의 일자리 창출과 지속가능 성장을 도모하는 글로벌 캠페인이다.

2020년 6월 발족한 이후 2021년 10월 기준 세계 799개 도시, 35개 지역, 4470개 기업, 220개의 대형 투자자, 731개의 고등교육기관이 참여하고 있다.[47] 참여자들을 모두 합하면 GDP는 전 세계의 50% 이상, 이산화탄소 배출량은 약 25%를 차지한다. 2030년까지 세계 온실가스 배출량을 절반으로 줄이는 게 목표 중 하나다.

이 캠페인에 참여하려면 서약과 계획이 구체화되어야 한다. 서약은 기관장이나 대표급에서 2050년까지 탄소중립 달성을 선언하고, 향후 10년내 달성 가능한 중간목표를 제시해야 한다. 계획은 캠페인에 참여한 이후 12개월 이내

47) 김수린·김창훈, 에너지경제연구원, 세계 탄소중립 선언 동향 및 평가, 2021년 11월 1일

에 장 · 단기 목표달성을 위한 행동계획을 발표하도록 하고 있다.

또 미국에선 'Better Climate Challenge'을 통해 90여개 기업과 기관이 2030년까지 온실가스 배출 50% 감축을 약속했다.[48] Better Climate Challenge는 미국기업들이 사업전반에 걸쳐 강력한 온실가스 감축목표를 수립한 후 운영시스템이나 모범사례를 상호 공유하는 민관 협력프로그램이다.

미국IKEA 힐튼 할리데이비슨 클리블랜드클리닉 메릴랜드 주 등이 참여하고 있다. 미국 에너지부(DOE)가 참여기업과 기관에 기술지원을 제공하고, 시스템 공유 등을 돕고 있다. DOE는 모든 참여기관이 온실가스 50% 감축에 성공하면 연간 약 15억CO_2톤이 저감된다며 2050 탄소중립 달성에 핵심방안이 될 것으로 기대하고 있다.

이러한 광범위한 캠페인은 앞선 활동가와 시민들의 활동이 모태가 됐다. 스웨덴의 환경운동가 그레타 툰베리는 2018년 8월부터 매주 금요일 기후변화 대응을 촉구하는 등교 거부 캠페인(School Strike for Climate)을 펼쳤다.

2019년 11월에는 미국 하버드대학교와 예일대학교의 미식축구 경기 '더 게임'(The Game)의 후반전 경기가 갑자기 중단된 일도 있었다. '더 게임'은 1875년부터 이어져온 전통있는 두 학교의 라이벌전인데, 전반전(1 · 2쿼터)이 끝난 후 휴식시간에 수백명의 학생들이 운동장으로 난입한 것이다.

학생들은 두 학교의 기금투자부서를 향해 화석에너지 기업에 대한 투자금을 회수하라고 주장했다. 이 사건은 사회적으로 기후변화에 대한 관심을 확산시키는 계기가 됐다.[49]

48) 에너지경제연구원, 세계 에너지시장 인사이트 제22-5호, 2022년 3월 14일
49) 대니얼 예긴, 리더스북, THE NEW MAP, p537, 540, 2021년

"미국의 기후변화 약속은 말이 아닌 행동"

미국은 2050년 100% 청정에너지 경제실현 및 탄소중립을 선언했다. 앞서 2021년 4월 기후정상회의에서는 "2030년까지 2005년 대비 온실가스 배출량을 50~52% 줄이겠다"고 발표했다. 이를 위해 △2035년까지 발전부문 탄소 무배출 △2035년까지 건물부문 탄소배출량 50% 감축 △2030년까지 전기차 충전소 50만개 신설 등을 추진하기로 했다.

바이든 행정부의 탄소중립 대책은 2025년까지 총 2조달러(약 2431조원) 규모의 연방정부 투자비를 포함 총 5조달러 이상의 민간 및 지방정부 투자를 이끌어낼 계획이다. 이는 10년간 1조7000억달러를 약속했던 첫 번째 기후공약(2019년 6월)보다 더 과감한 규모다.

바이든 정부는 코로나19 극복을 위한 경기부양 프로젝트와 연계해 추진하고 있다.[50] 화석연료 보조금 폐지, 청정에너지 기술과 인프라 혁신 및 상업화 전개, 무공해차 보조금 및 세제 혜택, 에너지 효율적인 건물 개량 · 건립, 연방 토지와 수역 보존 · 복원 등이다. 주요 10대 기후혁신기술 선정과 1억달러 지원, 친환경차 300만대 규모 구매, 전기차 충전소 50만개소 설치 계획도 세웠다.

또 청정에너지산업 활성화를 통한 양질의 일자리 창출과 지속가능 구축방식으로 탄소중립을 추진한다. 미국의 그린에너지 고용지수는 2019년 기준 336만명으로, 화석연료 관련 고용규모인 119만명을 훨씬 웃돈다.

바이든 대통령은 2021년 11월 영국 글래스고에서 열린 26차 당사국총회(COP26)에서 "기후변화 대응은 국제사회가 도덕적, 경제적으로 반드시 해야 할 일"이라며 "미국의 기후변화 약속은 말이 아닌 행동"이라고 강조했다.

50) 2050탄소중립위원회, 탄소중립 학습자료집, 2021년7월

EU, 기후 · 환경 비상사태 선언

유럽연합(EU)는 2019년 12월 기후 · 환경비상사태를 선언하며 유럽 그린딜(European Green Deal)을 발표한 이후 탄소중립을 속도감 있게 추진하고 있다. EU는 2050년 온실가스 배출 넷제로 달성목표를 세운 유럽 그린딜을 제 1 국정 아젠더로 선정했다.

EU는 2020년 1월 그린딜 투자계획을 발표하고, 향후 10년간 1조달러(약 1340조원)를 투입하기로 했다. 이중 과반은 EU 예산을 직접 투자하고, 나머지 과반은 공공과 민간자본을 활용할 방침이다.

2020년 3월에는 2050 탄소중립을 명시한 유럽기후법이 발의됐고, 2030년 감축목표를 1990년 대비 기존 40% 감축에서 55% 감축으로 대폭 상향했다. 또 유럽 그린딜산업과 관련된 세부전략으로 유럽신산업전략을 발표했다.[51)]

유럽신산업전략에 따르면 2050년 넷제로를 달성하는 과정에서 에너지 집약적 산업을 포함한 모든 산업의 가치사슬에 변화가 발생할 것으로 예상된다. 따라서 EU 산업계가 녹색 · 순환경제 부문에서 경쟁력을 강화하려면 △안정적인 청정 공급망 확보 △합리적 가격의 에너지 공급 △안정적인 원자재 확보가 요구된다.

유럽신산업전략은 코로나19 팬데믹을 겪으면서 2021년 5월 업데이트를 단행, 디지털경제로의 전환과 회원국간 협력으로 글로벌공급망 혼란에 대응할 것을 제안했다. 기술 · 산업분야에서 해외 의존성을 분석하고, 파트너십 강화 등의 내용을 담았다. 이처럼 기후대응을 위한 EU의 적극적인 전략은 다른 국

51) 한국산업기술진흥원(KIAT), 글로벌 산업기술 주간브리프, 유럽연합 신산업 전략, 2020년 5월

■ EU 주요국의 2050 탄소중립 목표 및 주요 사업

구분	정책 목표	주요 사업
영국	2050년 온실가스 순배출 제로	- 2035년 내연기관차 완전 퇴출 - 재생에너지 발전 확대/ 가스난방 확대 - 청정 숲지대 확산
독일	2045년 탄소중립 달성 (당초 2050년에서 5년 앞당김)	- 기후보호프로그램 2030 발표 - 에너지효율 및 재생에너지 확대 - 생태세제 개혁, 교육 및 정보공유 확대
프랑스	2050년 탄소배출 중립 달성	- 2022년 모든 광역시내 석탄발전 중지 - 저탄소전략 5년주기 점검 - 2030년 발전믹스의 40% 탈탄소화
스위스	2050년 탄소배출 중립 달성	- 탄소세 강화(항공료 탄소세 부과, 수입연료 관세 인상) - 2020년부터 개보수 건물에 면적당 온실가스 최대배출 기준 적용
덴마크	2050 기후중립 사회 달성	- 2030년까지 내연기관차 판매 중단 - 모든 시내버스 친환경화/ 내연기관 택시 퇴출
핀란드	2035년까지 탄소배출 중립 달성 (당초 2045년에서 10년 앞당김)	- 풍력 및 태양광 확대 - 난방 및 수송부문의 전력화 - 바이오에너지 현행대비 10% 확대
포르투갈	2050년 탄소배출 중립 달성	- 바이오연료 및 전기차 도입으로 수송부문 탈탄소화 - 농업 및 임업, 폐기물처리 분야 감축

*출처:김성균·김민주, 2019, EU의 온실가스 배출추이와 2050년 탄소중립 목표 설정(2050탄소중립위원회 재인용)

가보다 환경정책 시행에 유리한 산업구조를 보유하고 있는데 기인한다.[52)]

앞에서도 언급했듯 EU는 탄소세 도입에 따라 각 산업에서 중간투입비용이 증가해도 미국이나 중국, 일본 등보다 경쟁력을 지닌 것(일본 다이와종합연구소 분석)으로 나타났다.

52) 한국산업기술진흥원(KIAT), 주요국의 탄소중립을 위한 산업정책 현황과 시사점, 2021년 8월

탄소국경조정제도는 2023년 철강 시멘트 알루미늄 전기 비료 등 5개 분야에 먼저 적용되며, 3년의 유예기간을 거쳐 2026년 전면 도입될 예정이다.

한편 영국은 2050 탄소중립을 위해 '녹색 산업혁명 10대 중점방안'을 수립했다. △해상 풍력발전 증진 △저탄소 수소성장 촉진 △진보된 원자력 발전 추진 △무배출 차량(ZEV) 전환 △친환경 대중교통 △제트제로 및 녹색 해운 △친환경 건축물 △탄소 포집 · 활용 · 저장 기술 투자 △환경 보호 △녹색 금융 및 혁신 등이다.

2021년 3월엔 산업 탈탄소화전략을 발표하고, 10억파운드(1조6000억원)를 투입하기로 했다. 3억2000만파운드 규모의 산업 · 에너지전환 펀드를 운영하고, 2040년까지 탄소중립 클러스터를 조성한다.

독일은 탄소중립 목표연도를 기존 2050년에서 2045년으로 5년 앞당기면서 보다 적극적인 방안을 추진 중이다. 또 2030년까지 온실가스 배출을 1990년 대비 55% 감축한다는 목표로 '기후행동 프로그램'을 마련했다.

전기차 구매시 보조금 · 세금인하 등 인센티브를 제공하고, 재생에너지 기반의 전력사용 및 수소 활용을 장려하고 있다. 이를 위해 최대 80억유로 규모의 기금을 조성할 계획이다. 기후보호계약(사전 합의 가격보다 배출권 가격 하락시 차액 보전)도 시행한다.

중국, 세계 온실가스 배출량의 28%

시진핑 중국 국가주석은 2020년 UN총회 연설에서 "2060년 탄소중립을 달성하겠다"고 밝혔다. 이를 위해 2030년까지 온실가스 배출량 정점을 찍은 후 감소세로 전환, GDP당 탄소배출량을 2005년 대비 65% 감축하기로 했다. 중국의 온실가스 배출량은 전 세계 배출량의 약 28%를 차지한다.

중국은 '새로운 발전이념의 완전 · 정확 · 전면적 관철을 통한 탄소피크 및 탄소중립 작업에 관한 의견'에서 탄소중립 로드맵을 2025년, 2030년, 2060년 등 3단계로 나누어 제시했다.

'2030년 이전 탄소피크 행동방안'에서는 2025년까지의 14차 5개년, 2030년까지 15차 5개년 두 단계로 구분했다. 중국은 2060년 탄소중립 목표 추진을 위해 저탄소 산업육성과 재생에너지 사용확대 전략을 채택했다. 탄소배출 총량 규제, 에너지사용 효율성 개선을 통해서다.

2020년 10월 열린 제19기 공산당 중앙위원회에서 마련한 '14차 5개년 계획'(2021~2025년)과 2021년 3월 수립한 2035년 장기비전 목표에도 녹색전환 계획과 신에너지 전략을 포함시켰다.

특히 △차세대 정보기술 △첨단장비 제조 △신소재 △신에너지 △신에너지 자동차 △에너지절감 및 환경보호 산업 등 6대 기간산업을 탄소중립과 연계해 집중 육성하기로 했다. 경제의 지속가능한 발전과 신성장동력 창출을 위한 원동력으로 녹색전환을 적극 활용한다는 방침이다.

녹색전환 시범도시 확대, 전력 · 에너지 · 재료분야 기술발전 지원, 탄소흡수 능력제고, 2035년까지 신규 차량의 절반은 전기차(나머지 절반은 하이브리드차)로 보급하는 방안도 추진한다.

중국정부는 2021년 7월 상하이에 전국 단일 탄소거래시장도 출범했다. 세계 최대 탄소거래시장을 조성해 유럽과 미국 중심으로 진행되는 탄소중립 및 탄소국경조정제도에 대비한다는 구상이다. 녹색금융 시범지구 선정 및 녹색 프로젝트 자금 지원도 시행하기로 했다. 중국정부의 탄소중립 투자액은 2050년까지 총 70조~174조위안(약 1경4124조~3경5180조원)으로 추정된다.[53]

---

53) 관계부처 합동, 탄소중립 산업 대전환 비전과 전략, 국가별 주요 지원정책, 2021년 12월 10일

일본, 해상풍력·원자력 성장산업 선정

일본은 2050년 탄소중립 선언 이후 녹색성장전략을 발표했다. 2020년 12월 마련한 녹색성장전략에는 에너지부문, 수송 · 제조부문, 가정 · 사무실부문으로 구분해 14개 주요산업 과제를 제시했다.

에너지부문 산업에는 △해상풍력 △연료암모니아 △수소 △원자력이, 수송 · 제조부문 산업에는 △자동차-축전지 △반도체-정보통신 △선박 △물류 · 토목인프라 △식료 · 농림수산 △항공기 △탄소재활용 산업을 선정했다.

가정 · 사무실부문 산업에는 △주택 · 건축물 △자원순환 △라이프스타일 관련 산업을 포함했다. 녹색성장전략을 위해서는 2조엔(약 24조1580억원)의 기금을 조성해 약 10년간 지원할 계획이다. 탈탄소 설비투자시 세액공제 최대 10%와 특별 상각 50%를 실시한다. 연구개발 투자세액공제 상한도 법인세액의 25%에서 30%로 상향했다.

일본정부는 2050년 탄소중립을 실현하려면 전력부문의 탈탄소화와 산업 · 수송 · 가정부문의 전력화, 에너지저장장치(ESS) 도입 확대가 선행돼야 할 것으로 판단하고 있다. 다만 탄소중립 추진을 위한 전력화 확대로 2050년 전력수요는 현재보다 30~50% 증가할 것으로 내다봤다. 따라서 현 기술수준에서 전체 전력수요를 한 종류의 전원으로 100% 조달하기 어렵다고 판단, 시행 가능한 전원을 모두 활용할 필요가 있다는 입장이다.[54]

일본정부는 녹색성장전략 추진으로 2030년 90조엔, 2050년 190조엔의 경제효과를 기대하고 있다.

54) 일본 경제산업성, 2050년 탄소중립에 따른 녹색성장전략, 2021년 6월 18일(한국산업기술진흥원 재인용)

4장

풀고 가야 할 숙제들

1. 원자력
2. 재생에너지
3. 천연가스
4. 에너지효율과 수요관리

1. 원자력

요즘 국내 에너지 정책은 한마디로 '기승전탈원전'이다. 원자력이 논란의 한 중심에 서 있고, 진영논리로 대립하고 있다. 공급안정성과 안전성, 기술 중립과 친환경성에 대한 논의는 뒷전이다.

탄소중립을 실현하기 위해 문재인정부는 원전을 철저히 배제(탈원전)했고, 윤석열정부는 탈원전을 완전히 배격(친원전)한다. 각 정부가 수립했거나 구상하는 탄소중립 시나리오를 봐도 이러한 현상이 여과없이 드러난다.

끊이지 않는 '기승전탈원전' 논란

문재인정부는 2050탄소중립 시나리오 A안에서 신재생에너지 비중을 최대 70%까지 늘리고, 원전비중을 최소 10%까지 낮춰잡았다. 반면 윤석열정부는 대대적인 수정을 예고했다.

윤석열정부는 110개 국정과제 중 '탈원전정책 폐기, 원자력산업 생태계 강화'를 3번째 과제로 뽑았다. 에너지 안보 및 탄소중립 수단으로 원전의 역할이 재조명되고 있다고 진단하고, 원전 최강국으로 도약하겠다고 선언했다. 원전을 기저전원(매일 꾸준히 발전)으로 적극 활용하겠다는 방침도 분명히 했다.

앞서 윤석열 대통령 취임 전 활동했던 인수위원회 기획위원회는 "이미 국제사회에 약속한 탄소중립은 우리가 가야 할 길"이라며 "하지만 윤석열정부는 탄소중립에 관한 정직하고 현실성 있고 책임 있는 계획을 다시 세워야 한다는

것이 잠정적 결론"이라고 밝혔다.[55)]

이어 '실현가능한 탄소중립을 위한 정책'을 발표하면서 온실가스 배출과 한국전력 부채 증가 등의 이유로 '탈원전'을 지목했다.

인수위는 "2021년 온실가스 배출량이 전년보다 4.16% 늘어났다"며 "이는 원전이 감소한 반면 석탄발전 소폭 증가 등에 기인한 것"이라고 주장했다. 이어 "한전의 전력구입비는 문재인정부 5년 동안 13조원 증가했다"며 "원전 설비용량 자체가 줄고, 기존 설비의 평균 이용률도 줄어 재생에너지, LNG발전 등 원가높은 타 발전원으로부터 전력 구매를 늘렸기 때문"이라고 지적했다. 현재 에너지구조의 문제가 모두 탈원전 때문이라는 주장이다.

또 "2050 신재생에너지 비중 70% 등 문재인정부의 탄소중립 시나리오를 그대로 추진할 경우 2050년까지 매년 4~6%의 전기요금 인상이 불가피하다"며 "재생에너지와 원전의 조화, 수요관리 강화를 바탕으로 한 합리적 탄소중립 에너지믹스 구성을 추진하겠다"고 밝혔다.

윤석열정부는 "국제적으로 약속한 탄소중립 목표는 존중하되, 실행방안은 실현가능성을 높이는 방향으로 보완하겠다"고 강조했다. 그 일환으로 신한울 3 · 4호기 건설 재개, 원전의 계속운전(수명연장), 이용률 조정 등으로 2030년 원전발전 비중을 30%대로 상향한다는 방침이다.

윤석열정부 '창', 문재인정부 '방패'

이에 대한 반론도 만만치 않다. 우선 온실가스 배출량 증가추세에 대해 탈원전 정책을 주원인으로 몰아가는 건 부적절하다는 주장이다.

55) 20대 대통령직 인수위원회 기획위원회, '문재인정부의 탄소중립정책 , 온실가스 배출은 오히려 늘고 전기요금 압박은 가중' 보도자료, 2022년 4월 12일

■ 1,2,3차 에너지 기본계획 및 윤석열정부 원전 정책 비교

구분	1차	2차	3차	4차(추정)
계획기간	2008~2030년	2014~2035년	2019~2040년	에너지기본법 개정안 국회통과(과제)
발표시점	이명박정부 (2008년 12월)	박근혜정부 (2014년 1월)	문재인정부 (2019년 6월)	윤석열정부 (2023년중 예상)
원전 설비비중	41%	29%	점진적 감축 (2034년 10.1%)	2030년 원전비중 상향
신재생보급률	11%	11%	30~35%	보급 지속 추진/원자력과 조화
기타	원전 르네상스 시대	원전 확대 기조 유지	탈원전 선언 (신규 건설 및 계속운전 금지)	탈원전 폐기 공식화 (신한울 3·4호기 재개, 계속운전 추진) 원전 최강국 도약

*출처:내일신문

*3차 에너지 기본계획에는 원전 설비비중이 수치화되지 않음. 2034년 10.1%는 산업통상자원부가 2020년 12월 발표한 '9차 전력수급기본계획'에 나온 내용임.

2019~2020년 배출량이 줄어든 건 코로나19 영향으로 에너지소비량이 급감했기 때문이고, 2021년 배출량이 늘어난 건 코로나19 회복과정에서 에너지 소비량이 증가한 것이 배경이라는 입장이다.

또 한전의 부채증가나 전기요금 인상요인은 원자재가격 폭등 사례처럼 국제적인 에너지수급 흐름에서 판단하고, 이해해야 한다는 지적이 제기된다.

현재 전기요금 인상요인은 국내 원전 정책과 무관하며 세계적인 이슈와 관련됐다고 분석한다.

에너지전환포럼은 "서방국가들이 러시아 원유 · 가스에 대한 경제제재를 가함으로써 원자재 대란이 일어났고, 이는 전기요금 인상요인 중 하나"라고 규정했다.

이어 "원전 대국인 프랑스도 2020년 1월 전기위원회(CRE)가 전기요금 원

가상승으로 가정용 전기요금을 45% 인상해야 한다고 권고했다"고 전했다.[56)]

에너지전환포럼은 또 "문재인정부의 5년간 원전 이용률 하락과 건설 중인 원전의 공기연장은 과거 국내 원자력계에 만연했던 안전 불감증이 미친 영향"이라고 진단했다.

이어 "2017~2018년 한전의 당기순손실 상당부분은 원전 안전문제 및 부실시공에 따른 추가전력비 구입 원인이 크다"며 "2018년 이후 국내 원전 평균이용률 저하의 최대요인인 정비일수 증가 역시 격납건물 공극, 철판부식 등 광범위한 부실시공에 따른 것"이라고 덧붙였다.

이명박정부에서 추진한 아랍에미리트(UAE) 원전수출 이후 국내 동종원전에 적용되던 각종 설비들의 설계, 제작 및 안전심사 과정을 무리하게 진행해 부실을 키웠다는 주장이다. 실제로 윤석열정부의 에너지정책을 둘러싸고 이명박정부 시절로 회귀하는 것 아니냐는 우려도 제기되고 있다.

이명박정부는 '원전 르네상스'

이런 측면에서 우리나라 에너지분야 최상위 계획인 1~3차 '에너지기본계획(에기본)'을 분석해볼 필요가 있다. 에너지기본계획은 20년 단위 장기 에너지 전략으로, 5년에 한번씩 수립한다.

1차 에기본은 이명박정부 시절인 2008년 8월 처음 수립했으며, 2008~2030년까지의 정책을 담았다. 박근혜정부 기간이던 2014년에는 2차 에기본(2014~2035년), 문재인정부는 2019년 3차 에기본(2019~2040년)을 수립했다.

1차 에기본에 따르면 전체 발전설비 중 원전 비중을 2007년 26%에서 2030

56) 에너지전환포럼, 20대 대통령직 인수위원회의 탄소중립정책에 대한 팩트체크, 2022년 4월 12일

년 41%까지 높이고, 수출산업으로 육성하기 위해 차세대 원전(APR+) 조기개발을 추진한다. 또 원전 10여기를 새로 지어 원자력 발전비중을 2007년 36%에서 2030년 59% 대폭 확대한다. 국내 원전확대와 해외 원전수출을 두 축으로 '원전 르네상스' 시대를 열겠다는 비전도 제시했다.

당시 정부는 "원자력은 우리경제의 석유의존도와 에너지수입 부담을 완화하고, 값싼 전기를 안정적으로 공급하는 데 크게 기여해왔다"며 "고유가와 온실가스 감축에 대응하기 위해 원자력의 역할강화는 피할 수 없는 선택"이라고 설명했다. 다만 화석에너지 비중(1차 에너지 기준)은 2007년의 83% 수준에서 2030년 61%까지 축소하고, 신재생에너지 비중을 2.4%에서 11%로 늘리겠다고 밝혔다.

박근혜정부도 원전 확대 방침

2차 에기본에서는 2035년 원전비중(전력설비기준)을 29%로 설정했다.

1차 계획 41%보다 대폭 축소된 규모다. 하지만 원전 추가건설을 계획하는 등 원칙적으론 원전 확대 방침을 이어갔다.

산업통상자원부는 "수요전망에 따르면 2035년까지 총 43GW의 원전설비가 필요하다"며 "6차 전력수급기본계획에서 확정한 36GW(2024년)를 고려할 경우 7GW의 신규 원전건설이 필요하다"고 밝혔다. 신재생에너지는 에너지안보와 온실가스 감축효과를 위해 1차 에기본의 보급목표(2030년) 11% 수준을 유지하기로 했다.

문재인정부는 '묻지마 탈원전'

3차 에기본에선 분위기가 완전 바뀌었다. '탈원전' 로드맵의 본격화다. 1~2차 에기본과 달리 원전비중에 대한 구체적 수치를 제시하진 않았다. 대신 신규 원전 6기의 건설을 백지화하고, 설계수명이 만료되는 원전의 수명연장(계속운전)을 금지하기로 했다.

이미 계획돼 있던 원전은 △울진 신한울 3 · 4호기 △영덕 천지 1 · 2호기 △대진 1 · 2호기(삼척) 또는 천지 3 · 4호기(영덕) 등이다. 3차 에기본에서는 재생에너지 발전비중을 2040년 30~35%로 대폭 확대했다. 이어 1년 뒤인 2020년 발표한 9차 전력수급기본계획에서는 원전 설비비중이 2020년 18.2%에서 2034년 10.1%로 감소할 것으로 전망했다.

탈원전 기조는 에너지정책의 패러다임이 경제성에서 사회수용성으로 옮겨가고 있음을 의미했다. 값싼 발전원으로 대한민국의 전력공급을 책임지며 경제발전의 견인차 역할을 했다는 인식에서 더 이상 값싸고, 안전하고, 환경친화적인 에너지가 아니라는 시각으로 바뀐 것이다.

반면 윤석열정부는 문재인정부의 에너지정책을 전면 부정하며 뒤집기에 올인하는 모양새다. "탈원전이라는 금기를 해체해 탄소중립을 달성할 수 있는 모든 기술을 테이블 위에 올려놓겠다"는 게 현 정부의 공식 입장이다.

세계 33개국에서 439기 원전 운영중

2022년 5월말 현재 우리나라에서 가동 중인 원전은 총 24기다. 설비용량은 총 2만3250MW다. 이 외에 신한울 1 · 2호기와 신고리 5 · 6호기가 건설 중으로 각각 2022년 9월/2023년 9월, 2024년 3월/2025년 3월 준공 예정이다.

하지만 현재 가동하고 있는 원전 중 고리 2 · 3 · 4호기가 2025년 8월 이전 설계수명이 만료돼 계속운전하지 않을 경우 가동 원전은 25기가 된다. 모두 계속운전에 들어갈 경우 28기(설비용량 2만6050MW)에 이를 전망이다.

여기에 사업승인 후 보류돼온 신한울 3 · 4호기가 건설 재개되면서 2030년 이후 상업운전에 돌입할 것으로 보인다.

한편 세계에는 33개국에서 총 439기의 원전이 운영되고 있다.[57] 국가별로는 미국이 90기로 가장 많고, 프랑스 56기, 중국 53기, 러시아 38기, 일본 33기 순이다. 한국은 24기로 세계 6위 규모이며, 인도(23기), 캐나다(19기), 우크라이나(15기), 영국(12기)이 7~10위를 기록하고 있다.

현재 운영 중인 원전 외에 건설 중인 원전은 53기, 계획에 반영된 것이 66기다. 현재까지 영구 정지된 원전은 198기다.

2011년 일본 후쿠시마 원전 사고 이후에도 세계에서 가동중인 원전 수는 큰 변화가 없는 것으로 나타났다. 국제원자력기구(IAEA)에 따르면 2011년 435기에서 2021년 439기로 큰 차이가 없다. 독일 등 일부 국가에서 탈원전을 강하게 추진했지만 다른 국가들 사이에선 여전히 원전에 대해 우호적인 입장을 유지해온 것으로 풀이된다.

조사기관마다 다른 경제성 평가

이러한 인식의 차이는 국내에서도 윤석열정부로 정권이 교체된 후 극명하게 엇갈린다. 핵심이슈 중 하나는 경제성이다. 각 전문기관들이 실시한 에너지원별 경제성 분석결과를 살펴보면 일반적으로 원자력이 아직 경쟁력을 갖추고 있지만 시간이 지날수록 재생에너지 가격이 더 저렴해질 전망이다.

다만 조사기관마다 경제성 평가 값이 다르고, 국가간 상황도 차이가 있어 신중한 비교 · 검토가 요구된다.

먼저 2017년 10월 곽대훈(자유한국당) 의원이 산업통상자원부 국정감사에서 공개한 한국수력원자력 원전원가 상세 내역을 살펴보자. 이 자료에 따르면

57) 국제원자력기구(IAEA) PRIS, 2021년 12월말 기준

국내 원전 발전원가는 kWh당 53.98원(2016년 기준)이었다. 여기에는 안전규제비 · 지역지원사업비 등 사회적 비용 3.3원과 원전 해체 비용 · 중저준위폐기물관리비 등 사후처리비용 7.82원이 포함됐다. 이는 국회 예산정책처가 내놓은 발전원별 발전단가(2015년 기준) 중 신재생 · 기타 221.3원의 4분의 1도 안되는 금액이다. 당시 이 발표는 '원전 원가에 사회적 비용과 사후처리비용이 포함되지 않아 다른 전원보다 싸다'는 주장을 잠재우는 역할을 했다.

물론 원전 발전원가에 사회적 비용과 사후처리비용이 충분히 반영되지 않았다는 반박도 있었다. 일본 후쿠시마 원전사고 이후 우리나라에서 일어난 크고 작은 지진 등을 고려하면 사고 가능성을 대비한 비용을 크게 늘려야한다는 주장이다. 사용후핵연료 처리의 경우 한 번도 가보지 않은 길인데다 최소 10만년 이상 관리가 필요하기 때문에 안전비용을 대폭 확대해야한다는 주장이 설득력을 얻고 있다.

전력거래소 전력통계시스템에 따르면 2017~2021년 평균 국내 발전원별 판매단가는 유류가 kWh당 200.1원으로 가장 비싸고, LNG 114.3원, 풍력 94.5원, 태양광 87.9원, 유연탄 84.8원 순이다. 원자력이 59.4원으로 가장 저렴했다.

한국은 원자력, 미국은 태양광 경제성 더 우수

이 과정에서 새롭게 나온 비용 산정 개념이 균등화발전원가(LCOE, Levelized Cost of Electricity)다.[58] 발전소 건설비 원가부터 운영비, 연료비, 사후

58) 국제재생에너지기구(IRENA)는 "전 주기 동안의 발전량 대비 전 주기 동안의 비용(Ratio of lifetime costs to lifetime electricity generation)"이라 정의. 에너지경제연구원은 "특정 발전소에서 생산된 전력 단위(kWh)당 평균 실질발전비용(원)으로, 발전시설 총 비용의 현재가치를 총 발전량의 현재가치로 나누어 계산하는 값"이라 정의함.

▮ 한국과 미국의 에너지원별 2025년 LCOE 전망 (단위:달러/MWh)

구분		한국		미국	
		최소~최대	중앙값	최소~최대	중앙값
태양광	상업용	71.4~121.1	98.1	66~117.4	91.7
	유틸리티용	70.2~119.3	96.6	31.6~54.6	43.1
풍력	육상	104.0~171.5	140.2	29.6~47	38.3
	해상	123.8~193.2	161.0	51.4~77.8	64.6
원자력		39.4~67.2	53.3	43.9~98.6	71.3
석탄		69.8~81.0	75.6	75.9~100.2	88.1
가스	복합	83.0~90.2	86.6	40.7~48.9	44.8

*출처:국제에너지기구(IEA) & OECD원자력기구(NEA)(2020) : Projected Costs of Generating Electricity 2020 Edition

▮ 리자드(Lazard)의 5개년간 글로벌 LCOE 분석 (단위:달러/MWh)

구분	2015	2016	2017	2018	2019
태양광(유틸리티)	55	50	43	40	36.5
풍력(육상)	47	45	42	41	40
원자력	117	148	151	155	163.5
석탄+CCUS	108	102	102	109	112
가스복합	63	60	58	56	58.5

*출처:라자드(Lazard) *해상풍력은 86.5(2019년)

처리(원전 해체 포함) 비용을 모두 더한 후에 발전소가 평생 발전할 수 있는 전력량을 나누어서 계산하는 방식이다.

그런데 앞서 언급한 대로 조사기관마다 경제성 평가 값이 다르다. 예를 들어 국제에너지기구(IEA)는 재생에너지보다 원자력이, 미국의 투자은행 라자드(Lazard)는 원자력보다 재생에너지가 더 경제성이 있는 것으로 분석한다.

또 한국은 재생에너지보다 원자력이, 미국은 원자력보다 재생에너지의 발전단가가 더 저렴한 것으로 나타났다.

조사기관마다 최초 투자비용과 연료비, 발전량, 발전소 수명, 운영비, 정책비용 반영 비율 등이 다르기 때문이다. 또 국가마다 일조량 풍량 인허가과정 등 처한 환경이 다르다보니 획일적으로 어느 에너지원의 경제성이 더 뛰어나다고 단정하기 어렵다.

IEA가 분석한 한국의 2025년 에너지원별 LCOE는 원자력이 53.3달러(MWh 당, 중간 값)로 가장 저렴했다. 이어 석탄 75.4달러, 가스복합 86.6달러였다. 재생에너지의 경우 태양광(상업용)이 98.1달러, 육상풍력 140.2달러, 해상풍력 161.0달러에 달했다.

한국에선 재생에너지의 LCOE가 전통 에너지원보다 여전히 높았으며, 태양광과 풍력은 원자력의 1.8~3.0배 수준으로 나타났다.

이에 비해 미국은 이미 그리드패리티(Grid Parity)에 도달한 것으로 보인다. 그리드패리티는 전기를 생산하는 과정에서 신재생에너지 발전단가와 화력발전 비용이 같아지는 시점을 말한다.

IEA가 전망한 미국의 2025년 LCOE는 육상풍력이 MWh당 38.3달러로 가장 저렴했으며, 유틸리티용 태양광 43.1달러, 해상풍력 64.6달러로 조사됐다. 미국에선 유틸리티용 태양광 기준을 10MW 이상으로 규정하고 있으며, 우리나라는 뚜렷한 기준이 없다. 일반적으로 3MW 이상을 지칭한다.

미국은 가스복합도 44.8달러로 낮은 발전단가를 보였다. 원자력과 석탄은 각각 71.3달러, 88.1달러로 재생에너지보다 비쌌다.

블룸버그 뉴 에너지파이낸스(BNEF)의 주요 국가별 LCOE 조사(2020년 상반기 기준)에서도 한국의 재생에너지발전 경쟁력은 전통 화력발전에 비해 부족한 것으로 파악됐다.

한국은 석탄과 가스가 각각 MWh당 62달러, 85달러였지만 육상풍력과 태양광은 105달러, 106달러에 달했다. 원자력은 조사대상에서 빠졌다.

반면 독일은 육상풍력 50달러, 태양광 58달러, 가스 87달러, 해상풍력 105달러, 석탄 156달러 순이었다.

영국은 육상풍력 45달러, 해상풍력 71달러, 태양광 71달러, 가스 79달러였으며 원자력이 230달러에 달했다. 해상풍력의 가격경쟁력이 세계에서 가장 뛰어나다.

미국은 육상풍력 37달러, 가스 40달러, 태양광 44달러, 석탄 90달러, 해상풍력 96달러의 흐름을 보였다.

중국도 재생에너지발전 경제성이 한국보다 높았다. 태양광 38달러, 육상풍력 50달러, 해상풍력 83달러였다. 석탄 역시 58달러로 한국보다 저렴했고, 원자력은 58달러로 조사됐다.

세계평균이 태양광 50달러, 육상풍력 44달러, 해상풍력 78달러인 점을 고려하면 아직 한국의 태양광과 풍력 LCOE가 두배 이상 비싼 셈이다. BNEF는 한국 일본 등 아시아를 중심으로 석탄 LCOE가 낮은 수준이지만 2025년쯤 그리드패리티에 도달할 것으로 전망했다.

원자력 경제성 논란은 현재진행형

라자드(Lazard)는 매년 주요 발전원별 균등화발전비용을 산출하고 있는데 재생에너지의 경제성이 유난히 도드라진다.

이 조사에 따르면 태양광은 2009년 MWh당 359달러에서 2021년 36달러로, 육상풍력은 같은 기간 135달러에서 35달러로 각각 90.0%, 71.9% 하락했다. 반면 원자력은 123달러에서 167달러로 35.8% 상승했다. 2009년만해도 원자력이 더 저렴한 에너지원이었으나 2021년 완전히 역전된 것이다.

이에 대해 원자력업계는 수긍하지 않는 분위기다. 원전 외부비용을 타 에너지원에 비해 과도하게 반영했다는 주장에서다.

또 라자드의 계산은 세계적인 통계일 뿐 국내 상황은 이와 다소 다른 측면이 있다. 에너지경제연구원은 2021년 국내 지상태양광 LCOE를 100kW급의 경우 152.0원(kWh 기준), 3MW급의 경우 129.2원으로 추정했다. 20MW급 육상풍력 LCOE는 164.0원이다.[59]

에너지경제연구원은 보고서에서 "우리나라의 재생에너지 발전단가는 해외 주요국보다 여전히 높은 수준을 유지하고 있다"고 진단했다.

우선 국토가 좁은데다 발전설비용 토지확보가 어려워 규모면에서 경제성이 떨어질 수밖에 없다. 설계조달시공(EPC) · 금융 · 인허가비용은 물론 유지보수비와 토지사용료, 각종 부담금 및 보상금 등 사회적 비용과 운영비도 다른 나라보다 2~6배 이상 비싸다.

또 현재 산출되는 재생에너지 LCOE에는 송전선로 확충 등 계통보강 비용, 에너지저장장치(ESS) 등 백업시설 비용이 반영되지 않은 경우가 많아 이를 고려할 필요가 있다.

다수호기 안전성은 원전확대 걸림돌

우리나라 원전의 특징이자 치명적 단점 중 하나는 특정지역에 밀집해 있다는 점이다. 지도에서 보듯 가동 중이거나 건설 중인 원전 28기 중 22기가 △경북 울진 △경북 경주 △울산 울주 △부산 기장에 몰려있다.

이는 '다수호기 안전성 문제'로 이어지는데, 개별 원전에서 발생한 사고가 인근 원전으로 영향을 미치며 더 큰 사고로 확산될 수 있다는 이론이다. 즉 원전 안전성 및 주민수용성 문제와 직결된다. 우리나라 원전은 국토면적당 설비

59) 이근대 · 임덕오, 에너지경제연구원, 재생에너지 공급 확대를 위한 중장기 발전단가(LCOE) 전망 시스템 구축 및 운영, 2021년 12월 31일

▮ 국내원전현황

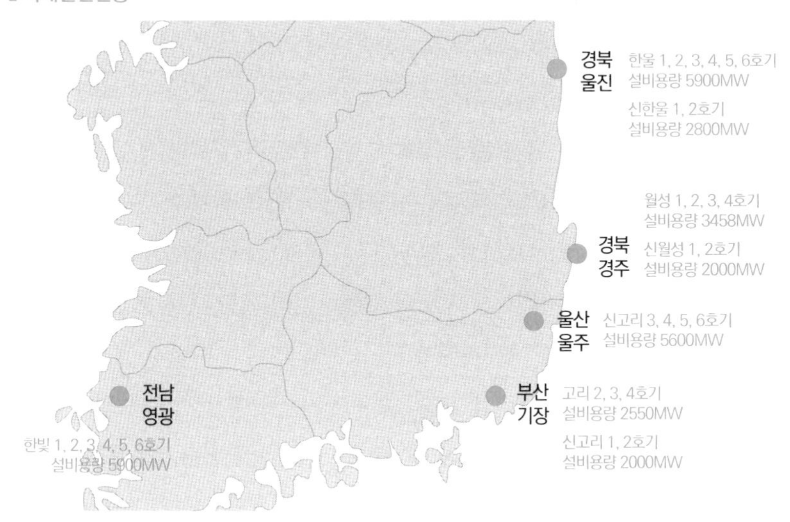

*출처:한국수력원자력

용량과 반경 30km내 인구수, 단지별 밀집도 모두 세계 1위다.

다수호기 사고 가능성은 크게 3가지로 생각해 볼 수 있다.

첫째 자연재해 등으로 다수호기에서 사고가 동시에 발생하는 경우다. 일본 후쿠시마 원전사고가 이에 해당하며, 지진 · 쓰나미 등의 영향이 원인이 될 수 있다.

둘째 한 원전사고가 다른 원전으로 전파되는 경우이며, 셋째 동일 부지내 원전에서 복수의 사고가 독립적으로 동시에 발생하는 경우를 예상해볼 수 있다.

하지만 세 번째 경우의 수는 1억년에 3회 정도 발생가능성이 있는 등 현실적으로 크게 걱정할 부분은 아니라는 게 정설이다. 특히 국내 원전은 안전관련 설비를 호기간 공유하지 않도록 설계 · 건설되었기 때문에 한 호기의 사고가 인접 호기로 파급될 가능성은 미미하다.

문재인정부 초반 탈원전 정책이 본격화되면서 다수호기 안전성 진실공방이 치열하게 전개되기도 했다. 고리에만 원전 7기가 운영되고 있지만 울산의 경우 자체적으로 4기를 보유하고 있는데다, 위쪽으로는 경주에 6기, 아래쪽으로는 부산 고리에 7기가 있어 총 17기에 둘러싸여 있는 셈이다.

이와 관련, 한국은 '원자로시설 등의 기술수준에 관한 규칙'을 통해 다수호기 안전성 규제대책을 마련해놓고 있다. 제5조(위치제한) 원자로시설은 인구밀집지역으로부터 떨어져 위치하여야 한다, 제10조(다수기 건설) 동일한 부지 안에 2 이상의 원자로시설을 설치하는 경우에는 이들이 각각 다른 원자로 시설에 영향을 미치지 아니하는 곳에 설치하여야 한다 등이다. 또 제16조(설비의 공유)에는 2 이상의 원자로시설끼리 안전에 중요한 구조물 · 계통 · 기기 등의 설비를 공유해서는 안된다고 명시하고 있다.

미국의 원자력규제기관 US NRC과 국제원자력기구(IAEA)도 발전소 안전에 영향을 미치는 큰 중요한 구조물 · 계통 · 기기는 호기간 공유하지 말아야 한다고 규정했다.

원전, 온실가스 배출량 '0'에 가까워

원자력이 탄소중립 달성의 대안 중 하나로 꼽히는 또 다른 이유는 온실가스 및 대기오염물질 배출 여부다. 조사기관, 단위, 배출범위에 따라 수치가 조금씩 다르지만 원자력은 온실가스 배출계수가 가장 적다는 것이 공통적이다.

UN산하 기후변화에 관한 정부간 패널(IPCC) 조사에서는 원자력과 풍력이 각각 12g CO_2eq/kWh로 가장 적었고, 수력 24g, 태양광 27g로 나타났다. LNG와 석탄은 각각 490g, 820g CO_2eq/kWh이 검출됐다. IPCC 조사는 직

▮ 전원별 전주기 온실가스 배출계수 비교 (단위:g CO_2eq/kWh)

구분	원자력	풍력	수력	태양광	LNG	석탄
IPCC(평균치) 1)	12	12	24	27	490	820
IAEA(중간값) 2)	15	16	7	27	492	1025
UNECE 3)	5.1~6.4	7.8~23	6~147	8~83	403~513	751~1095

1) IPCC:UN산하 기후변화에 관한 정부간 패널(Intergovernmental Panel on Climate Change), "Mitigation of Climate Change, Annex Ⅲ Technology-specific cost and performance parameters."2014
2) IAEA:국제원자력기구 "Climate Change and Nuclear Power."2016
3) 유엔유럽경제위원회(UNECE, United Nations Economic Commission for Europe), "Life Cycle Assessment of Electricity Generation Options."2021

접 · 공급망 배출 및 알베도 효과[60]까지 포함한 수치다.

국제원자력기구(IAEA) 조사결과는 수력이 7g으로 가장 적었고, 원자력 15g, 풍력 16g, 태양광 27g CO_2eq/kWh 순이었다. LNG와 석탄은 각각 492g, 1025g CO_2eq/kWh에 달했다. 이와 관련, 원자력업계에서는 "원자력은 전기생산 중에는 온실가스를 전혀 배출하지 않는다"며 "일부 자료에서 소량 배출되는 것으로 나오는 이유는 전기 사용 등에 따른 것"이라고 설명한다.

또 원자력은 미세먼지 배출을 가늠하는 황산화물, 질소산화물 등 대기오염물질도 배출하지 않는 것으로 나타났다. 국립환경과학원이 2015년 실시한 대기오염물질 배출계수 조사에 따르면 미세먼지는 원자력 0, LNG 6.5358g/MWh, 석탄 11.7759g이였다. 같은 조사에서 초미세먼지 역시 원자력은 0이었으며, LNG 6.5358g, 석탄 16.0371g으로 나타났다.

그런데 원전의 경우 실제로는 우라늄 채굴, 정련, 연료봉 제조, 원전 건설,

60) 태양으로부터 투사된 빛은 지구의 대기나 지면에서 일부 흡수되고, 나머지는 1회 또는 수차례의 산란이나 반사를 거쳐 여러 방향으로 나아간다. 이 경우 나아가는 빛의 총량을 투사된 빛의 세기로 나눈 수치가 바로 알베도, 즉 반사율이다. 이 반사율에 따라 일어나는 여러 가지 기온변화를 알베도효과라고 한다.(두산백과)

운영 과정 등에서 온실가스가 다량 배출된다는 문제가 제기됐다. 영국 서섹스대와 독일 국제경영대학원(ISM)은 2021년 네이처 에너지에 발표한 연구에서 "재생에너지 발전의 온실가스 감축 효과는 원전보다 7배 강력하다"고 밝혔다.[61]

탄소중립 실현위해 계속운전 필요

국내 원전 운영과 관련해 논란의 중심에 있는 것 중 또 다른 하나는 계속운전이다. 계속운전이란 설계수명이 만료된 원전에 대해 정부가 안전성을 확인한 후 10~20년간 추가 운전하도록 하는 것을 말한다. 최근에는 세계적으로 20년 수명연장이 일반적 추세다. 미국의 경우도 당초 40년 수명을 60년, 80년 등으로 연장하고 있다.

하지만 문재인정부는 2017년 10월 수립한 '에너지전환 로드맵'에서 노후원전의 수명연장을 금지했다.

이후 윤석열정부는 탄소중립 실현 수단으로 계속운전을 적극 추진하겠다며 방향을 180도 바꿨다. 문재인정부 시절 대통령소속 탄소중립위원회는 2050년 재생에너지 전력생산 비중을 60.9~70.8%로 끌어올리는 대신 원전 비중은 6.1~7.9%로 설정했다.(2021년 10월 시나리오 최종안)

하지만 전력수급 문제는 컨틴전시 플랜(contingency plan, 위기관리 경영기법)을 항상 갖고 있어야 한다. 예를 들어 탄소중립 실현방안을 마련할 때 전력수요가 예상보다 더 늘어날 경우와 재생에너지 60~70% 비중에 실패했을 때의 상황 등을 예상하고, 대책을 마련해 놓아야 하는 것이다.

---

61) Dean Kirby, inews, Renewable energy 'should be prioritised over nuclear power for cutting carbon emissions', 2020년 10월 5일

■ 10년내 설계수명 만료되는 국내 원전 (용량:MW)

구분	호기	용량	상업운전일	설계수명 만료일	설계수명
1	고리2	650	1983년 7월	2023년 4월 8일	40년
2	고리3	950	1985년 9월	2024년 9월 28일	40년
3	고리4	950	1986년 4월	2025년 8월 6일	40년
4	한빛1	950	1986년 8월	2025년 12월 22일	40년
5	한빛2	950	1987년 6월	2026년 9월 11일	40년
6	월성2	700	1997년 7월	2026년 11월 1일	30년
7	한울1	950	1988년 9월	2027년 12월 22일	40년
8	월성3	700	1998년 7월	2027년 12월 29일	30년
9	한울2	950	1989년 9월	2028년 12월 28일	40년
10	월성4	700	1999년 10월	2029년 2월 7일	30년

*출처:한국수력원자력
*운영허가일(최초 임계일)과 상업운전일이 달라 설계수명 만료일이 30년 혹은 40년과 다른 경우가 있음.

탄소중립위원회는 2050년 국내 전력수요가 2018년 대비 221.7%~230.7% 증가한 1166.5~1213.7TWh에 이를 것으로 전망한다. 그렇다면 탄소발생을 하지 않으면서 전력을 생산하는 원전이 만일의 사태를 대비할 컨틴전시 플랜이 될 수 있다.

또 현실적으로 우리가 갖고 있는 무탄소 에너지는 재생에너지와 원자력밖에 없다. 그런데 재생에너지 하나만으로 탄소중립을 달성하겠다는 건 사실상 불가능하다는 주장도 나온다. 그렇다고 주민 수용성, 계통 연계성, 안정성 등을 고려하면 신규 원전 건립은 바람직하지도, 합리적이지도 않다.

우리정부가 전 세계에 약속한 2030년 NDC계획은 사실상 몇 년밖에 남지 않았다. 이런 측면에서 2030년 이전 설계수명이 만료되는 원전 10기(설비용량 8.45GW)의 계속운전을 허용한다면 목표 달성에 접근할 현실적인 대안이

된다. 2021년 우리나라의 태양광 신규 설치량은 3.5GW 수준이었다.

현재 '에너지전환 로드맵'대로라면 우리나라는 가동중인 원전 24기 중 고리 2호기(2023년 4월, 설비용량 650MW)를 시작으로 2029년까지 10기가 설계수명 만료돼 폐로될 예정이다.

윤석열정부, 탈탈원전 알박기 시도

윤석열정부는 원전 계속운전 신청 시기를 설계수명 만료일 5~10년 전까지로 확대하는 방안을 추진한다. 계속운전을 효율적으로 진행하려면 신청부터 검토 설비개선 승인까지 충분한 시간을 갖고 추진해야 한다는 판단이다.

지금까지는 원전을 설계수명 이후 계속 가동하려면 설계수명 만료일로부터 2년에서 5년 전 사이에 원자력안전위원회(원안위)에 안전성평가보고서를 제출, 허가를 받아야 했다.

윤석열정부는 "계속운전 승인신청 기한이 촉박하다보니 그동안 원전사업자는 계속운전 신청 전 대규모 설비개선 예산을 투입하는 경우가 있었다"며 "때문에 원안위의 심의결과에 따라 선(先)투입된 비용이 낭비될 수 있다는 지적이 있다"고 설명했다. 이어 "문재인정부의 비정상적 탈원전 정책을 정상화하는 것"이란 입장이다.

이 제도가 시행되면 윤석열정부 임기 중 계속운전을 신청할 수 있는 원전은 기존 10기에서 최대 18기로 늘어날 전망이다. 윤석열정부가 문재인정부의 탈원전정책에 맞서 '탈탈원전'을 알박기 하려한다는 의구심도 든다.

각 원전마다 안전성과 경제성 기준이 다를 수밖에 없다. 하지만 윤석열정부 방침은 획일적으로 계속운전을 하겠다고 전제해 놓고 추진하는 정책이라는 비판을 받는다. 또 계속운전을 승인했더라도 이후 안전성에 문제가 발생할 수 있기 때문에 또다른 원전정책 논란을 부추길 가능성도 있다.

▮ 설계수명이 지난 세계 원전 현황

설계수명 지난 원전	계속운전 시행			설계수명 후 폐로	심사/설비 개선
	계속운전 중	계속운전 후 폐로	소계		
224기	151기(67%)	44기(20%)	195기(87%)	14기(6%)	15기(7%)

*출처:국제원자력기구(IEA)와 세계원자력협회(WNA) *2021년 1월말 기준

세계 가동 원전 45%는 계속운전

국제원자력기구(IAEA)와 세계원자력협회(WNA)에 따르면 2022년 6월말 기준 전 세계에서 가동중인 원전 442기 중 200기(45%)는 계속운전 승인을 받았으며, 그중 151기가 계속운전을 하고 있다.(조사시점 차이로 앞 페이지에서 밝힌 가동원전 수 439기와 차이가 있음)

세계에서 가장 많은 94기 원전을 운영 중인 미국은 86기(91%)에 대해 계속운전을 승인했다. 이중 절반이 넘는 48기는 현재 계속운전 중이다. 미국은 기후변화에 대응하기 위해 원전 수명을 80년까지 연장하는 분위기다.

미국 원자력규제위원회(NRC)는 2021년 5월 버지니아주에 있는 서리(Surry) 원전 1 · 2호기의 수명을 추가로 20년 연장했다. 이에 서리 1 · 2호기 수명은 기존 60년에서 80년으로 늘었다. 미국은 수명을 80년까지 연장한 원전이 6기이며, 88기는 60년 운영 허가를 받았다.

세계에서 가동 중인 원전 중 가장 오래된 것은 미국의 지나원전 · 나인마일포인트 1호기, 스위스의 베즈나우 1호기로 각각 52년째다. 이어 미국의 드레스덴 2호기와 H.B.로빈슨 2호기는 51년째 전력을 생산하고 있다.

세계에서 가동 중인 원전 442기 가운데 296기(67%)는 30년을 초과해 운영중이다. 또 세계 원전 중 설계수명이 지난 224기 중 195기(87%, 계속운전후 폐로된 44기 포함)가 계속운전을 했거나 하고 있다. 설계수명 후 폐로된 원전

은 전체의 6%인 14기뿐이다.

다만 원전 계속운전을 위해 몇 가지 선결과제가 있다. △원전사고 대응체계 혁신(안전성) △사용후핵연료 처분장 정책 실행 △지역주민 동의 △전력계통 보강 등이다.

탈원전 폐기하려면 송전선로 보강부터

탈원전 폐기 등 원전의 계속운전을 현실화하려면 송전선로 보강 등 전력계통 확충이 병행돼야 한다. 송전선로 보강이 안되면 자칫 원전 설비만 갖춰놓고 가동을 못하거나, 출력을 제한하는 상황이 초래될 수 있다.

실례로 원전이 몰려있는 부산 · 울산지역의 현재 발전설비용량은 약 15GW 수준이다. 여기에 신고리 5 · 6호기, 에퀴노르사의 해상풍력 등 7GW의 신규 발전시설이 들어올 예정이다. 전력당국은 이에 맞춰 22GW에 부합한 전력계통 설비확충 계획을 수립해놓았다.

하지만 윤석열정부가 원전 신규 건립과 계속운전을 허용하면 부산 · 울산지역에만 2030년까지 4.6GW의 발전 공급력이 추가될 전망이다. 늘어나는 발전력만큼 송전선로 등 전력계통의 부족이 우려되는 상황이다.

이 지역에 대한 전력수요는 한정돼 있기 때문에 계속운전 등을 통해 늘어난 발전력은 전력수요가 밀집된 수도권 등으로 보내야 한다. 따라서 송전선 변전소 등 전력계통이 보강되지 않으면 생산한 전력을 타지역으로 보낼 수 없다. 출력을 제한하거나 발전소를 가동하지 못할 가능성이 제기되는 이유다.

특히 송전선로 건립은 지역주민들의 반대가 심해 경과지(노선) 확정부터 준공까지 10년 이상 소요될 수 있는 점을 간과해선 안된다. 실제로 동해안~신가평 초고압직유송전(HVDC) 건설사업의 경우 2016년 경과지를 선정하고 2025년 6월 준공목표(230km 송전선로 440기 예정)를 세웠지만 아직 첫 삽도 못뜨고 7년째 지역주민들과 협의 중이다.

밀양송전탑 사태로 알려진 신고리–북경남 송전선로 건설사업은 2001년 경과지 선정에 착수한 이래 2008년 착공, 2014년에야 공사를 완료(90.5km 161기)했다. 14년이 소요된 것이다.

SMR, 탈탄소화·분산화·디지털화

탄소중립 사회로 가기 위해 신재생에너지뿐 아니라 원자력을 활용해야 한다는 주장이 설득력을 얻는 가운데 소형모듈원전(SMR, Small modular reactor)이 주목받고 있다. 탈탄소화, 분산화, 디지털화 특성으로 세계 에너지 시장에서 새로운 트렌드로 부상한 것이다.

원전은 주민수용성이나 다수호기 안전성 문제 등으로 신규 건립이 어려운 게 현실이다. 이 때문에 기존 원전의 계속운전이 요구되는데, SMR은 이산화탄소 배출을 없애면서 안정적으로 전력공급이 가능하다는 이점이 있다.

SMR은 원자로와 증기발생기, 냉각제 펌프, 가압기 등 주요 기기를 하나의 용기에 일체화시켰다. 전기출력은 300MW 이하다. 전력계통망이 충분하지 않거나 외딴 지역에 소규모 전력을 공급하기에 적합하다는 평가를 받는다. SMR은 일선 공장에서 모듈형태로 제작, 이송 및 건설이 가능해 건설공기 단축과 건설비용이 절감된다. 170MW 짜리 소형원자로 4기(680MW)를 기준으로 할 경우 건설 공사기간은 24개월정도 소요된다. 대형 원전 1400MW(APR 1400) 56개월보다 절반 이상 단축된다. 공사금액은 약 3조5000억원으로 대형원전 5조원보다 적게 든다.

또 완전 피동(Passive) 안전계통 설계를 적용해 운전자 개입을 최소화하고, 단순 설계로 중대사고 제로화를 지향한다. 피동형은 사고발생시 발전소 운전원의 별도 조작없이 안전성을 유지하는 설계 개념이다. 특히 출력조절이 가능하도록 부하 추종운전으로 설계됐다. 신재생에너지의 간헐성을 보완하기 위한 CO_2 배출없는 백업(back-up) 전원으로 활용이 가능하다는 게 원자력업계의 설명이다. 국제원자력기구(IAEA)에 따르면 전 세계에서 개발 중인 SMR 노형은 미국 17기, 러시아 17기, 일본 7기, 한국 2기 등 71기에 이른다.

영국 국립원자력연구소는 2035년 SMR 시장규모가 2500억~4000억파운드(약 390조~620조원)에 이를 것으로 전망했다. 미국 에너지부는 2050년 세계 SMR 규모를 500~1000기로 예상한다. 설비용량은 65~85GW 규모다.

미국, 기술력 바탕으로 SMR 속도

국가별로는 미국이 독보적인 기술력을 바탕으로 SMR 건설에 속도를 내고 있다. 에너지부가 2021년 1월 수립한 '원자력전략비전'에 따라 차세대 원자로 기술과 SMR 개발에 7년간 32억달러(약 3조6000억원)를 투자할 계획이다.

민간의 SMR 개발도 활발하다. 뉴스케일은 미 원자력규제위원회(NRC)로부터 2020년 SMR 설계인증을 획득했으며, 아이다호주에 2029년 SMR 상업플랜트 가동을 시작할 예정이다. 720MW급으로 60MW의 출력을 내는 원자로 모듈 12기가 들어간다. 이 프로젝트에 두산에너빌리티(옛 두산중공업)가 원자로 모듈(NPM) 등 주기기를 제작, 공급한다. 뉴스케일 SMR은 전력 생산뿐 아니라 고온의 스팀을 활용한 수소 생산, 해수 담수화, 산업단지에 공정열 공급 등 차세대 에너지원으로 활용 가능하다.

GS에너지와 두산에너빌리티, 삼성물산 등 한국 3사는 2022년 4월 뉴스케일파워사와 SMR 발전소 사업개발을 공동 추진하기 위해 양해각서(MOU)를 체결했다. △뉴스케일 SMR 기술 △GS그룹 발전소 운영능력 △두산에너빌리티 원자력발전 기자재 공급능력 △삼성물산 발전소 시공역량 간 시너지를 도모한다는 구상이다.

또 빌 게이츠가 설립한 테라파워는 노후 석탄화력발전소 부지에 소듐고속냉각로 방식 SMR을 건설, 2028년 상용화한다는 목표다.

SK그룹은 관계사인 SK㈜와 SK이노베이션이 테라파워에 2억5000만달러(3000억원) 규모의 지분투자를 단행했다. SK는 이번 투자에 따라 우리나라와 동남아시아 등지에서 테라파워의 원자로 상용화사업에 참여함으로써 탄소중립 실현에 앞장선다는 구상이다.

중국은 경제분야 국가최고계획인 '제14차 5개년계획(2021~2025년)'의 과제 중 하나로 해상부유식 SMR을 선정하고, 중국핵공업집단공사(CNNC)를 중심으로 개발에 착수했다. 러시아는 이미 해상부유식 SMR을 상용화해 2020년 5월부터 동시베리아의 페벡시에 전력을 공급하고 있다.

영국은 SMR 개발 · 상용화와 차세대 원자로 기술에 3억8500만파운드(약 6000억원)를 투자할 계획이다. 한국도 2020년 12월 원자력진흥위원회에서 '혁신형 SMR'(i-SMR) 개발을 위한 추진기반을 마련했다.

산업통상자원부와 과학기술정보통신부는 함께 2028년 인허가를 목표로 경제성과 안전성을 대폭 향상한 '혁신형 SMR'(i-SMR) 개발에 나섰다. 국회에서도 혁신형 SMR 포럼을 출범했다.

총괄 주관기관은 한국수력원자력이며, 한국원자력연구원 한국전력기술 한전원자력연료 두산에너빌리티 등이 참여하고 있다. 혁신형 SMR은 170MW급 소형(1개 모듈)으로, 총 4개 모듈(680MW 규모) 배치를 기본으로 한다. 4개 모듈을 동시 제어할 수 있는 단일중앙제어시스템이다.

하지만 환경단체 등은 SMR에 대해 곱지 않은 시선을 보내고 있다. 이들은 "안전성 측면에서 원전과 다를 바 없다"면서 "분산형 전원을 표방하는 SMR이 각 지역에 산발적으로 입지한다면 안전사고 위험이 더 높아지는 셈"이라고 주장한다. 아울러 사업이 구체화될수록 비용 추정치가 증가해 경제성도 허구라는 입장을 보이고 있다.

딜레마였던 원전 수출, 날개 달까

원전과 관련된 딜레마 중 하나는 해외수출 여부다. 한국은 이명박정부 시절이던 2009년 아랍에미리트(UAE)에 처음으로 원전을 수출했다. 수도 아부다비에서 서쪽으로 약 270km 떨어진 바라카(Barakah) 지역에 한국형원전(APR1400) 4기(5600MW)를 건설하는 사업이다.

계약금액은 186억달러(약 21조원)로 원전 운영, 핵연료 공급까지 포함하는 프로젝트다. 2021년 4월 1호기, 2022년 3월 2호기 가동을 시작했다. 3호기는 발전소 운영준비 중(연료장전)이며, 4호기는 고온기능시험을 준비하고 있다.

하지만 이날의 쾌거이후 한국은 제2의 원전 완전체 수출을 성사시키지 못하고 있다. 그 원인 중 하나로 문재인정부의 탈원전 정책을 꼽는 이들이 적지 않았다. 국내에서는 신규 원전과 계속운전을 금지하면서 해외에서 우리상품을 팔려고 하니 상대국에 신뢰를 주기 어렵다는 주장이다. 자가당착(自家撞着)의 전형적인 모습이란 지적이었다. 그 가운데도 원전 해외수출을 위한 노력은 꾸준히 이어져왔다. 한국전력(한전)은 UAE 바라카원전 수출 경험을 바탕으로 팀코리아를 구성해 사우디아라비아 원전사업 수주에 역량을 집중하고 있다. 사우디는 2018년 한국을 비롯 미국 · 프랑스 · 중국 · 러시아 등 5개국을 예비사업자로 선정한 바 있다.

한국수력원자력(한수원)은 2022년 4월 폴란드정부에 신규원전 건설사업 제안서를 제출하고 본격적인 수주 활동에 돌입했다. 폴란드정부의 '2040 국가에너지정책 개정안'에 따르면 2033년 신규원전 1기 운영을 시작으로 2043년까지 총 6기 원전을 순차적으로 도입할 예정이다. 설비용량은 6~9GW에 이른다. 한수원은 또 체코 원전수출을 위해서도 공을 들이고 있다. 체코는 두

코바니 지역에 1200MW 이하급 가압경수로 원전 1기를 건설할 예정이며, 3기의 추가 건설도 검토 중이다.

체코전력공사는 2024년까지 우선협상대상자와 최종 사업자를 선정하고 설계 · 인허가 과정을 거쳐 2029년 착공, 2036년 상업운전을 목표하고 있다. 한수원은 사업 참여를 위한 안보평가를 통과했으며, 2022년 11월까지 입찰서를 제출할 계획이다.

폴란드와 체코에서는 한국의 한수원과 미국 웨스팅하우스 일렉트릭 컴퍼니(WEC), 프랑스전력공사(EDF)가 경쟁하고 있다. 이집트에서는 UAE 원전 수주 이후 처음으로 조단위 매출 해외 원전사업을 수주했다. 한수원은 2021년 12월 러시아 JSC ASE사가 건설하는 이집트 엘다바 원전 4개 호기의 터빈건물 등 2차측(원자로 건물을 제외한 나머지 부속건물) 건설사업 단독 계약협상대상자로 선정됐다.

이집트 엘다바 원전사업은 러시아 국영 원전기업인 로사톰의 자회사인 JSC ASE사가 2017년 이집트 원자력청으로부터 수주, 1200MW급 VVER-1200 원전 4개 호기를 건설하는 사업이다. JSC ASE는 2028년 1호기 상업운전을 목표하고 있다. 한수원은 2020~2021년에도 루마니아 슬로베니아 중국 등 3개국에서 총 9건의 원전 운영정비 기술 사업을 수주한 바 있다.

윤석열정부는 원전산업 생태계를 복원해 수출 산업화에 적극 나설 방침이다. 한미 원전동맹을 강화하고, 해외에서 원전 10기를 수주하겠다는 목표도 세웠다.[62] 원전수출은 △노형 △기자재 △운영보수서비스 등으로 다각화한다.

산업부 관계자는 "2030년까지 글로벌시장에서 새로 발주될 원전이 약 100

62) 20대 대통령직 인수위원회 경제2분과, '에너지정책 정상화를 위한 5대 정책방향' 보도자료, 2022년 4월 28일

기에 달한다"면서 "러시아와 중국물량을 제외하면 약 50기 정도 되는데 이중 20%(10기)를 우리가 수주하도록 총력전을 펼치겠다는 것"이라고 설명했다. 이를 위해 산업통상자원부 장관을 위원장으로 하는 '원전수출위원회'를 신설한다. 추진단에는 외교부 과기부 국방부 국토부 중기부 원안위를 비롯 한전 한수원 수출입은행 산업은행 두산에너빌리티 등이 참여할 예정이다.

또 체코 폴란드 사우디 영국 네덜란드 등 주요 수출 전략국을 '원전수출거점공관'으로 지정하기로 했다. 거점공관에는 전담관을 파견해 해당국과 상시 협의채널을 가동한다는 구상이다. 현재 한전(중동)과 한수원(유럽 아프리카)으로 분리돼 있는 수출체계도 유기적 분담체계로 개편한다.

산업부는 국내 원전기업의 수출 경쟁력을 강화하고 해외 원전 수주를 늘리기 위한 '원전수출 기반 구축사업'에 47억9000만원(국비 33억2000만원)을 투입할 계획이다. 산업부는 2022년 6월 방위사업청, 한수원, 두산에너빌리티 등으로 '팀코리아'를 구성, 체코 · 폴란드를 방문해 총 20개의 업무협약(MOU)을 체결하기도 했다.

국제원자력기구(IAEA)에 따르면 2030년까지 신규 원전계획을 수립한 나라는 중국 34기, 러시아 27기, 인도 12기, 폴란드 6기, 이집트 4기, 체코 1기(3기 추가 전망), 미국 3기, 영국 2기, 네덜란드 2기, 카자흐스탄 2기, 루마니아 2기, 일본 1기, 이란 1기 등이다. 이 외 사우디아라비아도 1400MW급 초대형 원전 2기 건설을 확정했고 2040년까지 총 16기 건설을 검토하고 있다.

원전 운영하면 반드시 따라오는 문제

원전을 운영하면 반드시 같이 따라오는 문제가 있다. 바로 방사성폐기물(방폐물) 처분이다. 방폐물이란 원자로 · 핵연료 · 인공 방사성 동위 원소 등 핵에너지를 사용하는 과정에서 발생하는, 방사성 물질이 들어 있는 여러 가지 폐

■ 방사성 폐기물 종류

구분	고준위 방사성 폐기물	중·저준위 방사성 폐기물
방사능 열발생량	알파선 방출 핵종농도 4000bq/g, 열발생량 2kW/㎥ 이상	고준위 방폐물 이외의 방폐물
발생원	원자력발전소, 사용후핵연료 재처리시설 등	원자력발전소, 방사성 동위원소 이용 산업체, 병원 등
종류	사용후핵연료	작업복, 장갑, 폐필터, 폐농축액 등

■ 노형별 사용후핵연료 특징

구분	경수로형(월성 원전 이외)	중수로형(월성 원전)
크기	20㎝×20㎝×4.5m	직경 10㎝×길이 50㎝
무게	약 639kg(우라늄 약 430kg)	약 24kg(우라늄 약 19kg)
연료	농축우라늄(U-235, 약 3~5%)	천연우라늄(U-235, 약 0.7%)
연소기간	다발당 연소기간 약 4년	다발당 연소기간 약 9개월
연간 발생량	1기당 약 32~61다발 / 총 약 755다발	1기당 약 4300다발 / 총 약 1만2957다발

*출처:한국수력원자력, 한국원자력환경공단

기물을 말한다.

고준위 방폐물(알파선 방출 핵종농도 4000베크렐(bq)/g, 열발생량 2kW/㎥ 이상)과 중 · 저준위 방폐물(고준위 방폐물 이외)로 나뉜다. 고준위 폐기물은 사용후핵연료, 중 · 저준위 폐기물은 작업복 장갑 주사기 폐필터 폐농축액 등이다. 베크렐(Bq)이란 방사선입자가 1초에 1번 방출되는 정도의 세기를 말한다.

우리나라는 경북 경주시 양북면에 중 · 저준위 방폐물처분장을 건설, 2015년 8월부터 운영하고 있다.

이곳에선 원전, 병원 등에서 사용한 방사성 물질 함유량이 적은 장갑이나 부품 등을 처분한다. 드럼통에 넣어 밀봉한 뒤 지하 80~130m 암반동굴내 사

▮ 원전별 사용후핵연료 임시저장시설 포화시점

구분	고리	한빛	한울	새울	신월성	월성
포화율(%)	83.8	74.2	80.8	19.0	62.9	98.8
포화시점(연도)	2031	2031	2032	2066	2044	-

*월성원전은 포화상태에 달해 맥스터(건식저장시설)를 추가 건설해 사용후핵연료를 임시 보관하고 있음(2021년 12월말 기준)

▮ 원전별 사용후핵연료 발생량

구분	고리	한빛	한울	새울	신월성	월성
발생량(다발)	6737	6697	6344	297	658	48만4076

*출처:산업통상자원부 '2차 고준위 방사성폐기물 관리 기본계획'

*경수로형 원전은 농축우라늄을 원료로 사용하며, 중수로형 원전은 천연우라늄을 사용한다. 이 때문에 중수로형 원전의 사용후핵연료 발생량이 경수로형보다 4배 이상 많다. 국내에선 월성원전이 유일하게 중수로형 이다.

일로(콘크리트 구조물)에 영구 저장하는 방식이다. 상대적으로 덜 위험한 방폐물을 안전하게 관리하고 있다. 이에 이 책에서는 고준위폐기물, 즉 사용후핵연료 처분장 문제만 다루기로 한다.

2031년부터 임시저장시설 포화

'탈원전이냐 친원전이냐' 논란을 떠나 이미 사용했거나 가동 중인 원전이 있다면 사용후핵연료가 나오기 마련이고, 이를 처분할 시설이 필요하다. 사용후핵연료는 우리나라 최초 원전인 고리 1호기가 1978년 4월 상업운전을 시작한 이후 현재까지 44년 동안 최종 처분시설을 찾지 못하고, 각 원전 안에 설치한 임시저장시설에 쌓여있다.

사용후핵연료에 포함된 여러가지 물질은 자연에 존재하는 것보다 농도가 높아 오랜시간 강한 방사선을 내보낸다. 이 과정에서 방사선을 방출하지 않는 원소로 점차 변한다. 여기에 소요되는 시간은 원소 종류에 따라 다르지만 짧게는 4~5년, 길게는 10만년에 달한다. 그래서 지금처럼 원전부지내 임시저장 시설에 보관하기엔 한계가 있다. 10만년 이상 안전하게 관리할 수 있는 저장 시설이 필요한 이유다.

한수원과 한국원자력환경공단에 따르면 우리나라 원전 운영과정에서 발생한 사용후핵연료는 총 50만4809다발(경수로 2만733다발, 중수로 48만4076다발)에 이른다.

한국방사성폐기물학회는 국내에서 운영중인 전 원전의 설계수명 완료까지 13만520다발(경수로 3만7745다발, 중수로 9만2775다발)이 추가 발생해 누적 63만5329다발이 쌓일 것으로 전망했다.(9차 전력수급기본계획에 따른 원전 가동 가정) 각 원전마다 임시저장시설의 한계치를 고려하면 포화시점이 다가오고 있다.

한수원에 따르면 고리원전은 2022년 3월말 현재 임시저장시설내 사용후핵연료 포화율이 83.8%에 달한다. 2031년 포화가 예상된다. 한빛원전 2031년(74.2%), 한울원전 2032년(80.8%)도 포화시점이 머지않았다.

어찌 보면 포화시점이 10년 가까이 남아 있어 여유있게 보일지 모르지만 최종 처분을 어떤 형태로 할 것인지 논의하고, 부지 선정, 안전성 평가, 건설 등의 기간을 고려하면 지금 시작해도 늦은 감이 있다. 이 외에 신월성원전과 새울원전은 각각 2044년(62.9%), 2066년(19.0%) 포화가 예상된다.

우리나라에서 유일하게 중수로방식인 월성원전은 포화율이 98.8%까지 치달은 시점에 맥스터(조밀 건식저장모듈) 7기를 추가 건설, 급한 불을 껐다.

하지만 맥스터 조성 역시 현 원전부지에 증설해야 하는 관계로 안전성 확보를 둘러싼 주민수용성(지역주민 동의)을 확보하는 데 상당한 진통을 겪었다. 한수원은 월성원전 맥스터 증설을 위해 2016년 4월 운영변경허가를 신청한 이후 2022년 3월 준공하는 데 만 6년이 걸렸다.

이처럼 현재 원전부지내 있는 사용후핵연료는 임시저장시설의 포화 임박과 보관 장기화에 따른 피로감, 안전성 우려 등으로 반출요구가 커지고 있다.

그러나 △어떤 방식으로 반출할지 △한 곳에 모아 관리해야 할지, 여러 지역에 분산 저장하는 게 적합한지 △대체 부지를 정한다면 어디로 할 것인지 등 논란과 갈등이 끊이지 않아 수십년간 표류해왔다.

그러다 박근혜정부 때 본격 해결에 나섰다. 정부는 2013년 10월 '사용후핵연료 공론화위원회'를 출범, 20개월 동안 2만7000여명의 의견을 수렴하고, 35만명과 온라인에서 소통했다.

공론화위원회는 2015년 6월 사용후핵연료 관리 기본계획을 발표하며, 정부에 권고안을 제출했다. 원전내 임시저장시설에 보관중인 사용후핵연료는 △운영허가 기간 만료 전까지 안전한 저장시설로 이송 △2020년까지 지하연구소(URL) 부지 선정 후 중간처분장 착공 △2051년까지 연구처분장 건설 등이 골자였다.

산업부는 이를 토대로 2016년 '1차 고준위방사성폐기물 관리 기본계획'을 수립했다. 2028년까지 고준위폐기물 처분시설 부지를 선정하고, 2035년 중간저장시설, 2053년까지 영구처분시설을 운영하겠다는 내용이었다.

하지만 문재인정부 들어 이 내용을 전면 백지화했다. 박근혜정부시절 사용후핵연료 추진과정이 시민 · 환경단체 의견을 배제한 반쪽짜리 공론화였다는 주장이었다. 결국 문재인정부는 2019년 5월 '사용후핵연료 관리정책 재검토위원회'를 출범했고, 40회 이상 회의를 거쳐 2021년 4월 정부에 권고안을 제출했다. 특별법 제정(부지선정 절차 및 유치지역 지원 법제화)과 독립위원회 신설 필요 등을 제안했다.

박근혜정부때는 2051년 연구처분장 건설 등 구체적인 로드맵이 제시됐지만 문재인정부는 6년이 지난 후에 다시 내놓은 권고안에서 원론적 입장만 반복했다. 아울러 또다른 위원회 신설을 요구했다. '잃어버린 6년'이란 말이 나오는 이유다.

결국 문재인정부는 사용후핵연료 처분장 건설 정책에 있어 '오만'과 '무능'의 덫에 빠져 시간만 허비한 셈이 됐다. 이전 정권 정책은 무조건 잘못됐다며 국무회의 의결까지 거친 정부정책을 백지화한 '오만'과 별다른 결론을 도출해내지 못한 '무능'을 동시에 드러냈다.

정부, 2차 고준위 방폐물관리계획 수립

아무튼 산업부는 사용후핵연료 관리정책 재검토위원회의 권고안을 참고해 2021년 12월 '2차 고준위 방사성폐기물 관리 기본계획(안)'을 마련했다.[63] 기본계획에서 밝힌 로드맵은 부지선정 절차 착수 후 37년내 영구처분시설 확보가 핵심이다.

구체적으로는 △조사계획 수립 후 부지확정까지 약 13년 △관리시설 부지확보 이후 약 7년내 중간저장시설 건설 △관리시설 부지확보 이후 약 14년내 지하연구시설 건설 및 실증연구 등이다. (중간저장시설과 지하연구시설 건설기간은 중복) 이어 지하연구시설 실증연구 종료 후 약 10년내 영구처분시설을 확보한다는 구상이다. 영구처분시설은 핀란드식 심층처분에 활용되고 있는 다중방벽시스템을 우선 고려하되 심부시추공 등 기술적 대안도 병행 추진한다. 심부시추공처분(deep borehole disposal) 방식은 심층처분과 개념이 비슷하지만 사용후핵연료를 훨씬 깊은 지하 3~5km 암반층에 매립한다. 깊게 매

63) 산업통상자원부, 2차 고준위 방사성폐기물 관리 기본계획(안), 2021년 12월

립하므로 폐기물과 생태계 간의 물리적 거리가 멀어져 안전성이 보장되는 장점이 있다. 산업부는 원칙적으로 중간저장시설과 영구처분시설의 입지를 같은 곳으로 결정할 방침이다. 영구처분장이 건립되면 중간저장 과정에서 충분히 냉각된 고준위 방폐물은 반출하고, 모든 방폐물이 반출되면 중간저장시설을 해체한다.

한편 정부는 고준위 방사성폐기물 관리기술 확보를 위해 2023년부터 2060년까지 37년간 연구개발(R&D) 프로젝트에 1조4000억원을 투입하기로 했다.[64]

정부는 R&D 로드맵을 바탕으로 고준위 방폐물 안전 관리에 필요한 운반 · 저장 · 부지 · 처분 분야 104개 요소기술(세부기술을 대단위로 묶어 분류한 것)과 343개 세부기술을 확보할 계획이다. 현재 104개 요소기술 중 22개는 국내 기술력을 통해 이미 확보했으며 49개는 개발 중이고, 나머지 33개는 개발해야 한다. 국내 고준위 방폐물 관리기술은 현재 미국 스웨덴 핀란드 등 선도국가들과 비교했을 때 운반 분야 84%, 저장 분야 80% 수준이다. 하지만 부지와 처분 기술수준은 각각 62%, 57%로 더 처진다는 평가를 받고있다.

사용후핵연료 폭탄돌리기는 이제 그만

사용후핵연료 처분에 대한 공은 다시 윤석열정부로 넘어왔다. 윤석열정부는 문재인정부의 '잃어버린 6년' 실패를 반복해선 안될 것이다. 속된 말로 숙의과정에서 반대의견은 항상 나오기 마련이다. 박근혜정부나 문재인정부에서 공론화를 위한 위원회를 구성했을 때 '반쪽 공론화'란 지적은 똑같이 나왔다. 일부 위원들이 사퇴하는 일이 재탕됐고, 원점 재검토 주장도 반복됐다.

64) 산업통상자원부, 고준위 방사성폐기물 R&D 로드맵(안), 2022년 7월 21일

그러나 앞선 두 정부에서 마련한 내용의 공통점은 △중간저장시설과 지하 연구시설, 영구처분시설 건설이 시급하다는 것 △그러나 조성기간이 30년 이상 오랜 기간 소요된다는 것 △그렇지만 과학적 합리성과 사회적 합의가 필요하다는 것 △안전성이 전제돼야 한다는 것 등이다. 따라서 윤석열정부는 이러한 공통적인 원칙의 토대하에 공론화 등을 통해 향후 절차를 이어가야 할 것이다. 또다시 공론화 또는 재검토위원회 같은 위원회를 구성해 원칙을 재확인하는데 시간과 기회를 낭비해선 안된다.

다행스러운 것은 윤석열정부가 '사용후핵연료 관리정책의 차질없는 이행'을 국정과제의 핵심 실천과제로 선정한 점이다. 2022년 하반기 중으로 고준위 방폐물관리 특별법을 제정하고, 2023년 부지선정에 착수한다는 구상이다. 국무총리 산하에 전담조직을 신설하고, 처분시설 확보를 위한 37년간의 중장기 로드맵을 차질없이 시행하겠다는 의지도 밝혔다. 우리나라는 그동안 충분한 전력소비, 저렴한 전기요금 등 원전의 혜택을 누려왔다. 그러면서 사용후핵연료 처분장 문제는 다음세대, 다음정부로 공을 넘기는 '폭탄 돌리기'를 해왔다.

여기서 멈춰야 한다. 원전을 가동해야한다고 주장하면서 사용후핵연료 처분 문제를 등한시하는 건 무책임의 극치다.

핀란드·스웨덴, 영구처분장 추진중

해외사례를 살펴보면 아직 사용후핵연료 영구처분장을 운영 중인 나라는 없다. 핀란드와 스웨덴이 현재 건설 중이다.[65] 핀란드는 1983년 처분시설 부지확보에 착수해 2001년 올킬루오토를 부지로 결정했다. 이후 조사 · 평가,

65) 산업통상자원부, 2차 고준위 방사성폐기물 관리 기본계획(안) 참고자료, 2021년 12월

설계 · 인허가 등의 단계를 거쳐 2016년부터 건설 중에 있다.

현재 올킬루오토 · 로비사 등 2개 원전에서 한시적으로 임시저장시설을 가동하고 있으며, 2024년 본격 운영 예정이다.

스웨덴은 1992년 영구처분시설 부지확보 사업을 시작해 2009년 포스마크를 부지로 선정했다. 2011년 건설허가에 들어가 2019년 토지 · 환경분야 요구자료 보완을 마무리하고, 2022년 건설허가를 취득했다. 1985년 오스카샴 원전 부지내에 중간저장시설을 마련했다.

프랑스는 1987년 영구처분시설 부지확보로 첫 단추를 꿴 이후 2010년 뫼즈 · 오트마른 경계를 최종부지로 선정, 2022년 안에 건설허가를 신청할 예정이다. 중간저장시설은 1976년부터 라하그 지역에 운영하고 있다.

일본은 2002년부터 처분시설 부지확보 작업에 들어가 현재 2개 신청지역(슷쓰쵸, 가모에나이무라)을 대상으로 문헌조사를 벌이고 있다. 도카이 · 후쿠시마 등 2개 원전에 임시저장시설을 조성했으며, 롯카쇼 지역에 재처리시설, 무츠 지역에 중간저장시설을 짓고 있다.

미국은 1983년 처분시설 부지확보에 착수해 1987년 유카산을 부지로 결정했으나, 2010년 주민 수용성을 이유로 예산 전액 삭감 등 사업을 잠정 중단했다. 사업 중단과 함께 발족한 블루리본위원회는 2012년 합의에 근거한 새로운 부지선정 절차 마련, 전담기구 설치, 중간저장시설 · 처분시설 확보 등을 권고했다. 현재 70개 원전에서 한시적으로 저장시설을 운영하고 있으며, 중간저장시설은 텍사스 · 뉴멕시코 일대에서 민간 주도로 추진 중이다.

중국과 러시아는 지하연구시설을 건설 중이고, 독일 영국 스위스 체코 캐나다는 영구처분시설부지 선정작업을 진행하고 있다.

2. 재생에너지

재생에너지(renewable energy)는 태양에너지, 풍력, 조력, 파력, 지열 등 소비를 해도 이후 자연적으로 보충되는 재생 · 지속가능한 자원으로 만든 에너지를 말한다. 이 외에 수력, 바이오매스 등도 있다.

사실 햇빛, 바람, 나무 등 재생에너지는 인류의 역사와 함께 시작됐다. 그러다 1차산업혁명 이후 석탄 · 석유 소비가 급증했고, 20세기 들어 천연가스와 원자력도 주요 에너지원으로 부상했다.

이 과정에서 재생에너지는 인류의 관심에서 멀어져갔으나 21세기 기후변화 위기의식이 확산되면서 주목받고 있다.

재생에너지가 탄소중립 달성의 관건

태양광과 풍력발전 확대는 2050 탄소중립 달성을 위한 관건으로 꼽힌다. 햇빛과 바람 외에 다른 연료가 필요 없고, 고갈되지 않으며, 탄소배출이 없기 때문이다.

영국의 에너지기업 BP는 '2020년 에너지전망' 보고서에서 2050년 탄소중립을 실현하려면 석탄과 석유 사용을 현재보다 각각 92%, 75% 줄여야 한다고 주장했다. 그리고 그 빈자리는 재생에너지로 채워야 달성 가능하다고 내다봤다.

2018년 기준 국내 온실가스 배출량의 약 37%는 전력공급 부문이다. 따라서 석탄 등 화석연료 발전 비중을 줄이고, 태양광 · 풍력발전을 안정적으로 늘려

에너지의 전기화에 대비해야 한다.

정부는 2034년 최대 전력수요를 117.5GW로 전망했으며, 수요관리 · 전기차 보급 확산 등을 종합 고려해 목표 전력수요를 102.5GW로 도출했다. 4차 산업혁명에 따른 전력소비 영향은 반영하지 못했다.

9차 전력수급기본계획 수요전망 워킹그룹은 필요성을 논의했으나 "4차산업혁명에 따른 전력 사용패턴 예측이 불확실하다"며 "따라서 전력 소비량을 최대 전력으로 정량화해 반영하기 어렵다"는 결론을 도출했다.[66)]

다만 전기차 확산에 따른 최대 전력수요는 전기차 보급목표와 충전패턴 등을 반영해 2034년 기준 약 1GW 증가로 전망했다.

이처럼 전력수요 증가에 대비하고 탄소중립을 실현하려면 원자력과 재생에너지의 병행 추진이 현실적이다.

재생에너지 확대 필요성은 △탄소배출량이 없다는 점 △화석에너지의 고갈 상황을 대비할 수 있다는 점 △기후변화 문제가 국제사회 규범으로 떠오르면서 탄소배출 정도가 무역장벽으로 작용할 것이라는 점 등이다.

우리나라에서도 재생에너지 발전량이 빠르게 증가하고 있다.

한국전력공사 전력통계월보에 따르면 2021년 신재생에너지 발전량은 4만3085GWh로 우리나라 전체 발전량의 7.5%를 차지했다. 이는 사상 최고치로, 10년 전인 2011년 2.5%(1만2190GWh)보다 3배 늘어난 규모다. 탄소 배출이 많은 석탄발전의 경우 2021년 발전량이 19만7600GWh로 10년 전보다 2.6% 줄었고, 이 기간 발전 비중은 40.8%에서 34.3%로 6.5%p 하락했다.

66) 산업통상자원부, 9차 전력수급기본계획(2020~2034) 확정 · 공고, 2020년 12월 28일

▮ OECD 국가별 재생에너지 발전비중(2020년말 기준)

순위	국가	비중(%)	순위	국가	비중(%)
1	아이슬란드	100.0	19	영국	43.1
2	노르웨이	98.6	27	프랑스	23.8
3	덴마크	81.6	30	미국	19.7
4	뉴질랜드	80.6	32	일본	19.0
5	오스트리아	80.1	35	체코	12.8
8	캐나다	67.9	36	이스라엘	5.9
18	독일	43.6	37	한국	5.8

*출처:World Energy Balance (IEA, 2021)
*비중은 총 발전량 가운데 재생에너지 비중
*총 발전량은 양수발전 제외

한국, 재생에너지 비중 OECD 37개국중 꼴찌

하지만 주요국들과 비교하면 아직 갈아야 할 길이 멀다. 재생에너지 비중은 여전히 낮고, 계통 안전성 · 제조단가 급증 없는 효율 향상 등 풀어야 할 숙제가 산적해있다.

국제에너지기구(IEA)에 따르면 우리나라 재생에너지 발전비중은 2020년말 기준 전체 발전량의 5.8%에 이른다. 2019년 4.7%보다는 1.1%p 증가했지만 경제협력개발기구(OECD) 37개 회원국 중 꼴찌로 나타났다.

1위는 아이슬란드(100.0%)였으며, 노르웨이(98.6%)와 덴마크(81.6%)가 2 · 3위를 차지했다. 캐나다는 8위(67.9%), 독일 18위(43.6%), 영국 19위(43.1%), 프랑스 27위(23.8%), 미국 30위(19.7%), 일본 32위(19.0%) 순이었다. 체코(12.8%)와 이스라엘(5.9%)은 우리나라보다 각각 한 두 계단 앞선 35 · 36위에 이름을 올렸다.

한국의 재생에너지 발전비중 5.8% 중 에너지원별로는 태양광 3.1%, 바이오 1.4%, 수력 0.7%, 풍력 0.5%, 해양 0.1% 등이다.

2020년 한국의 재생에너지 발전량은 3만3875GWh로, OECD 국가 중 20위를 기록했다. 제조업 비중이 커 전력수요가 많다보니 발전량에 비해 재생에너지 발전비중이 적은 셈이다. 우리나라 GDP에서 제조업이 차지하는 부분은 약 28% 수준이다.

2020년 기준 재생에너지 발전량이 가장 많은 국가는 미국이 83만5251GWh로 압도적이었으며, 2위 캐나다 43만5072GWh, 3위 독일 25만667GWh, 4위 일본 19만4877GWh, 5위 노르웨이 15만1104GWh, 6위 영국 13만4298GWh 등이 뒤를 이었다. 2021년 세계 통계는 아직 공식 집계되지 않았다.

이처럼 주요국들은 탄소중립 등 기후변화 대응과 경기부양을 동시에 달성할 핵심수단으로 재생에너지를 적극 육성하고 있다. 재생에너지는 각국 정부의 정책지원과 경제성 향상 등에 힘입어 2030년 이후 세계 각국의 주(主) 전원으로 부상할 전망이다.

IEA는 '전 세계 에너지원별 발전비중' 전망을 통해 재생에너지 비중이 2019년 26.6%(수력 제외시 10.6%)에서 2030년 38.2%(22.7%), 2040년 46.9%(32.1%)에 이를 것으로 내다봤다.

반면 석탄발전 비중은 2019년 36.6%에서 2040년 22.4%로, 같은 기간 원자력발전은 10.4%에서 8.6%로 각각 줄어들 것으로 예상했다.

한편 수소는 재생에너지 저장수단이자 수송연료, 열, 원료 등 다방면에서 활용 가능한 친환경에너지원으로 부상했다. 주요국들은 아직 초기단계인 수소경제 선점을 위해 수소 생산에서부터 공급, 저장, 활용 등 생태계 조성 경쟁에 돌입했다. 수소에 대해서는 〈5장 3.수소〉에서 보다 구체적으로 살펴보기로 한다.

■ 지역별 재생에너지 발전 비중

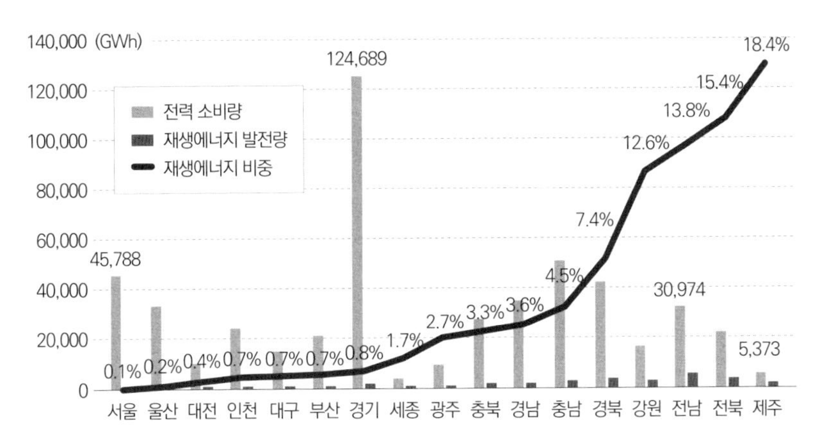

*출처:한국전력통계 2021(환경운동연합 재구성)

한국, 지역별 재생에너지 비중 편차 커

우리나라 재생에너지 보급 특징 중 하나는 지역별 편차가 크다는 점이다. 아무래도 태양광발전은 일조량이 상대적으로 풍부한 전남 · 전북과 경북 · 충남에 많고, 풍력은 바람세기가 강한 강원 산간과 제주에 많이 설치돼 있다.

한국전력통계에 따르면 2020년 기준 전력소비량 대비 태양광과 풍력발전 비중이 5% 이상인 광역지방자치단체는 5곳에 불과하다. 제주 18.4%, 전북 15.4%, 전남 13.8%, 강원 12.6%, 경북 7.4% 등이다. 이들 5개지역에 설치된 비중이 전체의 67.6%에 달한다. 이어 충남 4.5%, 경남 3.6%, 충북 3.3%, 광주 2.7% 순이다.

그런데 특정지역에서 재생에너지 설치용량이 너무 많을 경우 전력계통 불안정을 초래할 수 있다.

반면 광주 · 세종을 제외한 특별시 · 광역시는 모두 1% 미만이다. 서울이 0.1%로 가장 낮고, 울산 0.2%, 대전 0.4%, 인천 0.7%, 대구 0.7%, 부산 0.7% 등이다. 경기도는 전력소비량이 12만4689GWh로, 서울 4만5788GWh보다 2.7배 이상 많지만 태양광 · 풍력발전 비중이 0.8%에 불과했다.

대도시의 재생에너지 비중이 낮은 것은 일조량 · 바람 등 자연조건 외에도 절대적인 입지부족, 주민수용성 애로 등이 원인으로 꼽힌다. 따라서 도심권을 중심으로 제로에너지건축물 확대, 건물 외벽과 옥상 등을 활용한 보급방안이 추진되고 있다.

제로에너지건축물은 건물의 사용에너지와 생산에너지의 합이 0(넷제로)이 되는 건축물이다. 하지만 현재의 기술수준과 경제성 등을 고려해 신재생에너지를 활용해 전력을 생산하고, 에너지소비는 최소화한 건축물을 의미한다. 에너지자립 수준에 따라 등급을 부여(1등급 100%, 5등급 20%)하며, 용적률 완화 등 인센티브를 제공한다.

'지역에너지 분권 강화'와 관련해서 환경운동연합과 녹색에너지전략연구소, 기후솔루션은 △지역 에너지전환 지원조직 설립 확대 및 역할 강화 △주민참여 재생에너지 확대 △에너지다소비 규제 강화 및 재생에너지 지역불균형 해소 등을 대안으로 제시했다. 지역 에너지전환 지원조직 설립 확대의 경우 △광역단위 에너지공사 및 기초단위 에너지지원센터 설치 △지역별 재생에너지 확대계획 수립 등이다. 주민참여 방안은 △합리적이고 투명한 이익공유 제도화 △주민참여 활성화를 위한 신재생에너지의무공급(RPS) 제도 개선 △농민이 주도하는 영농형 태양광 활성화 등을 추진한다.

에너지다소비 규제 강화 및 재생에너지 지역불균형 해소를 위해서는 △건물 도로 철도 공공시설 등 재생에너지 설치 의무화 △지방정부 인식개선 에너지분권 강화 △지역별 전기요금 차등제(재생에너지 발전비율, 전력 자립률 반

영) 도입을 제안했다.[67]

한편 개인이 주택 등에 설치한 소규모 태양광은 전국적인 재생에너지 확대뿐 아니라 전력부하를 낮추는 기여도 적지 않을 것으로 보인다.

개인 소유 소규모 태양광발전은 자체적으로 소비한 후 남은 전력을 한전에 판매하는 경우가 대부분이다. 이때 자체 소비한 전력만큼 전체 전력시장에서 수요가 감소하기 때문에 발전 · 송전부담을 줄이는 효과가 있다.

산업통상자원부에 따르면 전력시장에 전력을 판매하지 않는 '전력시장 외 태양광발전' 효과를 추산(2021년 7월 기준)한 결과 여름철 피크 시간대인 14~15시 사이 태양광발전 비중이 전체 수요의 11.1%를 차지한 것으로 나타났다.

이런 점을 고려하면 태양광 자가 설치에 대한 지원책이 확대될 경우 전력부하를 낮춰 결과적으로 국가 에너지수급 구조를 개선할 수 있을 것으로 기대된다.[68]

10차 전력수급기본계획, 재생에너지 비중 9% 하향

우리 정부가 2001년 1차 신재생에너지 기본계획을 세울 당시만 해도 1차에너지 중 신재생에너지 비중 목표는 2%(2003년 기준) 수준이었다. 당시 신재생에너지 범위에는 태양광 풍력 수소 외에도 폐기물, 석탄가스화복합발전(IGCC)까지 포함돼 있었다. 현재 NDC 상에는 폐기물, IGCC 등이 제외돼 있는 점을 고려하면 1차 계획은 훨씬 포괄적이었다. 2차 기본계획도 2011년까지

67) 환경운동연합 · 녹색에너지전략연구소 · 기후솔루션, 2022 재생에너지 확대를 위한 정책 제안서, 2022년 1월 26일
68) 노지은 · 강창식 · 김택원, 에너지경제연구원, 에너지포커스 2021년 겨울호, 에너지지표로 살펴보는 한국의 탄소중립, 2021년 12월 30일

■ 우리나라 신재생에너지 기본계획 주요내용

구분		1차	2차	3차	4차	5차
수립일		2001년 2월	2003년 12월	2008년 12월	2014년 9월	2020년 12월
계획기간		2001~2003년 (3년)	2003~2012년 (10년)	2009~2030년 (22년)	2014~2030년 (17년)	2020~2034년 (15년)
목표	1차에너지 비중	2003년까지 2%	2011년까지 5%	2030년까지 11%	2030년까지 14.3%	2034년까지 13.7%
	전력 비중	해당 없음 (2002년 9월 근거규정 신설)	2011년까지 7%	2030년까지 7.7%	2030년까지 21.6%	2034년까지 25.8%
	온실가스 감축	해당 없음 (2006년 9월 근거규정 신설)		2030년까지 누적 11억톤CO_2	2030년까지 누적 9.9억톤CO_2	2034년 기준 6900만톤CO_2

*출처:산업통상자원부
*5차 계획은 1차에너지 비중 대신 최종에너지 비중으로 기준이 바뀜. 온실가스 감축량은 누적이 아닌 2034년 한해 목표치임.

5%로 확대한다는 목표를 수립하는 등 소극적이었다.

그러다 3차 계획때 2030년 11%, 4차 계획땐 2030년 14.3%로 대폭 확대하면서 적극적인 입장으로 바뀌었다. 5차 계획에서는 국제추세 및 다른 국가와 비교의 용이성을 위해 기존 1차에너지 기준에서 최종에너지 기준으로 변경했다.[69]

그리고 2034년 최종에너지 중 신재생에너지 비중을 13.7%(재생에너지 12.4%, 신에너지 1.3%)로 수립했다. 3차 에너지기본계획의 목표 시나리오(2040년 신재생에너지 보급률 30~40%)와의 정합성에 초점을 맞췄다.

또 5차 계획에서는 신재생에너지 발전량 비중 목표를 2034년 25.8%(재생

69) OECD 37개 국가 중 EU 회원국 등 26개국이 최종 에너지 기준 사용. 1차 에너지 기준을 사용하는 국가는 중국 일본 등 11개국

■ 2030년 전원믹스 구성안

(단위:TWh)

구분		원자력	석탄	LNG	신재생	암모니아	양수	합계
2018년 (실적)	발전량	133.5	239.0	152.9	35.6	5.7	3.9	570.7
	비중	23.4%	41.9%	26.8%	6.2%	1.0%	0.7%	100%
2030년 (계획)	발전량	146.4	133.2	119.5	185.2	22.1	6.0	612.4
	비중	23.9%	21.8%	19.5%	30.2%	3.6%	1.0%	100%

*출처:2030 국가 온실가스 감축목표(NDC) 상향안(2021년 10월)
*2018년(실적) 중 발전량 5.7, 비중 1.0%는 유류임.

■ 제10차 전력수급기본계획 실무안(2022년 8월)

(단위:TWh)

구분		원자력	석탄	LNG	신재생	무탄소	기타	합계
2030년 (계획)	발전량	201.7	130.3	128.2	132.3	13.9	8.6	615.0
	비중	32.8%	21.2%	20.9%	21.5%	2.3%	1.3%	100%

*출처:산업통상자원부
*무탄소 발전:수소+암모니아

에너지 22.2%, 신에너지 3.6%)로 늘려 잡았다.[70]

9차 전력수급기본계획에서는 신규 재생에너지 설비(사업용+자가용) 62.3GW 보급을 통해 2034년 재생에너지 발전비중 22.2%(141.2TWh)를 달성하겠다고 밝혔다. 재생에너지 사업용 발전량(135.4TWh)와 자가용 발전량(5.8TWh)의 합계다. 석탄가스화복합발전(IGCC)과 연료전지 등 신에너지는 포함하지 않는 목표치다. 이 외에 탄소중립 실현을 위한 과정으로서 재생에너지 발전량 비중은 발표시기와 발표기관에 따라 다소 차이를 보이고 있다. 탄소중립위원회가 수립한 2050 탄소중립 시나리오에는 70.7%(A안), 60.9%(B안)까지 확대하고, 2030 온실가스 감축목표(NDC)안에서는 신재생에너지 전력비중이

70) 산업통상자원부, 5차 신재생에너지 기술개발 및 이용 · 보급 기본계획, 2020년 12월

30.2%로 책정돼 있다. NDC안에서 원자력은 23.9%, 석탄 21.8%, LNG 19.5%, 암모니아 3.6% 순이다. NDC는 우리나라 온실가스 배출량을 2030년까지 2018년 대비 40% 감축하는 것으로 돼 있다. 이처럼 재생에너지 발전비중 전망(목표)이 다른 양상을 보이지만 일단 문재인정부시절 탄소중립위원회의 시나리오 A · B안은 윤석열정부가 들어서면서 사실상 폐기됐다고 볼 수 있다.

윤석열정부는 "탄소중립-녹색성장 거버넌스의 전략적 재구성이 필요하다"면서 "탈원전 폐기 공식화, 재생에너지와 원전의 조화로 에너지믹스를 합리적으로 조성하겠다"고 밝히는 등 에너지원별 발전비중 변화를 예고했다. 에너지 · 산업 · 수송부문 NDC 달성방안 수정도 공식화했다.[71] 다만 윤석열정부도 2030년 NDC는 준수한다는 방침이다. 따라서 재생에너지 발전비중의 경우 국무회의 의결까지 거친 2030년 NDC의 30.2%를 기준 값이었다.

하지만 법정계획에는 아직 반영되지 않았기 때문에 실제 수급계획에 반영 안되면 이 수치 또한 선언적인 의미에 그친다. 산업부는 '제10차 전력수급기본계획(전기본)' 실무안을 통해 이러한 방향을 공식화했다. 실무안에 따르면 2030년 원전 발전량은 전체 발전량의 32.8%, 재생에너지 발전량은 21.5%다. 이는 문재인정부때 확정한 '2030년 NDC안'보다 원전은 8.9%p 상향, 재생에너지는 8.7%p 하향된 수치다.

한편 5차 신재생에너지 기본계획에 따르면 재생에너지 보급을 통한 2034년 온실가스 감축량 목표는 6900만톤CO_2에 이른다. 이는 2017년 감축량 1460만톤CO_2과 비교해 4.7배 증가한 규모다.

2017년 대비 발전부문 3470만톤CO_2, 최종에너지 1970만톤CO_2을 추가 감

71) 20대 대통령직 인수위원회, '윤석열정부 110대 국정과제' 중 에너지안보 확립과 에너지 신산업 · 신시장 창출, 2022년 5월

축한다는 목표다. 감축량은 부문별 재생에너지 보급목표에 대체대상 에너지원의 배출계수를 적용해 산정했다.

태양광·풍력 방대한 부지 어떻게 확보할까

탄소중립 달성을 위해 재생에너지 보급 확대가 필수요소이지만 건설–송전 · 배전–운영 등 단계별로 해결해야 할 과제가 있다.

우선 건설단계에서는 막대한 부지가 필요하고, 태양광의 경우 산림훼손, 풍력의 경우 소음 · 어민 생존권(조업권) 등 주민수용성 확보가 선결요건이다. 송전 · 배전단계에서는 전력계통의 안정성이 필요하고, 운영단계에서는 변동성 · 간헐성 문제를 풀어야 한다.

9차 전력수급기본계획에 명시된 2034년 재생에너지 발전비중 22.2%(신에너지 포함시 26.3%)를 달성하려면 총 78GW(사업용+자가용)의 설비가 필요하다. 2021년말 기준 국내 재생에너지 설비용량은 27GW다.

2034년 78GW 목표를 달성하려면 51GW의 재생에너지 설비가 신규 설치돼야 하는 셈이다. 9차 전력수급기본계획은 2020년 12월에 수립된 것으로, 당시 62.3GW의 신규설비가 필요하다고 분석한 것과 차이가 있다. 국제에너지기구(IEA)에 따르면 2020년말 기준 우리나라 재생에너지 발전비중 5.8% 중 태양광이 3.1%로 절반이 넘고, 수력 0.7%, 풍력 0.5% 등이다. 1GW의 태양광을 설치하려면 일반적으로 부지 10km^2(약 303만평)이 소요된다.

원전 1기(1.4GW)에 해당하는 태양광발전을 건설할 경우 14km^{2}의 부지가 있어야 하는 셈이다.[72] 서울 여의도 면적(2.9Km^2)의 4.8배 규모가 필요하다.

[72] 한국형 원전인 APR1400은 1개호기 설비용량이 1.4GW임. 건설할 때 1 · 2호기 묶어 함께 조성하며 이때 필요한 부지면적(1.4GW×2기)은 약 1.5km^2(45만평)임.

육상풍력은 4km^2, 해상풍력은 200km^{2}의 면적이 확보돼야 1GW 규모의 발전시설을 조성할 수 있다. 다만 해상풍력의 경우 해당면적의 90% 이상 지역에서 어업조업 등이 가능하다는 게 관련업계의 설명이다. 발전설비 1GW는 1년 풀가동할 경우 주택용 도심가구 240만세대가 전기를 사용할 수 있는 양이다. 2010년대 중반 국내 재생에너지 보급이 본격화되면서 태양광발전시설을 위한 산지전용 허가도 급증했다.

산림청의 '태양광발전시설 설치목적 산지전용 허가현황'에 따르면 2010년 30헥타르(ha), 2011년 21ha, 2012년 22ha, 2013년 44ha, 2014년 176ha로 증가세를 보였다. 이어 2015년 522ha로 급증했고, 2016년 529ha, 2017년 1435ha, 2018년 2443ha에 이르는 등 산지 태양광 설비가 가파르게 늘었다.

이 과정에서 산림훼손 논란이 거세게 일었다. 산지에 태양광 · 풍력발전 설비를 설치하려면 해당 부지에 있는 나무를 제거해야 한다. 아울러 설비를 설치하고 관리하려면 산길을 내야하는데, 이 과정에서 산림훼손이 불가피했기 때문이다.

국민의힘 조명희 의원(비례대표)은 2021년 7월 1일 국회 본회의 자유발언에서 "문재인정부의 태양광 정책으로 259만그루의 나무가 벌채됐다"며 "훼손된 산림 면적만 5140ha로, 여의도 면적의 17배나 된다"고 말했다.

1ha는 1만㎡로, 약 3025평이다. 그는 "문재인정부의 탄소중립, 탄소제로 정책 실상은 산림제로, 국토제로 정책"이라고 비판했다. 하지만 조 의원 발언은 '과거 팩트이고, 틀린 주장'으로 확인됐다.

2010년대 중반 산지 태양광 허가 면적이 급증했던 배경에는 우리나라 국토의 70%가 산지라는 점과 땅 값이 저렴해 설치비용이 적게 든다는 데 있었다. 산지를 제외하고 탄소중립 목표에 맞춰 태양광이나 풍력발전 시설을 건립하기 쉽지 않은 현실도 작용했다. 이 외에도 정부의 재생에너지 확대정책과 밀접히 연관돼 있다.

2012년 신재생에너지공급의무화제도(RPS)를 시행하면서 일정규모(50만kW이상) 이상 발전설비를 보유한 발전사업자는 총 발전량의 일정비율을 신재생에너지로 공급하도록 의무화했다.[73] 대상 기업들은 과징금을 내지 않기 위해 산지 등에 태양광사업을 적극 추진했다.

의무공급량 비율은 2012년 2.0%에서 2020년 7.0%, 2022년 12.5%로 늘었으며, 2026년 이후 25.0%로 예정돼있다. 5차 신재생에너지 기본계획에서 제시한 2034년 신재생에너지 발전비중 25.8%를 달성하려면 RPS 의무비율을 38%까지 늘려야 한다는 분석도 나온다. 이행하지 못하면 과징금을 내야 한다. 시행 첫해인 2012년에는 6개사에게 254억원의 과징금이 부과됐으나, 2015년 이후에는 모든 기업이 의무기준을 지켜 과징금 부과내역이 없다.

또 2014년 9월 산업통상자원부의 고시 개정(2015년 3월 시행)으로 신재생에너지 공급인증서(REC)에서 임야 태양광의 발전가중치 0.7을 폐지한 후 산지 태양광으로 수요가 몰렸다. 2015년 태양광발전시설을 위한 산지전용 허가면적이 전년대비 3배 이상 급증한 이유다.

하지만 산에 설치하는 태양광 발전이 산림을 파괴한다는 지적이 잇따르자 문재인정부 집권 2년차인 2018년 태양광 허가 조건을 강화했다. 태양광을 설치할 수 있는 경사도 기준을 강화해 태양광발전 시설로 인한 산사태 등 산림 훼손을 사전에 막았다.

73) 2022년 기준 대상기업은 24개사. 한국수력원자력, 한국남부발전, 한국남동발전, 한국동서발전, 한국서부발전, 한국중부발전, 한국지역난방공사, 한국수자원공사, SK E&S, GS EPS, GS파워, 포스코에너지, 씨지앤율촌전력, 평택에너지서비스, 대륜발전, 에스파워, 포천파워, 동두천드림파워, 파주에너지서비스, GS동해전력, 포천민자발전, 신평택발전, 나래에너지서비스, 고성그린파워 등임.

■ 신재생에너지 공급인증서(REC) 태양광 가중치

가중치	대상에너지 및 기준	
	설치 유형	세부 기준
1.2	일반 부지에 설치하는 경우	100kW 미만
1.0		100kW 부터
0.8		3000kW 초과부터
0.5	임야에 설치하는 경우	-
1.5	건축물 등 기존 시설물을 이용하는 경우	3000kW 이하
1.0		3000kW 초과부터
1.6	유지 등의 수면에 부유하여 설치하는 경우	100kW 미만
1.4		100kW 부터
1.2		3000kW 초과부터
1.0	자가용 발전설비를 통해 전력을 거래하는 경우	

*출처:한국에너지공단 *2022년 5월말 기준
*이 외에 매립지가스·목재펠릿 0.5 / 육상풍력 1.2 / 연료전지 1.9 / 해상풍력 2.0~2.5

또 태양광발전 시설 조성시 산지전용 허가를 받을 수 있었던 제도를 '일시사용'만 허가하도록 변경했다. 최대 20년 동안 산지에 조성된 태양광발전 시설을 운영한 후 사용기간을 연장하지 않을 경우 해당 부지를 산지로 복원하도록 한 것이다. 태양광시설 설치로 지목변경을 노린 부동산 투기를 막는 효과도 있었다. 그 결과 문재인정부 3년차인 2019년부터 태양광발전을 위한 산림허가 건수가 1024ha(2018년 2443ha)로 줄었고 2020년 229ha, 2021년 53ha로 급감했다. 2019년부터는 산지보다 유휴농지나 수상태양광 발전시설이 늘었다.

정부는 나아가 제로에너지건축물 확대, 산업단지 지붕 · 용배수로 등 유휴부지 활용을 유도하고 있다.

또 문재인정부의 탄소중립 정책이 "산림제로 정책"이라는 주장은 사실과 달랐다. 오히려 박근혜정부 시절부터 점진적으로 증가해온 산지 태양광의 문제를 바로잡았다고 보는 게 맞다.

한편 방대한 부지확보 문제를 해결할 대안 중 하나는 발전설비 효율을 높이는 일이다. 건물 남향 벽면만 활용해도 건물태양광 잠재량이 30% 증가할 것으로 추정된다. 산업부와 관련업계에서는 2021년말 기준 국내 태양광발전의 효율을 약 20%로 추산하고 있다.

기술개발을 통해 향후 2034년 40%로 끌어올린다는 목표를 세웠다. 이를 위해 정부와 기업들은 공동으로 결정질 실리콘 한계효율 30% 극복을 위한 페로브스카이트 기반 텐덤 셀 등 기술개발에 나섰다. 신기술로 설비이용률을 높이고, 제조단가를 낮춰 재생에너지 보급을 확대한다는 구상이다.

삼면이 바다인 한국, 수상태양광 잘 활용해야

세계적으로 수상태양광이 부상하고 있다. 바다나 호수, 저수지 등의 수면 위에 태양광패널을 설치하는 방식이다. 수상태양광은 태양광패널을 부력체에 설치한 뒤 물에 떠내려가지 않도록 계류장치(Mooring Device)와 연결한다. 물 위에 설치하기 때문에 패널에서 나오는 열을 식히기 좋다. 이러한 냉각효과로 수상태양광 패널의 효율은 일반 육지태양광 패널보다 5~10% 좋은 것으로 알려졌다.

태양광패널이 직사광선을 차단해 수분증발을 막고, 수중 생태계에 긍정적인 영향을 끼친다는 평가도 있다.

다만 수상태양광 보급 확대를 위해서는 해결해야 할 과제가 있다. 일부 수상태양광발전시설이 설치된 곳에서 녹조가 증가하는 등 수질환경이 악화됐다는 주장이 나오고 있기 때문이다. 수중생태계에 미칠 영향 등에 대한 원인규명이 정확히 되지 않은 것이다.

기술적인 면에서는 새똥이나 미생물에 의한 태양광패널의 '생물오손'(미생물이 붙어 생물막을 형성하면서 구조물에 영향을 주는 현상)이 육지보다 수상에서 더 큰 것도 문제다.

현재 수상태양광의 전력생산 비중은 미미하다. 2020년 기준 전 세계 수상태양광 발전용량은 3GW다. 이에 비해 육상 태양광발전은 700GW가 넘는다.[74)]

그러나 전 세계에 방대한 규모의 저수지가 존재하는 것을 고려하면 수상태양광의 확장 잠재력은 크다. 과학전문지 네이처(Nature)에 따르면 전 세계 저수지 총면적은 대략 프랑스 국토면적과 비슷하다.

전 세계 수력발전 저수지 총면적의 10%에 수상태양광을 설치한다면 4000GW의 전력을 생산할 수 있다. 이는 현재 전 세계에서 운영되는 화석연료 발전소 용량과 비슷한 규모다.

네이처가 2050년 탄소중립을 달성하기 위해 필요한 수상태양광 용량을 조사한 결과 미주와 아프리카 국가들의 잠재력이 큰 것으로 나타났다. 특히 브라질과 캐나다는 총 저수지 면적의 5%에 수상태양광을 설치하더라도 전력수요를 충당할 수 있다.

2024년 완공 예정인 인도네시아 바탐섬의 수상태양광은 16km^2(약 484만 평) 수상에 태양광발전소를 만들어 2.2GW 전력을 생산할 계획이다.

반면 유럽 · 중동국가들은 수상태양광 패널을 설치할 저수지가 부족하다. 네이처는 중국이나 한국 일본 등 일부 산업국가들의 경우 2050년 태양광발전 수요가 워낙 많아 모든 저수지를 태양광패널로 덮어도 수요를 맞추기 어렵다고 진단했다.

---

74) 네이처(Nature), 'Floating solar power could help fight climate change ? let's get it right', 2022년 6월 7일, https://www.nature.com/articles/d41586-022-01525-1

국내 최대 규모의 수상태양광 발전시설이 조성된 합천댐 전경. **사진** 한국서부발전

그렇지만 수상태양광은 우리나라처럼 국토가 좁거나 삼면이 바다인 경우 적합한 전략 중 하나로 꼽힌다. 실제로 한국은 산림훼손 폐해를 막기 위해 산지 태양광발전을 줄이면서 수상태양광이 조금씩 증가하는 분위기다.

한화큐셀과 한국수자원공사가 충북 제천시 한수면 일대에 2017년 준공한 청풍호 수상태양광은 설비용량이 3MW로 연간 4000MWh 전력을 생산한다. 연간 1000여가구가 사용할 수 있는 전력이다.

한국중부발전은 2020년 전남 고흥군에 남정수상태양광발전소를 조성했다. 25MW급 태양광발전 설비로 1만3000여 가구가 1년동안 사용할 수 있는 3만5770MWh 규모의 전력을 생산한다.

국내 최대 수상태양광발전시설은 한국서부발전이 조성했다. 2021년 11월 이후 경남 합천면 일대 저수지 46만7000㎡에 합천댐 수상태양광을 운영 중이다. 설비용량은 41.5MW로, 연간 2만여가구에 전기를 공급할 수 있는 규모다. 태양광패널 모양을 합천군의 군화인 매화를 형상화해 만들어 시각적인 효과도 좋다.

한편 사막은 일사량이 풍부한 데다 방대한 부지가 있어 대규모 태양광발전소 건립 후보지로 적합하다는 의견이 있었다. 하지만 상쇄효과(trade-off)가 크다는 주장이 설득력을 얻고 있다.

연구자들이 사하라사막을 대상으로 모델링한 결과 이곳에 대규모 태양광패널을 설치할 경우 주변 온도를 낮춰 전 세계 공기흐름 패턴을 바꾼다. 아마존에 가뭄을 일으키거나 북극 빙하를 녹일 수 있다는 우려가 제기됐다. 또 사막에서 만든 전력을 수요지까지 끌고 올 경우 송배전 비용이 막대하기 때문에 '배보다 배꼽이 큰' 정책이 될 수 있다.

탄소중립 실현위한 해상풍력 역할론 커져

탄소중립 실현을 위한 재생에너지로 해상풍력의 역할론이 커지고 있다. 해상풍력은 △대규모 단지 개발 가능 △높은 잠재량 △낮은 환경영향 등의 장점이 있다. 이용률은 약 40%로 태양광 및 육상풍력 20% 보다 두배가량 높다. 또 제조업(조선 기계 철강) · 건설업(전기 토목)과 연계해 상생발전이 가능하고, 고용 유발효과가 커 지역경제 활성화에도 긍정적이다.

세계 풍력에너지협의회(GWEC)에 따르면 2020년말 기준 세계 해상풍력 설치규모는 35.3GW에 이른다.[75] 최근 10년간 연평균 증가율은 육상풍력 13.7%, 해상풍력 22.7%다.

유럽, 중국이 설치를 지속적으로 확대하는 가운데 일본, 대만 등 아시아와 미국도 해상풍력 확대를 추진하고 있어 2030년 누적설치 규모는 270GW로

75) 세계 풍력에너지위원회(GWEC), 글로벌 해상풍력 보고서(Global Offshore Wind Report 2021), 2021년 9월

■ 세계 해상풍력 국가별 점유율

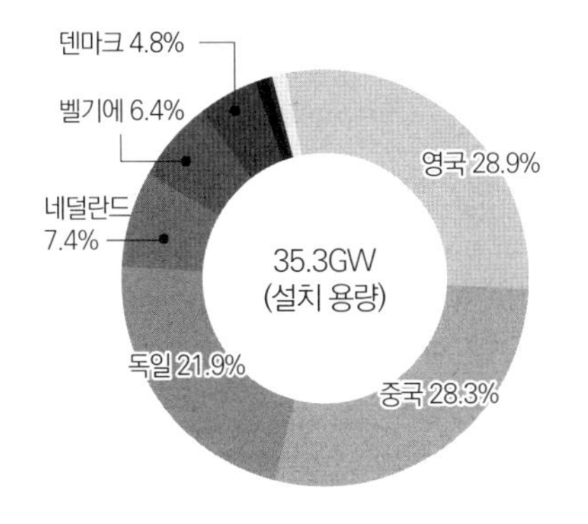

■ 스웨덴 0.5% ■ 대만 0.4%
■ 한국 0.4% ■ 기타 1.0%

*출처:세계 풍력에너지협의회(GWEC, Global Offshore Wind Report 2021)
*2020년 말 기준

예상된다. 향후 10년간 235GW 규모의 해상풍력 설비가 새로 설치될 것이란 전망도 내놨다.

GWEC는 연간 해상풍력 설치량이 2020년 6.1GW에서 2025년 23.1GW로 4배 가까이 증가하고, 같은기간 세계 신규 설치 점유율은 6.5%에서 20%로 증가할 것으로 내다봤다.

유럽은 2020년말 현재 가장 큰 지역 해상풍력 시장을 형성하고, 영국이 누적 해상풍력 발전용량 측면에서 세계 1위를 유지(점유율 28.9%)하고 있다. 하지만 가까운 장래에 유럽 이외 성장의 대부분은 중국 대만 등 아시아 국가가 차지할 것으로 보인다.

중국(28.3%)은 독일(21.9%)을 제치고 세계 2위의 해상풍력 시장이 됐다. GWEC는 일본과 한국의 중요성도 예견했다.

우드맥킨지는 해상풍력에 대해 더 공격적인 전망을 내놨다. '1조 달러 규모의 해상풍력 발전기회 탐색' 보고서에서 해상풍력 총 설비용량은 2020년 34GW(GWEC의 35.3GW와 다소 차이 있음)에서 2030년 330GW에 이를 것으로 예상했다.[76] 같은 기간 대규모 해상풍력 발전소를 보유하는 국가는 9개

76) 쏘렌 래슨(Soren Lassen) · 크리스 세이플(Chris Seiple), 우드맥킨지, 1조 달러 규모의 해상 풍력 발전 기회 탐색(Navigating the trillion-dollar offshore wind opportunity), 2022년 5월

국에서 24개국으로 증가하고, 향후 10년 동안 미화 1조달러가 해상풍력 산업으로 유입될 것으로 전망했다.

우드맥킨지는 또 "해상풍력은 세계 경제의 탈탄소화를 지원하는 핵심 기술 중 하나가 될 태세"라며 "기술은 입증되었으며, 비용은 2015년에서 2020년 사이에 50% 감소했으며 더 떨어질 것"이라고 내다봤다. 2021년 12월 덴마크에서는 해상풍력 프로젝트에 대한 완전 무보조 계약이 세계 최초로 수주되기도 했다.

한국은 2030년 해상풍력 설비 12GW 준공을 토대로 세계 5대 해상풍력 강국으로 성장하겠다는 목표를 세웠다.[77]

하지만 2021년말 기준 상업운전 중인 해상풍력은 124.5MW에 그치고 있다. 탐라(30MW), 영광(34.5MW), 서남해(60MW) 등이다. 이 외에 2022년 4월말 기준 전기위원회로부터 발전사업 허가를 받은 해상풍력 프로젝트는 55개 단지(17GW)다. 설비용량은 정부 보급목표(2030년 12GW)를 넘어선 규모다.

정부는 △전남 서부권(신안 영광) △전남 남부권(여수 고흥 완도 진도) △동남권(울산 부산 경남) △중부권(인천 경기 충남) 등 4개 권역으로 나눠 관리하고 있다. 해상풍력은 입지 발굴, 인허가, 설치 등에 7년 이상 소요되므로 2030 NDC(재생에너지 비중 2030년 30.2%)에 기여하려면 속도를 내야 한다.

풍력발전도 건설과정에서 주민들의 반대가 거세다. 풍력발전 과정에서 발생하는 소음에 대한 민원과 해상풍력의 경우 생존권을 주장하는 어민들의 반발이 만만치 않다. 해상풍력 발전기가 바다 곳곳에 설치되면 어장 훼손 및 생

77) 관계부처 합동, 해상풍력 발전 방안, 2020년 7월 17일

태계 파괴로 조업이 불가능하다는 주장이다. 이에 해당 지자체는 해상풍력 발전단지사업이 추진되는 지역을 중점 갈등관리 대상으로 정하는 일이 늘고 있다. 다만 정부나 관련기업들은 앞에서 언급했듯 해상풍력 면적의 90% 이상에서 조업활동이 가능하다는 입장이다.

아울러 정부는 정부주도 적합부지 발굴(지자체가 주도하는 집적화단지 형태로 대규모 단지 개발), 지역주민 지원 확대 및 이익 공유, 제조단지 등 인프라 구축, 공용 접속망 선제적 설치 등을 적극 추진하기로 했다. 이렇게 되면 사업 준비기간도 2년 이상 단축해 5년내 준공이 가능하다.

시장 확대를 통한 해상풍력 발전단가(LCOE)는 2020년 225~282원/kWh에서 2030년 132~165원/kWh으로 40% 인하가 기대된다.

초대형 풍력터빈, 부유식 해상풍력 플랫폼 등 기술 국산화에도 전력을 다해야 한다. 세계 풍력시장은 독일 지멘스(Simens)와 덴마크 베스타스(Vestas), 미국 GE 등 전통적인 풍력제조 업체 외에도 최근들어 엔비전(Envision)을 포함한 중국업체들의 약진이 두드러지고 있다. 국내업계는 소수의 터빈기업과 중소 부품기업으로 구성된 데다 내수시장 지연으로 기술 및 가격경쟁력에서 열세를 보이고 있다.

상용화터빈도 국내에선 두산에너빌리티가 8MW를 개발하고 있지만 글로벌 선도업체인 GE와 지멘스는 각각 14MW를 개발 중이다. 풍력 터빈 시스템은 육상 및 해상 풍력발전 프로젝트에서 가장 핵심적인 기술요소로 평가된다.

한편 대만은 2026년부터 2035년까지 10년간 총 15GW 규모의 해상풍력을 추가 개발할 계획이다.[78)]

78) 코트라(KOTRA) 타이페이무역관, 2022년 대만 풍력발전 산업 정보, 2022년 3월 15일

주목할 점은 대만의 해상풍력단지 개발 정책에는 국산화규정이 포함돼 있다. 국산화품목을 총 27개로 구분하고, 2021년부터 10개 품목에 국산화(자국 내에서 생산)를 요구하고, 2024년부터 모든 품목으로 확대 적용한다는 방침이다. 핵심품목마다 국산화비율이 최소 60% 이상 되도록 하고, 초과되는 물량에 대해서는 가산점 부여 등 인센티브를 제공한다. 기어박스, 해저케이블, 부유식 하부구조물, 해상변전소용 전력설비 등 국산화가 어려운 부분을 고려했다.

풍력발전단지 개발사업은 발전소 계획단계부터 건설, 운영에 이르기까지 전주기에 걸쳐 다양한 산업이 연결돼 있다. △단지설계, 인허가, 토목, 운송·설치·시공을 담당하는 엔지니어링 건설업 △자금을 조달하는 금융 및 보험업 △단지 운영 및 유지보수 △계통연계, 시스템 인증, 연구개발 지원 등 서비스분야를 포괄하는 종합적인 산업 생태계를 형성하고 있다.

전력계통 안정위한 '출력제한' 복병

제주도는 2012년 '2030 카본 프리 아일랜드(Carbon-Free Island: CFI 2030)' 계획을 발표했다. 2030년까지 신재생에너지 100%로 '탄소 제로 섬'을 만들겠다는 에너지전환 계획이다. 태양광·풍력 등 신재생에너지 발전설비 4085MW를 보급하고, 전기차로 도내 운행차량을 대체(37만7000대)하며, 에너지 융·복합 신산업을 선도해 직간접 일자리 7만4000개를 창출하겠다는 세부전략도 마련했다.

하지만 10년이 지난 지금 제주도는 예상치 못한 상황에 직면했다. '재생에너지 출력제한(Curtailment)'이란 복병을 만난 것이다. 이는 태양광·풍력 등 재생에너지 발전량이 과도하게 많은 시점에 송배전망사업자가 재생에너지 발전을 강제로 멈추게 하는 것을 말한다.

▮ 우리나라 전력계통 개념도

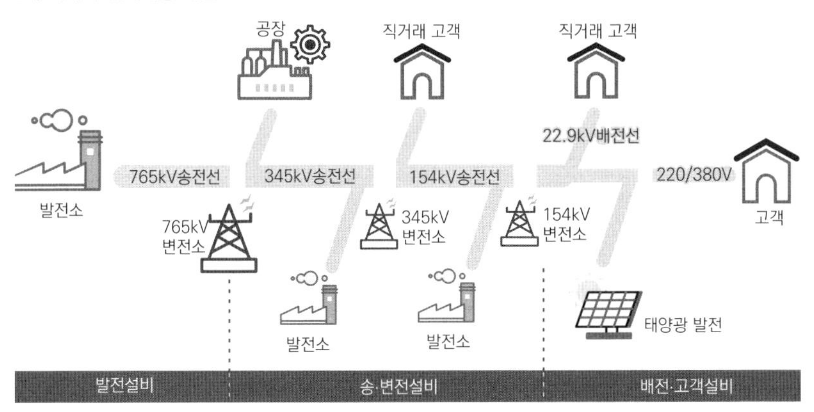

*출처:산업통상자원부

송전혼잡을 피하고, 전력계통의 안정을 유지하기 위해서다. 전력계통은 발전–송전–변전–배전설비로 구성된다. 발전소에서 생산한 전기를 송전선로와 변전소를 거쳐 배전선로로 고객에게 공급한다. 한전이 송전 · 변전 · 배전사업자다. 계통안정이 무너지면 전기품질이 저하되거나, 대규모 정전이 발생할 수 있다. 송전혼잡은 재생에너지 발전설비와 송전선로 구축의 시간차이로 발생한다.

일반적으로 태양광의 경우 발전허가부터 준공까지 2~3년 소요된다. 하지만 송전 · 배전설비는 계획에서부터 구축완료까지 최소 6년이 걸린다. 송전선로 건설공기는 주민수용성 확보 등을 포함해 154kV 6년, 345kV 8년, 765kV 10년 가량 소요되고 있다. 따라서 송전선로 · 배전망이 확보되지 않은 상태에서 재생에너지 발전설비만 늘릴 경우 전력계통이 불안정해져 출력제한이 필요하다.

전력거래소에 따르면 제주도내 출력제한 횟수는 2015년 3건에서 2019년

46건, 2020년 77건, 2021년 65건 등 급증했다. 2021년 횟수가 전년대비 소폭 감소한 건 해저연계선을 통해 남은 전력을 육지로 전송했기 때문이다. 2020년 · 2021년 출력제한된 용량은 각각 1만9400MWh, 1만2000MWh에 달했다. 재생에너지 발전설비 증가로 전력수요가 상대적으로 적은 봄 · 가을철에 태양광 · 풍력발전의 출력제한이 많았다.

제주에너지공사는 더 충격적인 '재생에너지 출력제약 전망' 보고서를 내놨다. 이 보고서는 2030년 제주도 신재생에너지 출력제약이 약 179일(4294시간)에 달할 것으로 전망했다. 출력제약 예상 발전량은 2078GWh로, 2030년 제주도 신재생에너지 최대 발전량 5164GWh의 40.2% 규모다.

발전사업자들이 2020년 제주도에서 출력제어로 손해 본 금액은 약 30억원이었는데, 2030년엔 5000억원이 넘어갈 것으로 전망된다. 이런 현상은 비단 제주도에 한정된 일이 아니다. 향후 탄소중립 실현 과정에서 재생에너지를 확대하다보면 전국 어디에서라도 나타날 수 있는 문제다.

2021년 9월말 기준 송 · 배전망에 접속대기 중인 재생에너지는 김제변전소 63MW 등 전국적으로 3GW에 이른다.[79] 정부는 전력계통 혁신방안을 통해 2022년말까지 이중 2.2GW을 계통에 연계할 방침이다.

한전에 따르면 전국의 재생에너지발전 계통 접속완료율(용량기준)은 2018년 47%, 2019년 58%, 2020년 76%, 2021년 84%로 대폭 증가했다. 다만 지역별로는 특정지역 설비편중으로 전남 30%, 전북 16%, 강원 15%에 그치는 등 편차가 큰 것으로 나타났다.

앞으로도 일조량이 큰 남부지역(호남 · 영남)과 바람세기가 좋은 강원에 재

79) 산업통상자원부, '에너지차관 재생에너지 계통접속 현장 점검' 보도자료, 2021년 9월 24일

생에너지 설비가 집중될 것으로 보여, 수도권의 원활한 송전을 위해서는 전력계통 유연성 확보가 관건이다.

특히 2050년 탄소중립 달성을 위해서는 향후 태양광 300~400GW, 풍력 100~150GW 설치가 예상되는 만큼 전력계통 안정성과 운영 방식의 획기적 전환이 요구된다. 이를 위해서는 적극적인 송배전 투자와 지역 중심의 배전 운영 최적화가 필요하다.

현재처럼 지역에서 생산한 전력을 수도권으로 끌어올려 소비하는 방식을 유지할 경우 과도한 비용과 주민수용성 확보가 난제다. 이뿐만 아니라 탄소중립 추진의 기본방향인 분산에너지 활성화에도 역행한다.

우리나라 전력계통은 크게 세 가지 특징이 있다. 첫째 북미나 유럽처럼 국가들끼리 전력망이 연결돼 있지 않다. 따라서 남은 전기나 부족한 전기를 인근 국가와 거래할 수 없다. 일명 '계통 섬'이라고 부른다. 발전설비 믹스나 계통계획시 안정화 수단을 국내로 한정해야 하는 구조적 한계를 지녔다.

둘째 일부 직류(DC) 송전선로를 제외한 대부분의 전력망은 교류설비로 구성됐다. 직류 송전선로는 초고압직류송전(HVDC, High Voltage Direct Current)망을 구축한 제주~해남, 제주~진도, 북당진~고덕 등이 있다. 동일한 전력을 보내는 경우 교류방식은 송전손실이 크다. 교류는 원거리 송전시 송전용량이 감소해 고압으로 전송해야 하며, 전력흐름 제어가 불가능하다.

직류 전압은 교류 전압의 최대 값 대비 크기가 70%에 불과해 각 기기에 설치돼 있는 절연체 수량 및 철탑 높이를 낮출 수 있는 장점이 있다. 하지만 HVDC는 여러 장점에도 불구하고, 제어기기 오작동 등 현재 크고 작은 고장이 많이 발생해 안정적인 전력수급에 애로를 겪고 있다.

셋째 태양광 풍력 등 재생에너지와 원자력, 화력 등 발전소는 수도권 외 지역에 입지한 반면 전력소비는 수도권 비중이 절대적으로 많다. 다시 말해 지방에서 전기를 생산해 수도권으로 가져오는 형태다. 수도권과 비수도권의 전력수급 불균형이 심하다.

그러다보니 많은 송 · 배전망이 필요하고, 구축비용은 물론 설치과정에서 인근 주민들의 반발이 거세다. 이와 관련, 정부는 △전력망 적기 확충 △전력망 유연 운영 △전력망 기반 혁신을 추진할 계획이다. 우선 장기간 소요되는 송전망 건설을 선제적으로 추진하기 위해 78조원 규모의 투자를 추진, '선(先) 전력망, 후(後) 발전'으로 패러다임을 전환한다.[80]

정부와 한전은 재생에너지 발전사업과 전력망 보강기간의 격차 해소를 위해 예측기반의 선제적 보강을 추진 중이지만, '순환적 딜레마' 문제가 상존한다. 재생에너지사업자는 본격적인 발전에 앞서 접속지연 · 출력제어 회피를 위한 전력망 불확실성 해소를 요구한다. 반면 송 · 배전사업자는 선제적 망 보강을 위해 재생에너지사업 이행의 불확실성 해결이 선행돼야 한다는 입장이다.

이처럼 두 사업자간 상호 의존적인 특성으로 발생하는 순환적 딜레마를 해소하려면 상대방 사업 이행계획을 구체화해 불확실성을 최소화하는 계획입지 절차 도입이 필요하다. 대규모 풍력발전단지에 대해서는 송전사업자가 공동 접속 설비를 사전에 구축하고, 송 · 변전설비 건설지 인근 주민에 대한 지원 혜택을 확대한다.

또 재생에너지 발전량을 실시간 모니터링 하고, 원격 제어가 가능한 통합관제 시스템을 2025년까지 구축해 '선 접속, 후 제어' 시스템을 정착시킬 방침이다.

---

80) 산업통상자원부, '안정적 전력계통 운영을 위한 전력계통 혁신방안' 보도자료, 2021년 12월 29일: 투자비 78조원은 기 계획된 송변전설비 투자(23조4000억원)와 배전설비 투자(24조1000억원)에다가 NDC 상향을 고려한 추가 투자 필요시 약 30조원을 잠정 추산한 금액임.

■ 재생에너지 보급 시나리오별 설비투자비 비교

구분	설비용량	재생에너지 설비투자비(2050년 누적)	변동성 대비 투자비(백업설비, 계통보강)
40%	175GW	146.0조원	102.3조원
50%	212GW	158.3조원	154.6조원
60%	241GW	166.9조원	205.8조원
80%	335GW	183.9조원	325.8조원

*출처:한국전력 경영연구원(전력경제 REVIEW)

전력수급 불균형시 출력제어 원칙과 대상에 대한 기준도 마련하기로 했다. 지역그리드 정착, 수요 분산, P2G(Power to Gas) · P2H(Power to Heat) · V2G(Vehicle to Grid) 등 섹터커플링 핵심 기술 실증에도 나선다.

한편 재생에너지는 발전비중 50% 초과시 설비투자비보다 백업설비(ESS)와 계통보강(송배전로, 변전소) 투자비가 커지는 비용역전 현상이 발생할 것으로 예상된다.[81]

따라서 공급 · 수요 · ESS · 그리드인프라 등 측면에서 계통유연성을 확보하는 노력이 필요하다. △공급측 유연성은 화력발전 리트로핏(성능개선), 재생에너지발전 예측 개선 △수요측 유연성은 인공지능(AI) 수요관리, 수요반응제도 개선, 가상발전소(VPP) 도입 등의 방안이 거론된다.

△ESS 및 섹터커플링은 대규모 ESS 도입, 수소경제 활성화 및 변환기술 개선 △그리드인프라는 국가간 계통 · 시장 연계, 초고압직류송전(HVDC) 도입 등을 추진하면 비용과 효율성이 개선될 전망이다.

81) 배문성, 한전 경영연구원, 전력경제 REVIEW, 계통 유연성 개념 및 확보 방안, 2021년 11월 24일

간헐성 및 변동성 대응방안 마련 시급

대한민국 [82]

2022년 1월 4일(화요일) : 날씨 맑음. 태양광 발전량 14.5GWh

2022년 1월 5일(수요일) : 날씨 흐림. 태양광 발전량 6.0GWh

2022년 1월 6일(목요일) : 날씨 맑음. 태양광 발전량 15.0GWh

영국 [83]

2022년 1월 25일(화요일) : 바람 없음. 가스발전량 25GW

2022년 1월 29일(토요일) : 강한 바람. 가스발전량 3GW, 풍력발전량 14.8GW

2022년 1월 30일(일요일) : 바람 없음. 풍력발전량 2GW

대한민국의 2022년 1월 4일부터 6일까지 상황은 태양광 발전량이 하루 만에 절반 이하(14.5GWh → 6.0GWh)로 줄었다가 다시 하루 지나 2배 이상 증가(15.0GWh)하는 일이 발생했다. 또 영국에서는 2022년 1월 25일 가스발전량이 25GW에서 4일 후인 29일 3GW로 급감했다. 풍력발전량은 29일 강풍이 영국을 강타하면서 14.8GW(영국 전체 전력소비의 약 65%)까지 늘었다가 다음날인 30일 바람이 잦아들면서 2GW로 크게 줄었다.

다소 극단적인 사례지만 이처럼 운영단계에서 재생에너지는 본질적으로 간헐성의 한계를 내포하고 있다. 간헐성은 불확실성(Uncertainty)과 변동성(Variability)을 내재한다. 불확실성은 기상조건에 따라 발전출력 예측의 어려움을 나타내며, 예측오차를 수반한다. 변동성은 발전출력의 빠르고 큰 변동을

82) 유승훈, '합리적 탄소중립 이행계획 및 에너지정책 방향' 정책토론회 발표자료, 2022년 3월 29일

83) 하비에르 블라스(Javier Blas, 블룸버그 에너지전문 칼럼리스트) 트위터

의미한다. 실례로 태양광의 경우 낮과 밤의 일사량이 다르니 발전량 차이가 크고, 화창한 날과 구름 많은 날, 비오는 날이 각기 다르다. 풍력은 바람세기에 따라 마찬가지 영향을 받는다.

정확한 날씨 예측도 어려워 물리적으로 재생에너지 발전량을 예상하기 어려워 효율도 낮다. 그래서 재생에너지만으론 안정적인 전력수급이 어렵다. 재생에너지 발전량이 예상보다 많을 때와 예상보다 적을 때를 각각 고려한 대비책이 필요하다. 이런 역할을 하는 설비를 백업설비라고 한다.

에너지저장장치(ESS)는 가장 적합한 백업설비로 꼽힌다. 발전량이 수요보다 많으면 저장하고, 수요보다 적으면 저장해 둔 전기를 내보냄으로써 변동성에 대비할 수 있다. 다만 아직 가격이 너무 비싸고, 우리나라에선 화재위험이 해결되지 않아 보급 확대에 어려움이 있다.

한전은 재생에너지 간헐성을 극복하기 위해 하이브리드형 ESS를 개발하고 있다. 15년 이상 사용 가능하고 유지비용이 적은 MW급 고용량 슈퍼 커패시터(콘덴서) 시스템을 개발하는 프로젝트다. 실증에 성공하면 배터리 수명을 대폭 늘리고, 전기품질을 향상시킬 것으로 기대된다.

머지않은 미래에는 마이크로그리드(Microgrid)로 재생에너지 간헐성을 극복할 것으로 기대된다. 마이크로그리드는 소규모 지역에서 전력을 자급자족할 수 있는 작은 단위의 스마트그리드 시스템이다. 독립형 또는 계통연결형으로 운영되며 태양광 · 풍력 등 재생에너지원과 ESS가 융 · 복합된 차세대 전력 체계다.

현 단계에선 가스발전도 백업설비로 적합한 유연성 자원으로 평가된다. 가스터빈(GT)과 스팀터빈(ST)이 결합된 복합발전은 기동정지 상태에서 100% 출력을 낼 때까지 약 100분이 소요되지만, 가스터빈 단독으로 운영할 경우 20분 이내로 가동 가능하다. 설치비용도 ESS보다 저렴하다.

위 영국사례를 보면 가스발전이 백업설비 역할을 톡톡히 했음을 알 수 있다. 강풍이 불어 해상풍력 발전량이 많았을 땐 발전량을 최소화했고, 바람이 불지 않아 해상풍력 발전량이 급감했을 땐 가스발전이 발전량을 늘리며 안정적인 전력공급을 이어갔다.

재생에너지간 협력을 통해 간헐성을 어느 정도 해소할 수도 있다. 국내에서 태양광발전이 가장 많이 설치된 전남지역에서는 대규모 해상풍력발전단지 조성이 추진되고 있다. 낮 시간엔 태양광발전이, 밤 시간엔 해상풍력이 발전량을 늘려 상호 보완하는 방법이다.

이 외에도 전력수요관리(DR, Demand Response)로 간헐성 한계를 완화할 수 있다. DR은 기관이나 일반 소비자가 전기를 절약하기로 수요관리사업자와 계약을 체결한다. 그리고 정부가 요구하는 시점에 전기 사용량을 줄이고 아낀 전기를 한전에 판매해 수익을 얻는 방식으로 진행된다. 정부는 재생에너지 발전량이 급감했을 때 전기소비 감축을 요청할 수 있다.

공급자는 전력 공급비용을 절감하고, 수요자는 감축한 전력만큼 정산금을 받으며, 나아가 재생에너지 간헐성 단점까지 보완하는 상생방안이다.

한편 재생에너지를 확대할수록 막대한 설비투자가 발생한다는 지적도 제기된다. 위의 영국사례에서 해상풍력 발전량이 14.8GW에 달했다는 것은 – 일반적인 해상풍력발전 이용률 30%를 고려할 경우 – 해상풍력발전기 설비가 45GW 이상 설치된 것으로 관측된다. 또 백업설비로 가스발전 등이 대기하고 있어야 하기 때문에 사업자는 과도한 지출을, 소비자는 전기요금 인상에 따른 손실을 초래한다는 지적이다.

주민참여형 재생에너지사업 눈길

이처럼 산림훼손 등 부지확보, 계통운영, 간헐성의 문제에도 불구하고 재생

■ 주민참여형 '전남 신안 태양광발전소' 현황

<table>
<tr><td>발전소 소재지</td><td colspan="4">전남 신안군 지도읍 일원 (신안 태양광발전소)</td></tr>
<tr><td>발전사명</td><td colspan="4">한국남동발전</td></tr>
<tr><td>용량(MW)</td><td colspan="2">150MW
(3MW미만 70개 발전소)</td><td>발전량(GWh/년)</td><td>209.7GWh/년
(이용률 15.9%)</td></tr>
<tr><td>총사업비</td><td colspan="4">3196억원(약 21.3억원/MW)</td></tr>
<tr><td>주민참여 방식</td><td colspan="2">채권</td><td>REC가중치 추가분</td><td>+0.2</td></tr>
<tr><td>주민참여 비율</td><td colspan="2">총사업비의 4%</td><td>주민참여 금액</td><td>128억원
(국민주주 116억원)</td></tr>
<tr><td>참여인원(명)</td><td colspan="2">3145명(2021년 11월 기준)</td><td>주민평균 참여금액</td><td>407만원</td></tr>
<tr><td>주민수익</td><td colspan="4">연간 27억원(주민투자금의 약 21%)</td></tr>
<tr><td rowspan="2">사업추진 일정</td><td>발전사업허가</td><td>2019년 12월</td><td>개발행위 허가</td><td>2020년 5월</td></tr>
<tr><td>착공일</td><td>2020년 5월</td><td>준공일</td><td>최종 2021년 12월
(단계별 준공)</td></tr>
<tr><td>가동후 연도별 발전량
(2021년 12월말까지)</td><td colspan="2">2021년 5만6705MWh</td><td>연도별 수입</td><td>2021년 93.9억원</td></tr>
</table>

*출처:한국에너지공단 신재생에너지센터

에너지는 탄소중립 달성을 위해 없어선 안 될 존재다. 2018년 기준 전력공급 부문은 국내 온실가스 총 배출량의 약 37%를 차지한다. 이는 전력소비 증가와 높은 석탄발전 비중에 기인한 것이다.

따라서 석탄발전 등 화석연료 비중을 줄이고 태양광 등 재생에너지를 안정적으로 확대, 공급하는 것이 2050 탄소중립 달성의 핵심이다. 동시에 효율(출력)과 이용률(발전량)을 높여 에너지의 전기화에 기여해야 한다.[84)]

84) 산업통상자원부 · 한국에너지기술평가원, 2050 탄소중립 에너지기술 로드맵 – 태양광, 2021년 12월

현재 처해 있는 난제를 풀어가기 위해 다양한 방안을 모색, 추진하고 있다. 그중 하나는 주민참여형 · 지역상생형 재생에너지 사업이다. 산림훼손, 소음 등으로 인한 지역주민 민원제기와 지자체 조례 강화를 통한 주민수용성 제고는 재생에너지사업의 선결과제가 됐다.

주민참여형 재생에너지 사업은 지역주민이 지분 보유, 채권 · 펀드 등의 형태로 직접 참여해 발전수익을 공유하는 방식이다. 발전회사와 지역주민간 참여비율 · 투자금액 등을 협약으로 정하면 된다.

재생에너지 사업 추진시 지역주민에 대한 일회성 보상보다 주주로 참여하는 것을 유도해 이익을 공유하는 데 의미가 있다. 2017년 첫 도입이후 공공부문 발전사업자가 추진 중인 184개(24.2GW) 사업 중 71개(13.7GW, 용량기준 약 57%)가 주민참여형 발전사업으로 계획돼 있다.[85)]

태양광발전소(500kW 이상)와 풍력발전소(3MW 이상) 주변 읍 · 면 · 동에 1년 이상 거주한 주민 또는 주민으로 구성된 마을기업(5인 이상)이면 해당사업에 지원할 수 있다. 초기 투자비 부담 완화를 위해 20년 거치 일시상환으로 총 투자비의 90%까지 융자 지원해 준다.

우수사례로는 △서부발전 '새만금2구역 육상태양광발전소'(전북 군산, 발전량 131.9GWh/년, 이용률 15.2%, 주민참여 7000명, 연간 주민수익 30억원) △남동발전 '신안 태양광발전소'(전남 신안, 발전량 209.7GWh/년, 이용률 15.9%, 주민참여 3145명, 연간 주민수익 27억원) 등이 꼽힌다.

△동서발전 '가덕산 풍력발전'(강원 태백, 발전량 95.5GWh/년, 이용률 25.2%, 주민참여 255명, 연간 주민수익 1억4000만원) △남부발전 '오미산 풍

---

85) 한국에너지공단 신재생에너지센터, 2022 주민참여형 재생에너지 우수사례집, 2022년 3월

력발전단지'(경북 봉화, 발전량 117.9GWh/년, 이용률 22.4%, 주민참여 2044명, 연간 주민수익 16억원)도 성공사례다.

지방자치단체가 주도하는 '집적화단지'도 주목된다. 지자체가 입지발굴부터 주민수용성 확보, 단지계획 수립 등을 추진해 대규모 신재생에너지 발전시설(40MW 초과)을 조성한다. 정부는 REC 추가 부여, 계통연계 지원, 금융지원 우선 실시 등의 혜택을 제공한다.

전북도가 주도한 '서남권 해상풍력 집적화단지'는 부안군 · 고창군 해역 일대에 설비용량 2400MW 규모로 추진되고 있으며, 서남권 해상풍력 실증단지(60MW, 2020년 1월 준공) 후속사업이다. 시범단지(400MW)와 확산단지(1단계 800MW, 2단계 1200MW)로 구성됐다.

전북도는 전국 최초로 지자체 주도 민관협의회를 구성해 2년 이상 40차례가 넘는 토론과정을 거치는 등 주민수용성 확보를 위해 노력했다. 사업기간은 2020년 1월부터 2028년 12월까지다.

경북 안동시에 소재한 '인하댐 공공주도 수상태양광 집적화단지'는 설비용량 45MW다. 현재 다목적댐에서 추진 중인 수상태양광 중 최대규모 사업이다.

지역 건설업체 공사 참여(전체 공사비 10% 이내), 지역주민 건설인력 채용 등 지역산업 발전과 일자리 창출에도 기여하고 있다. 사업기간은 2021년 7월부터 2023년 12월까지다.

한편 태양광발전은 소규모 사업자나 지역주민, 개인 중심으로 진행되는 사업이 많은 것으로 나타났다. 전력거래소에 따르면 전국에 발전사 및 에너지협동조합은 총 8만4895개(2021년 6월 기준)가 있다. 이중 태양광이 8만4376개, 풍력 126개다. 태양광사업자는 전체의 약 25%인 2만1349개가 전북에 몰려있으며, 풍력은 35개가 강원에 집중 분포돼 있다.

지역주민 이익공유형 태양광발전사업

이와 함께 지역주민 이익공유형 태양광발전사업도 추진된다.

한수원은 2022년 7월 7일 전남 신안군 비금도 이세돌바둑기념관에서 '비금주민태양광발전소' 착공식을 개최했다. 비금주민태양광발전소는 국내 첫 지역주민 이익공유형 태양광발전소다. 2019년 8월 신안지역 주민들이 비금주민협동조합을 설립해 국내 첫 민 · 관 · 산 협업으로 추진하고 있다.

이 발전소는 230만여㎡ 규모의 염전 부지 위에 건설되며, 기존 태양광보다 5% 이상 효율 높은 양면형 모듈이 설치된다. 설비용량은 200MW다.

2023년 6월 상업운전을 시작하면 연간 27만MWh의 전력을 생산할 계획이다. 신안군 전체 2만2000여가구가 약 3년 5개월 동안 사용할 수 있는 전력량이다. 비금주민태양광발전소 최대 주주는 지역주민이며 한수원, LS일렉트릭, 호반산업, 해동건설이 주주사로 참여했다. 상업운전을 시작하면 신안군 주민들은 최소 20년의 운영기간 동안 신안군 주민조합 이익공유제에 따른 수익과 출자에 따른 배당금을 받을 수 있다.

신재생에너지 사업의 새로운 패러다임으로, 일자리 창출과 이익 공유가 가능한 프로젝트가 될 것으로 기대된다.

세계 주요국 변동성 완화 대책

세계 주요국들은 재생에너지 변동성 완화를 위해 다양한 대책을 시행하고 있다. 기본적으로 △밸런싱(Balancing) 의무 부여 △재생에너지 예측시스템 구축 △실시간 시장 정산주기 단축 △출력제한 △주변국과 연계 등이다.

● 미국 - 유연 응동 상품 도입

미국은 2021년 3월 저탄소 및 청정 에너지로의 전환을 위한 '청정인프라 투자계획'을 발표했다. 이 계획에는 노후 전력망 현대화사업(약 1000억달러), 전력망 연결 기술에 대한 세액공제, 에너지부 내 전력망보급청 신설 등의 내용이 담겼다.

미국 캘리포니아는 재생에너지 변동성에 대응하는 유연 자원을 의무적으로 확보하기 위해 '유연 응동 상품'(Flexible ramping product)을 도입했다.[86)]

계통운영자는 발전회사를 대상으로 기동정지에 관한 의무입찰을 실시하고, 급전계획에 반영하고 그에 따른 기회비용을 사업자에게 보상하는 제도다. 태양광발전량이 증가하면서 전력수급 불확실성에 대처하기 위해 추가적인 응동(주파수 변화에 따른 동작) 용량을 확보하기 위해서다.

일반적으로 일출시간부터 일몰시간까지는 태양광발전이 증가하므로 공급이 수요를 초과할 가능성이 높다. 이 경우 석탄발전 · 가스발전 등 다른 발전기는 최소출력을 유지하거나 정지해야 한다.

특히 공휴일이나 주말에는 전력수요가 상대적으로 적기 때문에 재생에너지 공급이 전력수요를 초과할 수 있다.

일몰 후에는 태양광발전이 제 역할을 못하기 때문에 전력수급을 맞추려면 낮 시간에 정지했던 발전기를 가동해야 한다. 이 경우 정지 후 다시 가동하는데 소요시간이 짧은 가스발전기를 주로 활용하게 된다.

미국 캘리포니아 계통운영기관인 CAISO(California ISO)는 재생에너지 출력오차에 따른 불확실성을 해소하기 위해 유연 응동 상품을 도입했다. 유연성 확보 의무량(의무 입찰)은 △Base △Peak △Super peak ramping 등 3가지 범주로 구분했다. 그리고 각 범주마다 의무 입찰시간, 요구량, 가동횟수 등을

86) 안재균, 에너지경제연구원, 신재생에너지 보급 확산을 대비한 전력계통 유연성 강화방안 연구, 2017년 12월 31일

제시했다. 또 캘리포니아 공공 유틸리티위원회(CPUC)는 재생에너지 전력계통의 변동성 대책으로 에너지저장장치(ESS) 이용을 의무화했다. 법안과 규칙 제정을 통해 캘리포니아 3대 유틸리티회사에게 2020년까지 총 1325MW의 ESS를 설치하도록 했다.

● 독일 - 인근 8개국과 전력망 연계

독일은 재생에너지 변동성 완화를 위해 △인접국과 전력망 연계 확대 △신재생 예측시스템 향상 △계통연계기준(그리드 코드, Grid Code) 개선 △당일시장 급전주기 단축 △보조서비스 참여조건 완화 등을 추진하고 있다.[87] 전력망 연계는 스웨덴 덴마크 체코 폴란드 네덜란드 오스트리아 스위스 룩셈부르크 등 8개국들과 상호 전력을 판매하거나 구입한다.

신재생 예측시스템은 날씨예보 모델인 WPMS(Wind Power Management System)를 활용해 풍력발전 출력을 예측하고 있다. 기상정보와 과거 풍력발전 출력데이터 입력 후 인공신경망 알고리즘을 통해 하루 전(24~72시간 후) 및 실시간(15분전~8시간 후) 예측을 한다. 예측오차는 당초 10%대에서 4%대까지 감소한 것으로 알려졌다.

아울러 신재생에너지 기술개발과 병행해 지속적으로 계통연계 기준을 개선하고 있다. 그리드 코드란 발전자원을 전력망에 연계하기 위한 표준적인 기술요건을 말한다. 또 당일시장의 급전주기를 1시간에서 15분으로 단축, 시장에 반영되는 재생에너지 불확실성을 감소시켰다. ESS · 전력수요관리(DR) 등 보조서비스를 활용해 전력수급 안정을 꾀하고 있다.

---

87) 정지홍 · 윤용호, 한국전력 경영연구원, KEMRI 전력경제 리뷰, 주요국 신재생발전 간헐성 대응 동향, 2019년 3월 11일

독일은 이 외에도 에너지 케이블 구축법(EnALG, 2009년)과 전력망구축 촉진법(NABEG, 2019년) 제정을 통해 송전망 건설 지원방안을 입법화했다.[88] EnALG는 국가적 차원에서 건설이 시급한 송전망 건설 계획을 법으로 규정하고, 해당 프로젝트에 대한 인허가 절차 등 행정적 절차를 간소화했다. 재생에너지 발전량 대비 송전망이 부족해 출력제한이 증가하는 현상을 막기 위해서다. 병목현상 방지와 재급전 비용 절감을 목적으로 제정된 NABEG는 정부 승인 절차 간소화 및 공사 지연에 따른 불이익 내용을 포함시켰다.

독일경제에너지부는 현재 계통불안정성 해소를 위해 북부에서 남부로 전기를 운송하는 804km 길이의 '수드링크'(SuedLink) 고압 직류(HVDC) 송전사업도 추진하고 있다. 2025년 완공 목표다.

● 덴마크 – V2G 글로벌 리더로 부상

덴마크는 열병합발전(CHP)과 신재생에너지 연계 발전으로 풍력발전 변동성에 대응하고 있다.[89] 풍력발전의 출력이 부족할 경우 CHP로 전기를 공급하고, 풍력발전 출력이 과다할 경우 보일러 및 열저장소를 활용해 잉여전기를 열로 저장하는 방식이다.

이를 위해 지역난방사업자는 밸런싱(Balancing) 시장에 참여한다. 밸런싱 시장은 전력공급이 필요할 경우(upward reserve) 입찰에서 결정된 가격으로 판매자에게 보상하고, 공급이 넘칠 경우(downward reserve) 운영비 감소분을 참가자에게 지급하는 방식으로 운영된다. 또 노르웨이 스웨덴 핀란드 독일

88) Clean Energy Wire, 독일 전력망의 설정과 과제, 2021년 6월 10일
https://www.cleanenergywire.org/factsheets/set-and-challenges-germanys-power-grid

89) 정지홍 · 윤용호, 한국전력 경영연구원, KEMRI 전력경제 리뷰, 주요국 신재생발전 간헐성 대응 동향, 2019년 3월 11일

네덜란드 영국 등 인접국가와 전력망을 연계해 재생에너지의 불규칙하고 불확실한 발전량 문제를 완화시킨다. 전체용량 대비 연계선 비중이 약 50%에 이른다. 영국 독일 프랑스 등의 연계선 비중이 10% 이하인 점과 비교하면 연계선 비중이 매우 큰 규모임을 알 수 있다.

전력제어센터는 발전량 예측과 실적간 오차를 실시간 계산해 신재생에너지를 활용한다. 예측결과는 5분마다 갱신되며, 통합시스템을 통해 전력계통을 운영하고 있다.

덴마크의 재생에너지 변동성 대책 중 가장 눈길을 끄는 것은 V2G(Vehicle-to-Grid)다.[90] V2G는 전기자동차를 전력망과 연결(ESS로 활용)해 주행 후 배터리의 남은 전력을 다른 곳에 공급하는 기술이다. 덴마크는 전체 전력의 20% 이상을 풍력으로 생산하고 있으며, 총 에너지의 40%를 충당할 수 있는 대용량의 풍력터빈이 설치돼 있다. 덴마크의 V2G 기술개발 과정은 에디슨 프로젝트-니콜라 프로젝트-파커 프로젝트로 이어진다.

에디슨 프로젝트는 풍력발전의 예측 불가능성을 완화하기 위해 전기차 이용을 계획했다. 첨두부하 또는 바람세기가 약해지는 시간에 전기차에 저장된 전기를 전력망으로 역전송하는 방식이다. 니콜라 프로젝트는 덴마크 기술대(DTU)와의 연구를 V2G 기술 개발로 이어갔다. 파커 프로젝트는 DTU, 미국 누비(Nuvve), 일본 닛산 등과 합작으로 진행됐다. 파커 프로젝트는 과부하방지, 피크 부하저감 등 V2G의 새로운 비즈니스 모델에 대한 연구까지 범위를 넓혔다. 덴마크는 전기차 보급 활성화와 V2G혁신의 글로벌 리더로 부상했다.

---

90) 전력거래소, 2021 해외 전력기술동향, 2021년 12월

3. 천연가스

많은 논란 끝에 액화천연가스(LNG)[91] 발전이 K-택소노미(Taxonomy)에 포함됐다. K-택소노미는 한국형 녹색분류체계를 뜻하는 말이다.

탄소중립 실현을 위해서는 기술개발 · 환경개선 · 산업전환에 많은 자금이 필요한데, 택소노미에 포함돼야 정부로부터 금융 · 정책 등 각종 지원을 받을 수 있다. K-택소노미는 금융기관이나 기업 등 녹색프로젝트를 심의 · 판단하려는 기관 · 개인 누구나 기준으로 활용 가능하다.

무엇보다 친환경에너지원으로 인정받았다는 의미가 있다.

K-택소노미에 포함된 LNG발전

정부는 LNG 발전을 K-택소노미 일원으로 발표하면서 "탄소중립 전환을 위해 과도기적으로 필요하다고 인정돼 한시적으로 포함했다"고 밝혔다.[92] 여기에는 주요국 대비 제조업과 에너지다소비 업종 비중이 크고, 화석연료 의존도가 높은 국내 상황이 고려됐다. 국가별 석탄발전 비중(2019)은 미국 24%,

91) 천연가스는 지하 또는 바다 속 암석에서 뽑아내 기체상태로 송유관을 통해 소비지로 운송하는 게 일반적이다. 이를 파이프라인 천연가스(PNG)라고 부른다. 유럽이나 북미지역은 주로 생산지에서 육상으로 PNG를 수입해 소비한다. 하지만 우리나라처럼 삼면이 바다로 둘러싸여 있거나 다른 국가에 막혀 송유관 연결이 어려울 경우 천연가스 온도를 -162℃로 낮춰 액화 상태(부피 1/600로 감소)로 들여온다. 이를 액화천연가스(LNG)라고 하며, 액화 · 기화시설이 추가로 필요하기 때문에 도입단가가 비싸다.

92) 환경부, '한국형 녹색분류체계 제시' 보도자료, 2021년 12월 30일

일본 32%, 독일 30%, 영국 2%, 프랑스 1%인데 비해 한국은 40%에 이른다.

하지만 LNG발전과 K-택소노미에 대한 논란은 여전히 '현재 진행형'이다. 탄소시대와 탄소중립시대를 이어줄 징검다리(bridge) 역할을 제대로 수행할 것이냐, 아니면 탄소중립 흐름에 끝내 좌초할 것이냐의 문제다.

정부와 산업계에서는 재생에너지 간헐성, 원자력 안전성, 석탄 수급안정성 등의 문제를 보완하려면 일정기간 LNG발전 운영의 불가피성을 강조한다. 늘어나는 전력수요와 지역주민 수용성, 전력계통 안정화 등을 고려해 가교역할을 인정해야 한다는 입장이다.

아울러 향후 수소 · 암모니아 발전 등 저탄소 · 무탄소 설비로 활용하도록 유도해 나갈 계획이다.

반면 상당수 환경단체들은 LNG발전의 경우 화석연료를 에너지원으로 하기 때문에 온실가스 및 대기오염물질이 다량 배출, 퇴출대상이라고 반박한다.

국내 천연가스 수요, 지속 증가 예상

우리나라 천연가스 수요는 1986년 첫 공급 이후 1987년 161만톤에서 2020년 4144만톤으로 연평균 10.3% 증가했다.[93] 총수요는 2013년 고점(4008만톤) 이후 하락하다 2016년부터 발전용 수요 증가 등으로 증가세로 전환돼 2018년 최고치(4222만톤)를 기록했다. 이후 기온변동, 가격경쟁력 등에 따라 소폭 증감이 있지만 총수요는 4000만톤 이상을 유지하고 있다.

2021년 기준 용도별 수요는 도시가스 2168만톤, 발전 2001만톤 등 4169만톤이다. 산업통상자원부는 '14차 장기 천연가스 수급계획'(2021~2034)에서

93) 산업통상자원부, 14차 장기 천연가스 수급계획(2021~2034), 2021년 4월

■ 국내 천연가스 수요 실적 및 전망 (단위:만톤)

연도	도시가스	발전	계	연도	도시가스	발전	계
1987	7	154	161	2012	2011	1818	3829
1992	126	223	349	2017	1944	1743	3687
1997	577	538	1115	2018	2137	2085	4222
2002	1119	651	1770	2021	2168	2001	4169
2007	1445	1208	2653	2034	2709	2088	4797

*출처:산업통상자원부

2034년 국내 천연가스 수요가 4797만톤으로 연평균 1.09% 상승할 것으로 전망했다. 도시가스용은 2709만톤(연평균1.73% 증가), 발전용 2088만톤(연평균 0.33% 증가) 등이다.

도시가스용의 경우 가정 · 일반용 수요는 연평균 0.66%로 증가세가 둔화될 전망이지만 산업용 수요는 연평균 2.86%로 증가할 것으로 내다봤다.

우리나라에는 2020년말 기준 가스복합화력발전소 71기(33.8GW)와 열병합발전소 28기(7.5GW) 등 총 99기(41.3GW)의 LNG발전소가 운영되고 있다.[94]

지역별로는 경기 35기(17.5GW), 인천 25기(8.6GW), 서울 5기(0.8GW) 등 65기(66%)가 전력수요 많은 수도권에 몰려있다.

이 외에 현재 경기(여주 김포 안양), 경남(양산), 충남(예산)지역에 총 5기(2.6GW)의 LNG발전소가 건설 중이다. 서울(강서구), 경기(부천), 충북(청주 음성), 세종, 울산(남구), 경북(구미), 경남(통영), 전남(여수) 등에는 35기

94) 산업통상자원부, 9차 전력수급기본계획(2020~2034), 2020년 12월

■ 연차별 석탄 폐지 및 LNG전환 계획

구분	2020~2024년	2025~2030년	2031~2034년
석탄 폐지	삼천포 1·2호기 보령 1·2호기 호남 1·2호기		
석탄 폐지 후 LNG 연료 전환	삼천포 3·4호기	태안 1~4호기 하동 1~4호기 당진 1~4호기 보령 5·6호기 삼천포 5·6호기	하동 5·6호기 태안 5·6호기 영흥 1·2호기

*출처:산업통상자원부, 9차 전력수급기본계획(2020~2034), 2020년 12월

(18.7GW)의 건설계획이 잡혀있다.[95]

산업부의 '9차 전력수급기본계획'에 따르면 국내 LNG발전설비는 2020년 41.3GW에서 2030년 54.5GW, 2034년 58.1GW로 증가할 전망이다. 여기에는 2024년~2034년 기간동안 노후 석탄발전 24기(12.7GW)의 LNG발전 전환이 포함돼 있다. 재생에너지 보급 활성화와 수소발전 등 무탄소 전원 상용화 전까지 LNG발전의 가교역할이 필요하다는 입장이 반영됐다.

하지만 기업들은 정부의 계획이나 발표만 전적으로 믿고 미래사업을 투자하기엔 조심스러운 측면이 있다. 실제로 2011년 9월 전국 순환정전사고 이후 정부는 LNG발전의 확대를 적극 추진했다. 발전기업들에겐 LNG발전소 건립 확대를 유도했다.

그러나 전력수급이 안정세로 돌아서자 LNG발전 이용률(가동률)은 현저히

95) 전력거래소, 2021년도 2분기 발전소 건설사업 추진현황, 2021년 7월

연도별 LNG발전소 이용률 (단위:%)

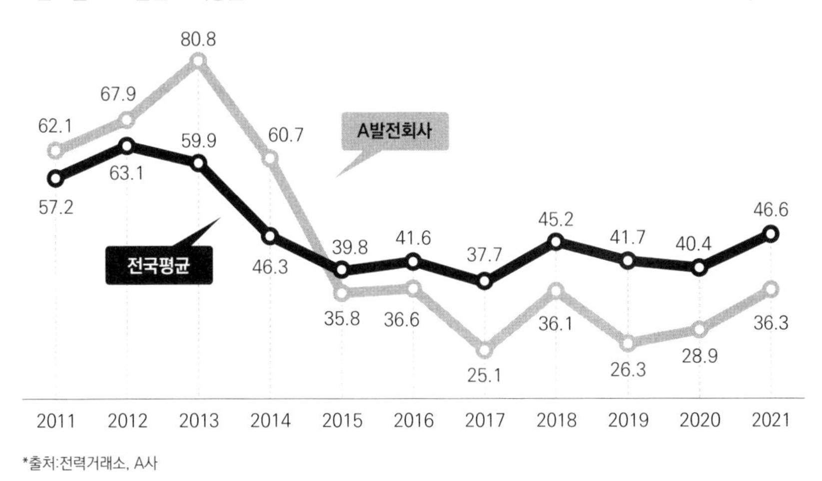

*출처:전력거래소, A사

떨어져 발전사들이 경영위기를 겪기도 했다. 그래프에서 보듯 A사의 경우 2013년 이용률이 80.8%에 달했지만 2017년 25.1%까지 추락하기도 했다. 2015년 이후 현재까지 30%대를 넘어서지 못하고 있다.

재생에너지 간헐성 보완해줄 에너지원

LNG가 탄소중립 실현을 위해 역할이 필요하다는 주장은 우선 재생에너지의 간헐성을 보완해줄 수 있기 때문이다.

태양광 및 풍력발전은 온실가스나 오염가스를 배출하지 않고, 자원의 무한 활용이 가능하다는 장점을 지녔다. 반면 불확실성과 변동성이 큰 점은 치명적 단점이다. 재생에너지의 불확실성은 발전량 예측이 어려움을, 변동성은 발전량 제어의 어려움을 나타내는 의미다.

일사량이 절대적인 태양광은 해가 지거나 비오는 날이면 발전량이 급격히 감소하고, 풍력은 바람이 불지 않을 때 발전하기 어려워 이를 보완할 백업설비가 필요하다. 따라서 재생에너지 보급을 늘리려면 에너지저장장치(ESS) 보급 확대나 LNG발전처럼 유연성 높은 발전원이 함께 활용돼야 한다.

가스터빈(GT)과 스팀터빈(ST)이 결합된 복합발전은 기동 소요시간이 100분 이내로, 원전 및 석탄발전보다 빠르다.

기동시간이란 전동기가 돌기 시작해 일정하게 안정된 속도까지 도달하는 시간을 말한다. 발전기가 멈춰 섰다가 수급불안 등의 이유로 갑자기 발전해야 할 때 유용하다는 의미이기도 하다.

가스터빈을 단독 운영할 경우 기동 소유시간은 20분 이내로 복합발전보다 짧지만 효율이 낮고 질소배출량이 늘어난다. 오염물질 축소 설비가 보완돼야 탄소중립 시대에 활용 가치가 있다.

또 유연성 자원은 기동 소요시간과 함께 출력범위도 중요한 고려대상이다. LNG 발전의 경우 복합발전은 분당 20MW 전후, 가스터빈 단독은 분당 10MW 전후로 비교적 출력범위가 넓다.[96)]

ESS는 기동시간이 수초 이내이고, 수초 안에 최대출력으로 가동할 수 있다. 하지만 다른 발전원 대비 비용이 비싸고, 화재사고가 다수 발생했으며, 전력계통에 부정적인 영향을 줄 수 있다는 점이 현재까지의 한계다.

ESS 화재는 2017년 1건, 2018년 16건, 2019년 11건 등이 발생했다. 정부는 화재 후속조치 일환으로 2020년 3월부터 신규 ESS 충전율을 설치장소에 따

---

96) 조상민 · 조일현, 에너지경제연구원, 변동성 재생에너지 확대에 대비한 계통안정화 방안 연구, 2018년 12월 31일
이성로 · 송형상, 한국가스공사 경제경영연구소, 재생에너지 증가가 발전용 LNG 수요에 미치는 영향에 관한 분석, 2021년 11월

라 최소 80%까지 제한했다.

전력계통 문제의 경우 ESS 충전이나 방전시 주파수 요동이 일어날 수 있고, 배터리가 방전되면 발전기가 전력시스템에서 탈락하는 것과 비슷한 현상이 발생한다.

한편 미국 GE사는 가스터빈과 ESS를 융합한 하이브리드 형태의 패스트 가스터빈(Fast GT)을 개발했다. 패스트 가스터빈의 기동 소요시간은 가스터빈 단독운영보다 빠른 10분 이내로 추정된다. 출력범위는 분당 65MW로 복합발전이나 가스터빈 단독운영 보다 크게 증가한 것으로 나타났다.

LNG발전은 징검다리 에너지

2022년 3월 29일 서울 광화문 프레스센터에서는 '국가 산업경쟁력을 고려한 탄소중립 시대 에너지정책 방향' 주제로 토론회가 열렸다.

이날 토론회에서 주제발표자로 나선 유승훈 서울과학기술대 미래에너지융합학과 교수는 "LNG는 석탄발전을 대체하는 징검다리 에너지 역할 뿐 아니라 재생에너지의 간헐성과 변동성을 보완하는 현실적인 수단"이라며 "그 역할을 상당기간 수행해야 한다"고 밝혔다.

이어 "그래야 탄소중립이 중간에 좌초하지 않고, 일관되게 이행될 수 있을 것"이라고 강조했다.

또 콜롬비아대 글로벌 에너지정책 연구센터의 조사 결과를 인용, "RE100(Renewable Energy 100%) 달성을 위해 재생에너지인 태양광 100%+배터리, 풍력 100%+배터리, 태양광 50%+풍력 50%+배터리를 분석한 결과 잦은 출력제한 발생, 전력 부족 가능성, 온실가스 다량 배출 문제가 발생했다"고 밝혔다. 그는 "결국 태양광 25%+풍력 25%와 함께 LNG+탄소포집 · 저장(CCS), 원자력, 수력 등 최적의 포트폴리오를 구성해야 온실가스 최소 배출과 전력공

급 안정성을 보장할 수 있다"고 분석했다.[97]

유엔 유럽경제위원회(UNECE)가 2021년 EU-택소노미 보완을 위해 에너지원별 온실가스 배출량을 조사한 결과에서는 원자력이 태양광, 풍력보다 적었다. 화석연료 중에선 LNG+CCS의 온실가스 배출량이 가장 적었다. 이 부분은 원자력과 LNG가 택소노미에 최종 포함되는 결정적 근거가 되기도 했다.

다만 LNG 단독사용의 경우 이산화탄소가 다량 배출되는 것은 사실이다. 〈4장 1. 원자력 참조〉. 그렇다고 우리나라의 경제성장 등을 고려할 경우 갑작스런 LNG발전 퇴출은 적절하지 않다는 주장이다.

한국은행에 따르면 우리나라 제조업 부문에서는 주로 수출 확대를 위해 생산을 늘리다보니 이산화탄소 배출이 증가하고 있다. 따라서 탄소중립 이행으로 인한 산업생산 위축은 수출 감소로 이어질 수 있다.[98]

특히 일부 산업의 경우 생산공정에서 이산화탄소 배출이 많지 않더라도 탄소중립 실행과정에서 생산비 상승 및 생산량 감소 등의 피해가 우려된다. 따라서 고용창출과 경제활성화 등에 따른 산업별 역할 및 피해규모를 함께 논의할 필요가 있다.

윤석열정부는 인수위 등에서 LNG발전에 대해 구체적인 입장을 내놓지 않았지만 이후 필요성을 공식화했다. 윤 대통령은 2022년 5월 대구 엑스코(EXCO)에서 열린 제28차 세계가스총회(WGC) 개회식 축사에서 "원자력발전과 재생에너지, 천연가스 등을 합리적으로 믹스(전원별 구성 비율) 해나가야 한다"고 말했다. 이어 대통령실은 "천연가스는 화석연료 중 온실가스와 미세먼지 배출이 가장 적어 늘어난 글로벌 수요에 대응할 수 있는 에너지원"이라

97) 유승훈, '합리적 탄소중립 이행계획 및 에너지정책 방향' 정책토론회 발표자료, 2022년 3월 29일
98) 박종욱 · 이나윤, 한국은행, 조사통계월보 제75권 제9호, 기후변화 대응이 산업에 미치는 영향, 2021년 9월

며 "하지만 장기적인 시각으로 볼 때 수소와 같은 신산업으로 거듭나야 하는 숙제 역시 갖고 있다"고 부연 설명했다.

이에 정부는 탄소감축 연구 · 개발(R&D) 투자를 확대하고 수소 생산기반 확보, 천연가스 생산국 협력 등을 통해 안정적인 수소 공급망을 구축해 나갈 방침이다. 석탄발전을 퇴출해가는 상황에서 수소발전 같은 무탄소 전원이 상용화되기까지 LNG발전이 그 역할을 대신해야 한다는 입장으로 해석된다.

한편 세계가스총회는 가스분야에서 가장 권위를 지닌 민간 국제회의로, 3년마다 열린다. 에너지 안보와 탄소중립, 신재생에너지 등 에너지 분야 핫이슈를 논의하는 자리다. 대구 총회에는 미국의 엑손 모빌 · 셰브런, 영국 BP그룹, 독일 유니퍼, 프랑스 토탈에너지, 오만 LNG, 말레이시아 페트로나스 등이 대거 참석했다. 한국에선 가스공사, 석유공사, 대성에너지, SK E&S, 현대자동차, 두산퓨얼셀 등이 참가했다.

국내외 주요국·기업의 LNG 동향

국제에너지기구(IEA)에 따르면 전 세계 천연가스 수요는 2030년까지 2020년 대비 14.6% 증가할 것으로 전망된다. 유럽연합(EU)은 택소노미에 LNG를 포함했으며, 미국 중국 일본 등도 탄소중립을 이행하는 과정에서 LNG 의존도를 확대 · 유지하겠다는 입장을 밝혔다.[99]

EU는 2030년까지 LNG 의존도를 1990년 대비 55% 확대하고, 미국은 2030년까지 발전부문 가스비중을 29%에서 36%로 7%p 상향할 계획이다. 그러나 EU는 러시아-우크라이나 전쟁 여파로 계획에 차질이 생겼다.

99) 포스코경영연구원, 탄소중립 시대 – 에너지전환 과정에서의 LNG 역할, 2022년 3월 23일

독일에서 천연가스로 난방 등을 하는 가구는 러시아의 가스공급 축소에 따라 가스요금을 연간 최소 1000유로(132만원) 더 내야 한다는 추산도 나왔다. 전년보다 50% 이상 오른 금액이다.

중국은 석탄발전 축소의 일정량을 가스발전으로 대체하고, 일본은 2030년까지 발전믹스에서 LNG 비중을 20% 수준으로 유지한다는 계획을 세웠다.

동북아시아와 유럽의 경우 화학, 수소 등 산업용 수요는 증가할 것으로 보인다. 이 외에 인도 태국 싱가포르 등 동남아지역에서는 석탄발전 비중을 줄이고, LNG로 대체하면서 발전용 수요 증가가 예상된다.

국내외 기업들은 LNG사업 양적확대, 수소사업과 연계, 탄소포집 · 저장(CCS) 기술개발 등을 병행하고 있다.

일본 제라(JERA)는 LNG사업 확대와 암모니아 · 수소 혼소, LNG 탈탄소화를 추진한다. 미쓰이(Mitsui)도 탈탄소 LNG 교역 확대와 수소경제 생태계 구축을 위한 다양한 프로젝트에 참여하고 있다.

독일 REW는 LNG발전 및 터미널을 수소발전 · 터미널로 전환하고, 신사업으로 수소사업 연계방안을 모색한다. 영국 BP, 프랑스 토탈(Total), 네덜란드 쉘(Shell) 등 석유 메이저들도 유럽, 동남아시아 등으로 목표지역을 선정해 LNG 사업을 확대하고, CCS 상용화를 위한 R&D를 확대하고 있다.

한국기업들은 LNG 저장탱크 등 인프라 구축과 직도입 확대, 수소사업 연계 등을 추진 중이다. SK는 LNG터미널 기반의 직도입 물량 확대(2020년 314만톤→2025년 450만톤), GS는 직도입 확대(2020년 180만톤→2025년 270만톤) 및 UAE에서의 블루-암모니아 개발 지분 확보(10%, 20만톤) 등 신사업 추진에 적극적이다.

한국가스공사는 선박용 LNG벙커링 사업, 대형 화물차 LNG 연료 공급사업, 연료전지 및 그린수소 생산, CCS 사업화 등을 검토하고 있다. 대형 화물차 연료를 경유에서 LNG로 전환할 경우 2030년 6차종, 6만대, 120만톤 LNG 판매가 가능할 것으로 보인다.

러시아-우크라사태, 탄소중립 역주행하나

유럽연합(EU)이 러시아로부터의 가스 수입을 줄이자 러시아는 이에 대한 보복으로 독일 등에 천연가스 공급을 제한했다. 러시아는 또 서방국가들이 자국에 대한 경제제재를 강화하자 루블화로 결제하지 않는 국가에겐 천연가스 공급을 중단하겠다고 경고했다. 실제로 러시아는 2022년 4월말 폴란드 · 불가리아에 대한 천연가스 공급을 차단했다.

폴란드 국영 가스기업 PGNiG는 2022년 1분기 천연가스 수입의 약 53%를 러시아 가스 국영기업 가스프롬으로부터 구매했었다. 불가리아의 러시아 천연가스 의존도는 80%에 이른다.

EU 전체적으로는 천연가스의 40%와 원유의 25%를 러시아에 의존해왔다. 이에 EU 27개국 중 10개 이상의 회원국이 공급위기 대응 시나리오 1단계인 '조기 경보'를 발령했다. 러시아 의존도(약 55%)가 높은 독일은 2단계인 '비상' 단계로 올렸다. 독일에서는 가스배급제를 시행할지도 모른다는 위기감까지 감돌고 있다.[100]

EU의 가스 비상 공급대응 시나리오는 '조기 경보-비상-위급' 3단계로 되어 있다. EU 회원국들은 겨울철 난방공급 위기에 대처할 수 있도록 가스 재고 확보에 적극 나서고 있다. EU는 회원국들에게 11월 1일까지 가스 저장고를 80%(현재 55%)까지 충당하도록 하는 긴급법에 합의했다.

100) 매일경제, '푸틴이 겨울에 가스 끊을 라… 벌벌 떠는 유럽', 2022년 6월 24일, https://www.mk.co.kr/news/world/view/2022/06/555733/

한편으론 러시아-우크라이나 전쟁이 탄소중립 정책의 역주행을 가져오고 있다는 우려가 제기된다. 유럽 일부 국가들이 석탄발전을 늘리려는 움직임을 보이기 때문이다.

독일 경제 · 환경부는 천연가스 소비 감축을 위한 긴급대책을 발표하면서 대안 중 하나로 석탄발전소를 더 많이 가동하겠다고 밝혔다. 네덜란드는 석탄발전소 가동률을 35% 이상으로 올리지 못하게 해놓은 법을 개정할 예정이고, 오스트리아는 가동하지 않던 가스발전소를 석탄발전소로 바꾸기로 했다.

사태가 악화일로로 치닫자 우르줄라 폰데어라이엔 EU 집행위원장은 "화석연료 사용을 감축하는 장기적인 목표에서 뒷걸음치지 말라"며 "우리는 이 위기를 더러운 화석연료로 뒷걸음치지 않고 전진하는 데 이용해야 한다"고 강조했다.

우크라이나 사태 발발 직후 "이제 유럽에서 러시아 화석연료 시대는 종말을 고할 것"이라며 "러시아 가스의 대체 물량을 확보하고 비축량을 확대하기 위해 노력하고 있다"고 말했던 것과 비교하면 위기의식의 강도변화가 감지된다.

폰데어라이엔 위원장은 러시아의 가스 공급 감량 위협에 대응하는 긴급대책으로 △에너지 절감 △수입처 다변화 △가스를 우선 공급받는 산업 지정 등을 제시했다.[101]

노드스트림 가스관 둘러싼 독일-러시아 대립

독일은 러시아-우크라이나 사태 이후 에너지공급망 정책의 수정을 모색하

101) 한겨레, '유럽 다시 석탄발전…러 전쟁발 온난화 대책 뒷걸음질', 2022년 6월 21일, https://www.hani.co.kr/arti/international/international_general/1047932.html

■ 러시아~유럽 잇는 가스관

고 있다. 독일은 2022년 2월 22일 노드스트림2(NS2) 사업 중단을 선언했다.

노드스트림2 사업은 러시아 북서부에서 에스토니아 나르바~발트해(해저 파이프)를 거쳐 독일 루만으로 가스관(총길이 1230km)을 직접 연결하는 사업이다. 송출량은 연 55Bcm(Billion cubic meter)로 세계 최대 규모다.

2011년 11월 개통한 노드스트림1 가스관에 이어 2021년 9월 노드스트림2 가스관이 준공했다.

노드스트림1 · 2가스관의 총 송출량은 110Bcm에 이른다. 우리나라 천연가스 사용량 53Bcm의 두배가 넘는다.

독일은 에너지수요 중 천연가스 비중이 약 25%에 이르고, 그중 절반 이상을 러시아에서 수입했다. 이외에 석탄의 50%, 원유의 30%도 각각 러시아에서 들여왔다.

이와함께 러시아는 우크라이나를 경유하는 가스관을 통해 유럽에 가스를 수출해왔다. 우크라이나에게 지급하는 가스관 통관수수료만 연간 20억달러에 달했다.

러시아는 노드스트림 PNG프로젝트를 통해 서유럽 가스시장에서 영향력을 높이려 했다. 아울러 북대서양조약기구(나토) 가입을 추진하며 친서방 노선에 나선 우크라이나에게 정치 · 경제적 타격을 주려고 했던 것으로 보인다.

노드스트림2 프로젝트에 대해 미국 바이든 행정부도 처음엔 승인했다. 하지만 이 가스관이 개통되면 러시아의 유럽 에너지시장 장악력이 막대해질 거라는 걸 뒤늦게 깨달은 후 강력 저지했다.

이에 독일정부도 승인을 늦춰오다 러시아의 우크라이나 침공이후 프로젝트 무기한 중단을 발표한 것이다. 러시아는 유럽의 제재가 지속될 경우 운영 중인 노드스트림1 가스관을 폐쇄할 수 있다고 압박했다. 이어 2022년 6월 중순 노르트스트림1으로 공급하는 천연가스 물량을 60% 감축했다.

결국 독일은 에너지정책의 변화가 절실해졌다. 2022년 2월 로베르트 하벡 독일 경제부총리는 한 언론과의 인터뷰에서 "다음 겨울을 나기 위한 에너지원 확보에 나서야 한다"며 "수입 경로 다변화 방안을 강구하겠다"고 말했다.

이어 독일은 3월 노르웨이와 연결하는 수소파이프라인 건설을 검토하고 있다고 밝힌 데 이어 호주 · 카타르와 에너지협정을 체결했다.[102]

독일은 그동안 LNG터미널이 없어 네덜란드 벨기에 프랑스 폴란드 등 주변국 시설을 이용했으나 이번 사태로 에너지 자립성의 중요성을 재인식, LNG 터미널 3곳을 건설하기로 했다.

한편 러시아는 과거에도 여러 차례 유럽으로 가는 가스관을 막아 정치 · 경제적 위기를 극복하고, 이득을 챙겨왔다. 러시아는 2006년 1월 우크라이나에 대한 천연가스 공급량을 25% 수준으로 줄였다. 가스가격 인상이 표면적 이유였으나 흑해와 중유럽에서 영향력을 확대하려는 의도가 깔려있었다는 게 일반적인 분석이었다. 결국 가스관이 막혀 유럽이 큰 어려움을 겪었다.

이후 2007년엔 벨로루시와, 2009년엔 우크라이나와 또 한 차례 가스공급 중단 분쟁을 치렀다.

---

102) 코트라(KOTRA) 함부르크무역관, 독일-우크라이나 사태로 LNG 시장 확대 예상, 2022년 5월 4일

세계 LNG시장 경쟁 치열해질 듯

러시아-우크라이나 사태로 유럽의 에너지 가격은 고공행진이다. 영국 시사 주간지 이코노미스트에 따르면 유럽의 가스가격은 1년 전보다 6배 급등했다. 러시아가 폴란드 · 불가리아에 가스 공급을 중단한 날 유럽 가스(네덜란드 TTF 5월물 기준) 가격은 하루동안 15.7% 오르기도 했다.

이번 사태로 유럽은 러시아 천연가스(PNG) 대신 제3국에서 LNG도입 확대가 불가피해졌고, 아울러 세계 LNG시장은 경쟁이 치열해질 전망이다. 지금까지 세계 천연가스 시장은 지역에 따라 △유럽 PNG △북미 PNG △동아시아 LNG의 구조적 특징을 보였다.

세계 가스시장의 약 70~75%는 PNG로, 25~30%는 LNG 형태로 거래돼 왔다. LNG 주요 수출국은 카타르 호주 미국 러시아 말레이시아 등이고, 주 수입국은 일본 한국 중국 인도 등이다. 우리나라는 일본에 이어 LNG수입 세계 2위이며, 세계 천연가스 소비비중은 약 1.5%(12위)를 차지하고 있다.

주목할 점은 미국이 2021년 세계 LNG 수출 1위 국가로 올라선 것이다. 미국은 우크라이나 사태를 계기로 유럽의 에너지 구조를 다시 짜겠다는 입장을 노골화하고 있다. 러시아의 대유럽 가스수출 억제로 러시아를 고립시키는 한편 자국의 LNG를 유럽에 확대하려는 구상이다.

이미 그런 현상이 본격화됐다. 미 에너지정보청(EIA)은 2022년 2월 미국이 유럽 최대의 LNG 수출국이 됐다고 밝혔다. 2021년 유럽연합(EU) 회원국과 영국이 수입한 LNG 가운데 미국산 비중은 26%로 1위였다. 이어 카타르 24%, 러시아 20% 순이었다. 2022년 1분기에는 미국산 LNG 비중이 50%에 육박했을 것으로 보인다. 한국 등 동아시아로 와야할 LNG 물량이 상당부분 유럽으로 선회한 것으로 알려졌다.

니혼게이자이신문 등에 따르면 올해 미국의 LNG 생산 능력은 전년 대비

20% 늘어난 1억톤에 달해 전체 수출량으로도 세계 1위를 이어갈 전망이다.

"LNG는 온실가스 배출, 퇴출시켜야" 주장도

그렇지만 정통 기후활동가들은 화석연료인 LNG발전의 경우 본질적으로 온실가스 및 대기오염물질을 많이 배출하므로 퇴출시켜야 한다고 주장한다. 가스발전은 연소과정 외에도 가스를 캐낼 때부터 운송 경로에 이르기까지 온실가스를 누출한다.

앞장(원자력)에서 밝혔듯이 UN 산하 기후변화에 관한 정부간 패널(IPCC)이 전원별 전주기 온실가스 배출계수를 조사한 결과 LNG는 490으로, 석탄(820)보단 낮지만 원자력(12), 태양광(27)보다 크게 높았다. 에너지경제연구원 조사에서도 발전원별 이산화탄소 배출량(GWh당)은 석탄 888톤, 가스 499톤에 달했다.[103]

특히 가스발전은 가동을 시작하거나 중단할 때 불완전연소로 가동 중일 때보다 일산화탄소(CO), 미연탄화수소(UHC) 등 유해물질이 많이 배출된다. 자동차가 시동을 켜고 엔진을 공회전할 때 대기오염물질을 뿜어내는 경우와 비슷하다.

우리나라는 가스를 액화시켜 들여오기 때문에 LNG발전은 발전단가가 비싸다. 그래서 국내에선 전력수요에 따라 LNG발전소를 가동했다, 중단했다 하는 일(첨두부하)이 빈번하다. 미국이나 유럽은 PNG로 들여오기 때문에 상대적으로 발전단가가 저렴해 24시간 쉬지 않고 가동하는 경우가 많다.

그런데 우리나라에선 가동을 시작하거나 중단하는 시간동안 (최대 5시간)

---

103) 김화년, 에너지경제연구원(에너지포커스 2017 가을호), 세계 석탄규제 현황과 영향 전망, 2017년 9월 1일

배출되는 대기오염물질이 규제에서 제외된다. 우리나라 가스발전소 호기당 평균 가동 횟수는 2019년 148회, 2020년 166회에 달했다. 평균적으로 이틀에 한번 꼴로 발전소가 재가동해왔다는 의미다.[104)]

이와 관련해 사단법인 기후솔루션이 '가스발전소로 인한 대기오염과 건강피해'를 분석하니 충격적인 결과가 나왔다. 분석은 9차 전력수급기본계획과 수명관리 지침에 따른 설계수명 30년을 반영한 '현 정책 시나리오'와 2035년까지 가스발전소를 모두 폐쇄하는 '넷제로 시나리오' 두 가지 형태로 진행했다. 그 결과 현 정책 시나리오에서는 가스발전소의 대기오염물질 배출로 인해 최대 연간 859명, 2064년까지 총 2만3200명이 조기 사망할 것으로 추정됐다. 피해 주 원인은 이산화질소(NO_2)로, LNG발전소가 밀집해있고 인구밀도가 높은 경기도와 서울시(LNG발전 설비규모 전국의 40.4%)의 피해가 가장 심각할 것으로 예측됐다.

이에 비해 넷제로 시나리오에서는 조기사망자 수가 누적 5360명으로 현저히 적은 것으로 나타났다. 기후솔루션은 이에 따라 △신규 가스발전소 건설계획 철회 △가스발전소 대기오염물질 배출규제 강화 △가스발전에 대한 금융지원 중단 등을 주장하고 있다.

도시가스는 수소혼입 실증 추진

우리나라 천연가스 소비의 50~55%를 차지하는 도시가스에 대한 탄소중립 실현방안도 관심이다. 기본적으로 가스에선 이산화탄소가 배출되기 때문에 탄소중립 달성을 위해선 도시가스용에 대한 대책마련이 요구된다. 그 일환으

104) 이석영 · 조규리 · 한가희, 기후솔루션(SFOC), 가스발전의 실체 : 가스발전의 대기오염 영향 및 건강피해, 2022년 5월 4일

로 현재 모색하는 방안이 도시가스와 수소의 혼입방안이다.

도시가스 수소혼입이란 기존 배관망에 수소를 도시가스와 혼입해 공급하는 것을 말한다. 가스도매사업자인 가스공사의 정압기지 또는 일반 도시가스사업자(민간 도시가스사)의 정압시설에 수소혼입 시설을 설치, 사용자에게 공급하게 된다.

이와 관련해 산업부는 가스공사, 가스안전공사, 도시가스사, 에너지기술평가원 등과 함께 '수소혼입 실증 추진단'을 발족했다. 2026년까지 도시가스에 수소 20% 혼입을 목표하고 있다.

국내 구석구석까지 연결된 5만㎞ 길이의 도시가스 배관을 이용해 수소를 손쉽게 국민 생활에 공급한다는 계획이다. 도시가스 수소혼입은 수소가 혼입되는 만큼 도시가스 사용량을 줄여 온실가스 배출을 줄일 수 있다.

우리나라의 연간 천연가스 사용량은 약 4000만톤인데, 수소를 10vol%(vol은 부피) 혼입하면 연간 129만톤의 천연가스 사용량을 줄일 수 있다. 이를 통해 연간 355만톤의 이산화탄소 감축이 기대된다.[105)]

가스공사는 이를 위해 경기도 평택시에 도시가스-수소혼입 테스트베드를 설치하고, 2023년초부터 실증작업을 진행하기로 했다. 2023년 하반기에는 제주도에서도 운영배관 수소혼입을 시범공급할 계획이다.

중장기적으로는 도시가스를 수소로 100% 전환하는 게 목표다.

도시가스-수소혼입은 세계 주요국들도 실증작업을 벌였거나 추진방안을 모색하고 있다.[106)]

---

105) 산업통상자원부, '도시가스에 수소혼입 실증 본격 추진' 보도자료, 2022년 2월 8일

106) EU, European Hydrogen Backbone(EHB), 2022년 4월

프랑스의 경우 2018~2020년 2년동안 도시가스 지역 배관망에 수소 20% 혼입을 실시했다. 그 결과 이산화탄소 60%, 질소산화물(NOx) 40% 각각 배출 감소 효과를 봤다. 안전문제는 나타나지 않았다.

독일은 2012~2016년 함부르크 수소혼입 파일럿 설비에 풍력발전으로 생산한 수소를 4년간 혼입한 결과 별다른 문제가 없었다. 덴마크는 2021년 4개월간 15% 혼입 실증작업을 벌였으며, 포르투갈과 우크라이나는 실증 중이거나 실증 예정이다.

EU는 2020~2022년 수소혼입 60%로 100여개의 가정용 · 상업용 가스 가전제품에 대해 기술적 영향을 실증해 적절한 코드 · 표준을 추천할 방침이다. EU는 2022년 4월 '2040년 수소배관 인프라 구축계획'을 발표했다.

계획에 따르면 2040년까지 5만3000㎞ 길이의 수소배관을 구축(기존 배관 전용 60%, 신규 배관 건설 40%), 5개 지역에서 수소를 도입한다. 아프리카 지역의 태양광을 이용해 수전해한 수소나 북해 · 발트해 지역의 풍력을 활용한 수소를 가져온다는 것이다.

△튀니지 · 알제리 수소 → 중부유럽(이탈리아 오스트리아 체코) △이베리아(Iberia)반도 · 모로코 수소 → 서부유럽(프랑스 독일 스페인) △북해 수소 → 네덜란드 벨기에 독일 △북유럽 · 발트해 수소 → 신규배관 활용 중부유럽 △동유럽 수소 → 기존배관 활용 중부유럽 공급 등이다.

4. 에너지효율과 수요관리

탄소중립 달성을 위한 가장 기본적인 토대는 에너지효율과 수요관리다. 재생에너지, 원자력발전 등 균형있는 에너지공급도 필요하지만 수요를 얼마나 줄이느냐가 첫 번째 단추다.

효율과 수요관리는 정부와 기업, 그리고 국민이 유기적으로 협력하며 각각 해야 할 일이 있다. △정부는 합리적인 가격체계 수립과 기술개발 및 상용화 지원정책 마련, 제도 개선 △기업은 고효율제품 개발과 사업실행 △국민은 에너지절약 등이다.

국제에너지기구(IEA)는 '2050 탄소중립 : 세계 에너지부문을 위한 로드맵 보고서'에서 기후위기를 극복하려면 소비자의 능동적이고, 자발적인 참여없이 불가능하다고 진단했다.

수요관리로 1거4득 효과

에너지 효율과 수요관리는 △에너지안보에 기여하고 △공급확대보다 비용이 적게 들며 △온실가스 감축효과가 우월하고 △신성장동력산업으로 육성할 수 있다는 이점이 있다. 이에 1거4득(一擧四得)이라고 한다.

첫째, 에너지 안보에 큰 도움이 된다. 우리나라의 에너지 해외의존도는 95%에 육박한다. 따라서 러시아-우크라이나 전쟁처럼 지정학적 위기로 에너지가격이 치솟거나 공급망 문제로 물량 확보가 어려워도 에너지원을 최대한 확보해야 한다.

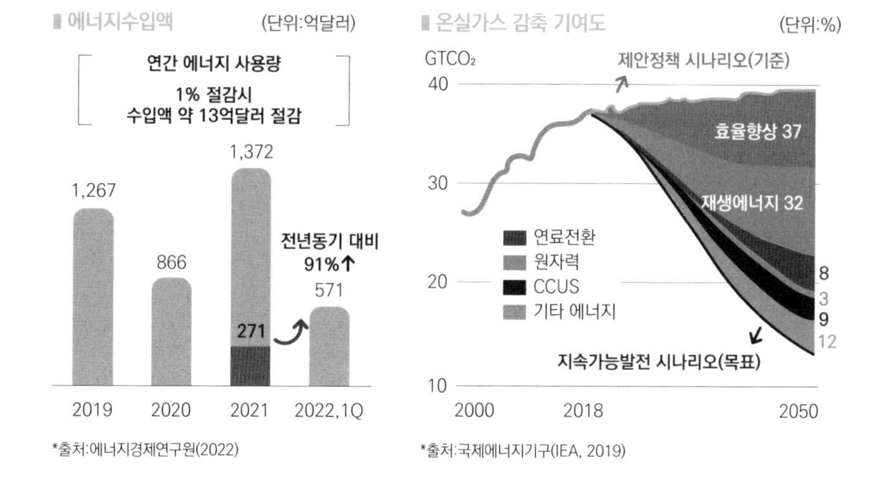

그렇지 않으면 개인 생활의 불편은 물론 국가경제 위기가 초래한다. 하지만 에너지효율을 개선하고, 수요를 줄이면 이러한 위험부담을 최소화할 수 있다. 우리나라의 에너지수입액은 2020년 866억달러에서 2021년 1372억달러로 58% 증가했다. 특히 2022년 상반기에는 우리나라 전체 수출 3503억달러, 수입 3606억달러로 무역수지가 103억달러 적자를 기록했는데, 이 기간 에너지 수입총액이 878억달러에 달했다.

원유 가스 석탄 등 3대 에너지원 수입증가액은 매월 무역적자 규모를 상회했으며, 무역적자 발생의 핵심요인이었다. 2022년 상반기 원유 수입액은 499억달러로 전년 동기대비 207% 늘었고, 가스는 241억달러로 115%, 석탄은 139억달러로 89% 각각 증가했다.

에너지경제연구원은 연간 에너지사용량 1% 절약시 약 13억달러의 수입 절감효과가 있다고 분석했다.

둘째, 사회 · 경제적 비용의 절감효과가 크다. 우리나라 에너지산업의 공급부문은 △입지 △전력계통 △주민수용성 확보 등 넘어야할 3대 허들이 있다.

여기에 재생에너지는 간헐성이라는 허들이 하나 더 있다. 하지만 수요를 관리하면 이러한 문제를 없애거나 최소화할 수 있다.

경제적으로도 효과적이다. 삼정KPMG에 따르면 kWh당 균등화발전비용이 에너지효율 29원으로 원자력 65원, 석탄 81원, 액화천연가스(LNG) 92원, 태양광 126원보다 저렴하다.

셋째, 온실가스 감축 기여도가 우월해 탄소중립 실현을 위한 좋은 대안이다. 국제에너지기구(IEA)에 따르면 2050 온실가스 감축기여도는 효율향상이 37%로, 재생에너지 32%, 탄소포집 · 활용 · 저장(CCUS) 9%보다 우위에 있다.

독일은 2050년 1차 에너지소비를 2008년대비 50% 감축하겠다고 발표했고, 일본도 2030년에 기존 수요보다 18% 감축하겠다는 방침을 정했다. 에너지효율에 따른 수요감축은 제1의 에너지원이라고도 불린다.

넷째, 에너지효율 향상은 탄소중립 시대에 기술과 시장을 선도하는 혁신 동력이기도 하다. 실례로 정보통신기술(ICT)의 획기적 발전에 따른 스마트 수요관리 시장이 신성장동력산업으로 급성장하고 있다. IEA는 디지털 수요효율화 세계시장이 2020년 78조원에서 2027년 192조원으로 146% 증가할 것으로 전망했다.

기술 기반형 수요반응(DR) 시장의 확산은 대표 사례다.[107] 나아가 사물인터넷(IoT) 인공지능(AI) 에너지저장시스템(ESS) 전기차(EV) 등 기술혁신에 따라 다양한 형태의 수요관리 시장이 자생적으로 성장할 것으로 예상된다. 또 미국의 경우 청정에너지 경제를 통해 생겨난 일자리의 약 75%가 에너지효율과 관련있고, 독일에서는 건축물 에너지효율 분야에서만 2017년 한해 약 57만5000개의 일자리가 창출됐다.

---

107) 임성진, 내일신문, '탄소중립의 열쇠는 에너지효율과 수요관리', 2022년 6월 27일
http://www.naeil.com/news_view/?id_art=427415

2027년까지 국가에너지효율 25% 개선

에너지효율에 대한 우리나라 정부정책은 1979년 '에너지이용합리화법' 제정을 통해 처음 시작됐다. 1970년대 후반 오일쇼크 등으로 에너지공급 위기가 닥치자 수요관리 필요성이 제기됐다. 주로 단기적인 시책이었다.

2000~2010년대에는 고유가 등 에너지위기에 대응한 에너지소비 저감에 초점이 맞춰졌고, 2010~2016년 기간에는 기후변화와 산업의 중요성이 강조되면서 정책 지평이 넓어졌다. 다만 환경부 주도로 목표관리제 등 온실가스 규제가 도입되면서 에너지 효율혁신과 수요관리보다 산업부문 온실가스 감축이 더 주된 이슈가 됐다.

2017년~2021년에는 에너지전환에 모든 정책이 집중됐다. 따라서 탈원전 · 탈석탄, 재생에너지 확대 등 공급위주의 전원믹스 조정만 논의됐다고 해도 과언이 아니다.

이 가운데 윤석열정부는 2022년 6월 '새정부 에너지정책 방향'과 '시장원리 기반 에너지수요 효율화 종합대책'을 내놓았다.[108] 에너지 정책 방향을 기존 에너지 공급 중심에서 수요 효율화 중심으로 전환하겠다는 의지를 구체화한 것이다. 이 대책에 따르면 2027년까지 에너지 소비량을 2200만TOE(석유환산톤) 줄이기로 했다. 서울시의 약 6년치 전력 사용량에 해당하는 규모다.

이를 통해 에너지 효율성 평가 지표인 에너지원단위를 2027년에 2019년 대비 25% 낮춘다는 목표를 제시했다. 국가의 에너지효율을 25% 개선한다는 의미다.

산업통상자원부는 "우리나라가 세계 10위 에너지 다소비국이면서 저효율

108) 산업통상자원부, '새정부 2027년까지 국가 에너지효율 25% 개선키로' 보도자료, 2022년 6월 24일

소비국으로 경제협력개발기구(OECD) 평균보다 1.7배 이상 많은 에너지를 사용한다"며 "에너지원단위는 OECD 36개국 중 33위로 최하위 수준"이라고 설명했다. 에너지원단위는 1차 에너지 공급량을 총 부가가치(GDP)로 나눈 값으로, 특정 시점에 GDP를 산출하기 위해 투입된 에너지량을 의미한다.

이와 관련, 정부는 에너지 수요 효율화를 위해 △산업 △가정 · 건물 △수송 등 3대 부문으로 나눠 구체적인 과제를 추진할 계획이다.

산업부문의 경우 에너지 소비의 약 63%를 차지하는 연간 20만TOE 이상 다소비 기업 30곳을 대상으로 에너지효율 혁신 협약을 추진한다. 정부와 기업이 효율 혁신 목표를 설정하고 환경 · 사회 · 지배구조(ESG) 인증, 협력업체 지원시 보증 · 보조 등 다양한 지원책도 제공할 방침이다.

또 대기전력저감 · 고효율기자재인증 · 효율등급제 등 3대 효율 관리제도에 대한 규제 혁신에 나선다. 대기전력저감제의 경우 관리 필요성이 낮은 품목은 삭제하고 관리가 필요한 품목에 대해서는 2027년까지 등급제로 이관한다.

가정 · 건물 등 민간 부문에서는 3개 시군구에서 시범사업 중인 '에너지캐쉬백'을 전국 226개 시군구로 확대할 계획이다. 에너지캐쉬백은 주변 단지 · 가구 간 전기 절감률 경쟁을 통해 우수자에게 절감량에 비례한 캐쉬백을 지원하는 제도다.

지자체와 협업해 전국 약 32만동의 대형 기축건물(연면적 3000㎡ 이상 상업 · 공공건물)에 대한 효율 강화도 추진한다. 에너지진단 권한 이양, 에너지 자립률 제고, 지방세 감면 등이다.

수송 부문에서는 전기차의 전비 개선을 위해 현행 단순 표시제를 등급제(1~5등급)로 개편하기로 했다. 차량 수는 3.6%지만 수송에너지의 21%를 사용하는 중대형 승합 · 화물차(3.5톤 이상)에 대해 연비제도를 도입하고, 차세대 지능형 교통망(C-ITS) 구축도 진행한다. 지능형 교통망의 경우 2023년 경부고속도로와 수도권 고속도로 약 2400km에 걸쳐 실증작업을 벌이고 2024년부터 전국 도로에 본격 구축할 계획이다.

한국, 1인당 전기사용량 역대 최고치 경신

이러한 종합대책에도 비합리적인 전기요금 체계 개편에 대한 내용은 빠져 있어 정부가 본질을 외면하고 있다는 지적이다.

원가에 기초하지 않은 낮은 전기요금은 가격구조를 왜곡시키고, 비효율적 과소비를 부추긴다. 물가관리를 이유로 전기요금만 억제할 경우 불필요한 전기화만 초래할 가능성도 크다. 또 연료비의 급격한 상승에도 전기요금을 억제하면 비합리적 소비증가에 따른 에너지 수입도 증가한다.

우리나라가 2022년 수출 호조에도 무역적자를 기록하고 있는 원인이기도 하다. 국제 에너지가격 상승 여파로 원유 · 가스 · 석탄 수입액이 역대 최대치를 기록한 것이 수입 증가에 가장 큰 영향을 미쳤다.

전력업계에서는 전기요금 10% 인상시 발전용 액화천연가스(LNG)수입을 연간 13조원(약 100억달러) 절감할 것으로 예상한다.

우리나라 1인당 전력소비는 빠르게 늘고 있다. 한전에 따르면 2021년 인구 1인당 전기사용량은 전년보다 5.1% 증가한 1만330kWh로 역대 최고치를 기록했다. 폭염이 기승을 부린 2018년의 최고 기록(1만195kWh)을 3년 만에 갈아치웠다.[109]

1인당 전기사용량은 지난해 전체 전기사용량 53만3431GWh를 12월말 주민등록인구 5164만명으로 나눠 산출한 수치다.

109) 한국전력, 2021년도 KEPCO in brief, 2022년 4월 28일

한국의 1인당 전기사용량을 다른 국가들과 비교하면 최상위권이다. IEA의 2019년 기준 전기사용량 세계 상위 10개국을 살펴보면 한국은 524TWh로 7위였다. 1위는 중국(6523TWh), 이어 미국(3830TWh), 인도(1311TWh), 일본(928TWh) 순이다.

하지만 인구 1인당 전기사용량을 보면 한국은 1만134kWh로 캐나다(1만4098kWh)와 미국(1만1665kWh)에 이어 3위다. 일본전력정보센터(JEPIC)에 따르면 주요 국가별 1인당 전기사용량은 영국 4431kWh, 중국 5186kWh, 독일 6107kWh, 프랑스 6739kWh, 일본 7545kWh 등이다. 우리나라 1인당 사용량이 영국의 2.3배, 독일의 1.7배가 넘는다.

본질 외면한 반쪽짜리 효율화 정책

우리나라 에너지 원단위는 개선되고 있지만 전력소비 원단위는 오히려 높아졌다. 에너지 원단위는 앞서 언급했듯이 1차에너지 공급량을 국내총생산(GDP)로 나눈 값이고, 전력소비 원단위는 GDP 1단위 생산에 소요되는 전력량을 의미한다.

에너지원단위는 1993년 최대치(0.182천달러/TOE)로 정점을 찍은 후 지속적으로 감소하면서 2019년 0.126천달러를 기록했다. 에너지원단위가 낮을수록 적은 에너지로 보다 많은 부가가치를 산출한다는 의미다.[110)]

그럼에도 글로벌 주요국가들과 비교하면 2019년 한국의 에너지 원단위는 여전히 높다. 일본(0.080천달러)과 프랑스(0.078천달러)보다는 1.6배, 영국(0.055천달러)보다는 2.3배 높다. 미국은 0.107천달러다.

110) 한국전력 경영연구원, 에너지 원단위 및 전력소비 원단위, 2022년 4월 14일

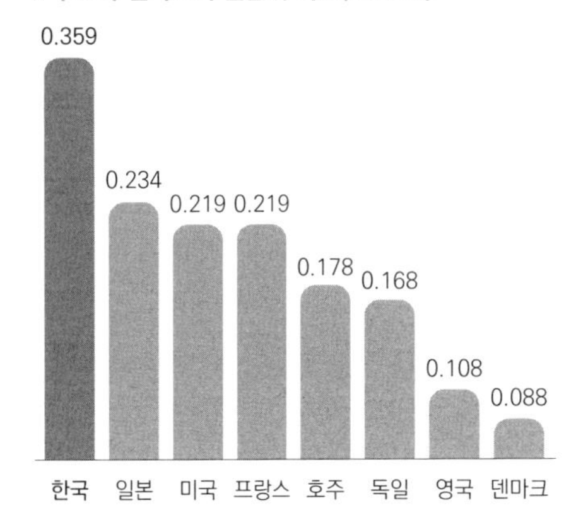

▮ 주요국 전력소비 원단위 (단위:kWh/달러)

구분	미국	독일	영국	덴마크
2000년	0.293	0.202	0.162	0.137
2005년	0.273	0.211	0.152	0.129
2010년	0.267	0.203	0.142	0.137
2015년	0.236	0.191	0.114	0.096
2019년	0.219	0.168	0.101	0.088
2020년	0.219	0.168	0.108	0.088
연평균 증가율	-1.4%	-0.9%	-2.0%	-2.2%

*출처:한국전력

전력소비 원단위는 2011년(0.398달러/kWh)까지 지속 상승하다 하락세로 접어들었으나 2019년 0.353달러에서 2020년 0.359달러로 재상승했다. 전력소비 원단위도 수치가 낮을수록 전력사용 효율성이 높음을 의미한다.

2020년 기준 한국의 전력소비 원단위는 일본(0.234달러)의 1.5배, 덴마크(0.088달러)의 4배에 이를 정도로 높다. 한국은 2000년 이후 전력소비 원단위가 개선되지 않은 거의 유일한 국가(0.361달러→0.359달러)다. 전기요금이 저렴하다보니 타 에너지 소비가 전력으로 옮겨온 것이 주 원인이다.

이런 점을 고려하면 2022년 정부가 발표한 '에너지 수요 효율화 종합대책'은 본질을 외면한 반쪽자리라는 지적을 면하기 어렵다.

낮은 전기요금이 비효율적 전기소비 부추겨

낮은 전기요금이 비효율적 전기소비를 부추겨 에너지낭비를 초래한다는 지적이 많다. IEA에 따르면 2020년 기준 한국의 주택용 전기요금은 MWh당

▮ OECD 주요 회원국 주택용 전기요금(2020년)

국가명	달러/MWh	수준	국가명	달러/MWh	수준
독일	344.7	203	칠레	180.4	106
벨기에	313.5	184	스웨덴	174.0	102
덴마크	306.7	180	폴란드	169.5	100
스페인	274.8	162	네덜란드	162.3	95
일본	255.2	150	미국	132.0	78
포르투갈	242.3	142	캐나다	109.0	64
영국	235.4	138	한국	103.9	61
스위스	224.4	132	터키	102.7	60
프랑스	215.0	126	멕시코	62.9	37
호주	209.8	123	**OECD평균**	**170.1**	**100**
체코	203.1	119			

*출처:경제협력개발기구(OECD), 국제에너지기구(IEA)
*수준은 OECD 평균 대비 비율 *멕시코는 2018년 기준

103.9달러로 관련 수치가 있는 OECD 34개 회원국 중 31위다. OECD 평균 170.1달러의 61% 수준이다.

전기요금이 가장 비싼 국가는 독일로 344.7달러였고 이어 벨기에(313.5달러), 덴마크(306.7달러), 이탈리아(289.3달러), 스페인(274.8달러) 순이었다. 일본은 255.2달러로 7위, 영국 235.4달러로 10위, 프랑스 215.0달러로 13위, 미국 132.0달러로 28위였다. 한국의 전기요금은 1위 독일의 30% 수준이고, 일본보다는 40% 저렴하다.

한국의 산업용 전기요금은 MWh당 94.3달러로 22위이고, OECD 평균의 88% 수준이다. 산업용 요금이 가장 비싼 국가는 이탈리아(185.1달러)였으며, 독일(173.4달러), 칠레(164.4달러), 일본(161.9달러), 영국(157.2달러) 순이었다. 미국은 66.6달러로 31위였다.

2022년 통계는 2020년보다 더 차이가 벌어졌을 것으로 보인다. 주요국들은 에너지가격이 치솟아 2021년 하반기부터 2022년 상반기 과감히 전기요금을 인상한 사례가 적지 않기 때문이다.

한전은 치솟은 연료가격이 소비자가격에 반영되지 않아 2021년 5조8601억원, 2022년 상반기 14조3033억원의 적자를 기록했다. 단일 기업이 낸 최악의 영업손실 규모다. 현 상태라면 2022년 한해동안 30조원 이상의 적자가 우려된다.

한전의 영업비용에서 구입전력비가 차지하는 비중은 85%에 이른다. 구입전력비는 한전이 발전회사에 지급하는 연료비 등이 포함된 비용이다.

2021년기말 한전 손익계산서(별도 기준)에 따르면 영업비용은 67조원이며, 이중 구입전력비는 56조8000억원으로 전체 비용의 84.7%를 차지했다.

이에 따라 정치적 이유로 물가안정을 내세워 지나치게 낮게 통제되고 있는 전기 가스 열 요금의 정상화가 요구된다. 예를 들어 화석연료의 국제가격 상승 및 재생에너지 보급 확대로 한전의 전기 생산원가는 급격히 상승해 kWh당 230원을 넘어가고 있지만, 전기요금은 kWh당 108원으로 원가의 절반도 안 된다.[111] 전력 생태계가 위협받고 있는 것이다.

태양광 위주로 재생에너지를 확대해온 우리나라의 경우 태양에너지의 간헐성에 대비하기 위해 전력망, 백업 발전기, 양수발전, 배터리 등의 구축에 대규모 투자를 해야 한다. 며칠 동안 햇빛이 나지 않고, 바람이 안부는 최악의 상황에서도 전기를 안정적으로 공급해야 하기 때문이다.

하지만 한전을 포함한 전력산업 생태계는 대규모 적자에 허덕이고 있다. 차

111) 유승훈, 내일신문, '신정부에 기대하는 에너지정책', 2022년 2월 18일
http://www.naeil.com/news_view/?id_art=414631

입을 통해 운영자금과 투자재원을 마련하고 있는데, 금리상승 등으로 자금조달에 애를 먹고 있다. 탄소중립 이행 재원이 부채를 통해 조달된다면 지속가능하지 않고, 다음세대로 부담을 떠넘기는 것이어서 바람직하지 않다.

대안 중 하나로 거론되는 것이 '연료비 연동제'의 제대로 된 적용이다. 2020년 12월 도입된 전기요금 연료비 연동제는 전기요금에 '연료비 조정요금' 항목을 신설해 원유 · 가스 · 석탄 등 전력생산에 들어간 연료비 변동분을 3개월 단위로 요금에 반영하기로 했다.

전력 생산에 들어간 연료비 변동분을 제때 요금에 반영해 가격신호 기능을 강화하고, 전기요금 조정에 대한 소비자의 예측 가능성을 제고해 합리적 소비를 유도한다는 취지로 도입됐다.

그러나 도입이후 2022년 2분기까지 6개 분기 동안 연료비 조정단가 조정과정이 진행됐고 이 중 4차례는 인상요인이 있었지만 동결됐다.

따라서 에너지효율 개선과 수요관리의 첫 단추는 정상적인 에너지요금 체계를 만들어 그에 맞게 적용해야 한다. 에너지소비 구조 개선을 위해서는 소비자의 자발적 에너지절약 등 행동변화가 요구된다. 하지만 현 요금체계는 가격 시그널 기능이 부족해 비효율적 에너지소비 구조를 개선하기 어렵다.

넛지(Nudge)를 통해 본 손실회피 경향

이와 함께 병행 추진해야할 방법은 고효율 에너지기기의 보급 및 사용 확대다. 그러나 무엇보다 소비가 담보되지 않는다면 기업들은 무리하게 자본을 투자해 효율개선 제품을 개발하려 하지 않을 것이다.

국제에너지기구(IEA)는 에너지 수요자인 소비자의 행동을 변화시킨다면 세계 탄소배출량의 약 63%를 감축할 수 있다고 진단한 바 있다. 그렇다면 소비자들의 고효율 에너지기기 구매를 자발적으로 이끌어 낼 방법은 무엇일까.

이와 관련해 한 학술논문에서는 넛지(Nudge) 효과로 소비자들의 행동변화를 가져올 수 있다고 분석했다.[112)]

넛지는 원래 '팔꿈치로 슬쩍 찌르다', '주위를 환기시키다'의 뜻인데, 강압적이지 않고 부드러운 개입으로 더 좋은 선택을 할 수 있도록 유도하는 방법을 의미한다.

해당논문에 따르면 사회적 실험연구를 통해 가전제품에 붙어있는 에너지소비효율 등급 라벨의 표현방식을 살짝 변경하는 것만으로 고효율 제품(공기청정기)의 판매량을 증가시킬 수 있음을 확인했다.

고효율 제품에 '이 제품을 사용하면 매년 4만~5만원 아낄 수 있습니다'라는 문구 대신 '이 제품을 사용하지 않으면 매년 4만~5만원을 아낄 수 있는 기회를 잃는 것입니다'라고 제시한 경우다. 실험결과 가격이 30만원이나 더 비싼 고효율 제품을 선택하는 소비자가 5% 증가했다. 이익보다 손실에 더 민감하게 반응하는 '손실회피 편향'이 여과없이 드러났다.

넛지를 활용한 해외사례도 어렵지 않게 찾아볼 수 있다. 미국 에너지 수요관리 기업 오파워는 전기요금 고지서에 각 가정과 주변 이웃의 전기사용량을 한눈에 비교해 볼 수 있도록 함으로써 자발적 전기 절약을 유도했다.[113)]

캘리포니아에서는 이러한 고지서를 받은 가정의 72%가 행동변화를 보였고 결과적으로 전력소비량이 기존 대비 2% 줄어든 것으로 조사됐다. 어찌보면 감소량이 미미해 보이지만 이는 전기요금 11~20% 인상효과와 동일한 것

112) 박지용 문형빈 우종률, Energy Economics, 넛지 에너지 효율 행동: 암시적 할인율에 대한 메시지 프레이밍의 효과(Nudging Energy Efficiency Behavior: The effect of message framing on implicit discount rate)

113) 우종률, 내일신문, 탄소중립 실현을 위한 소확행 '넛지', 2022년 6월 22일 http://www.naeil.com/news_view/?id_art=426927

으로 평가된다. 이웃과 비교를 통해 사회적규범과 기준을 중시하는 사람들의 심리를 자극한 것으로 풀이된다.

IEA 진단과 주요국 에너지효율 사례

국제에너지기구(IEA)는 '에너지효율 2021' 보고서에서 △산업 · 기기 △수송 △건물 △디지털 솔루션 부문에 걸쳐 각각 효율을 강조하고 있다.[114]

산업 · 기기부문은 중공업 부문(화학 철강 시멘트)이 산업분야 내에서 에너지소비 60%, 탄소배출량 70%를 차지한다. 따라서 대체물질 개발과 제조공정 전환, 재활용 기술개발이 필요하다. 또 산업용 전기모터시스템, 에어컨, 냉장고, 조명 등 4대기기 전력소비 비중이 40% 이상이다. 이들 제품에 대한 최저효율기준, 에너지효율등급제, 에너지라벨링 제도 강화 등을 추진해야 한다.

수송부문은 석유가 수요에서 차지하는 비중이 90%에 이른다. 따라서 내연기관차의 경우 전기차 시대로 전환되는 과정까지 연비개선, 점진적 판매중단, 전동차 교체 등이 요구된다. 소비자들은 공회전 감축 등 운전습관 개선을 통해 효율을 개선할 수 있다.

건물부문은 신흥국 중심으로 빌딩수요가 증가하는 점이 도전과제다. 탄소제로화건물 및 그린리모델링 등을 통해 에너지효율을 높이는 방향으로 가야한다.

화석연료를 사용하는 난방 · 급탕용 보일러는 히트펌프로 대체하거나 난방 · 급탕의 전기화가 시급하다. 아일랜드는 석유보일러와 가스보일러 설치를 각각 2022년, 2025년 금지했다. 네덜란드는 보조금을 지급해가며 2030년까지 히트펌프 200만개를 보급하기로 했다. 영국도 단계적으로 가스보일러 판

114) IEA, Energy Efficiency 2021, 2021년 11월

매를 금지할 계획이다.

IEA는 적정 난방(19~20℃), 냉방(24~25℃), 온수온도 10℃ 하향설정 등 에너지사용 패턴의 변화도 제안했다. 디지털 솔루션부문에서는 에너지 효율 향상 관련 디지털화가 빠르게 진화하고 있다고 분석했다. 스마트 미터 · 각종 센서 · 제어기가 연결되고 있으며, 건물 · 빌딩에너지관리(BEMS) 및 전기차 충전 부문에서 성장세가 눈에 띈다. 무엇보다 시스템자동제어로 낭비 · 비효율 요인을 제거하고 최적화하는 방안이 핵심가치(Core Value)로 부상했다.

주요국들의 의무효율 규제방안도 주목된다. 일본은 에너지효율 벤치마크 제도를 2008년부터 운영하고 있다. 특정업종 사업자의 에너지절약 상황을 업종끼리 비교해 에너지소비 원단위 개선목표 부과의 형평성을 맞추는 제도다. 약 180개 사업자가 대상이다.

유럽연합(EU)은 14개국에서 에너지효율의무제도(EEO, Energy Efficiency Obligation)를 도입했으며, 에너지경영시스템(EnMS, Energy Management System)도 적용하고 있다. EnMS는 ISO 50001 인증으로, 에너지진단의무 면제 인센티브를 제공한다.

독일은 에너지효율 네트워크 학습(LEEN, Learning Energy Efficiency Network)을 운영하고 있다. '지자체+진단기관+지역기업' 등으로 구성된 네트워크가 연 3~4회 정례적으로 만나 에너지 절약기술 · 노하우 등을 공유한다. 2008년 사업추진 이후 현재 344개 네트워크가 운영 중이며, 네트워크별로 10~15개 기업 · 기관이 참여하고 있다. 한국도 이 제도를 벤치마킹해 스마트 그린산단 중심으로 (가칭)한국형 LEEN을 구축할 계획이다.[115]

115) 관계부처 합동, 시장원리 기반 에너지 수요효율화 종합대책, 2022년 6월 23일

독일은 건물의 에너지효율 부분에도 적극 나서고 있다. 독일국책은행(KfW)은 2000년 300억유로를 건물효율에 투자했다. 에너지효율을 전제로 한 리모델링과 건물 신축시 대출금액을 상향하고, 금리인하 형태로 지원규모를 늘렸다.

미국은 50개 주(State) 중 26개 주에서 에너지효율향상 의무화제도(EERS, Energy Efficiency Resource Standards)를 시행하고 있다. 효율향상에 따른 이익 발생시 고객과 같이 공유하는 형태다. 미국은 또 그린버튼(Green Button)제도를 통해 에너지효율을 끌어올리고 있다. 그린버튼은 에너지공급자가 보유한 에너지소비 데이터에 소비자 또는 제3자가 쉽게 접근 · 활용할 수 있도록 만든 통합데이터 플랫폼이다. 현재 약 6000만 가구가 사용하고 있다.

우리나라도 이 제도의 혁신기법을 활용해 한국에너지공단 내에 통합플랫폼 구축을 추진한다. 흩어져있는 에너지다소비 사업장(산업체 2944개, 건물 1320개)의 전력 · 가스 · 열 데이터를 통합 · 관리하며 효율혁신과 효율진단 비즈니스를 창출한다는 구상이다.

'효율'이 세계 에너지시장 투자 견인

2022년 세계 에너지시장의 투자 규모는 전년대비 8% 증가한 2조4000억달러에 이를 전망이다.[116)]

국제에너지기구(IEA)는 최근 재생에너지 · 전력망 등의 전력부문과 에너지효율 부문이 에너지 투자 확대를 견인하고 있다고 분석했다. 석유 가스 석탄 등에 대한 투자는 코로나19 이전 수준으로 감소했다.

116) IEA, World Energy Investment 2022, 2022년 6월

다만 2022년 (전년대비) 순수하게 증가할 것으로 예상되는 투자금액 2000억달러 중 약 50%는 원가상승비를 충당하는 데 쓰일 것으로 보인다. 공급망 붕괴, 철강 · 시멘트 등 필수 건설자재 가격 상승효과로 원가가 급등한데 따른 것으로 풀이된다.

2022년 청정에너지 투자는 1조4000억달러를 넘어 전체 에너지 투자 증가분의 약 75%를 차지할 것으로 예상된다. 2015년 파리기후협정 이후 5년간 청정에너지 투자의 연평균 성장률은 2%를 조금 웃돌았으나 2020년 이후 12%로 급증했다. 2021년 청정에너지 투자규모가 많은 국가는 중국 3800억달러, EU 2600억달러, 미국 2150억달러 순이다.[117)]

청정에너지 투자 성장에 있어서는 재생에너지 비중이 가장 크며, 재생에너지와 그리드, 저장장치(storage)가 전체 전력부문 투자의 80% 이상을 차지한다. 효율향상 투자와 모빌리티의 전기화 역시 핵심 성장분야다. 2021년 건물에너지효율에 대한 연간 투자증가율이 역대 최대치인 16%를 기록했다.

다만 청정에너지 투자와 관련해 지역 편차는 해결해야할 과제다. 최근 세계 청정에너지 투자 증가세는 선진국과 중국에 집중돼 있다. 이에 비해 신흥국과 개발도상국의 청정에너지 지출은 2015년 수준에 머물러 있는 상황이다.

신흥국과 개발도상국의 투자는 공적자금 의존도가 높다. 따라서 현재 심화되는 세계경제 악화 분위기는 이들 정부의 에너지 프로젝트 자금지원 능력을 위축시킬 것으로 우려된다. 전 세계 인구의 60~70%를 차지하는 개발도상국들의 청정에너지 투자 회복이 탄소중립 실현의 핵심요소 중 하나다.

117) 한국산업기술진흥원(KIAT), 산업기술동향, 2022년 글로벌 에너지투자 전망, 2022년 7월 15일

5장

탄소중립을 위한 필수 기술

1. 태양광과 풍력
2. 무탄소발전
3. 수소
4. 전력계통
5. 에너지저장시스템(ESS)
6. 이산화탄소 포집·활용·저장(CCUS)

탄소중립을 실현하기 위해서는 다양한 방안이 복합적으로 연계돼 서로 영향을 주고받으며 나아갈 것이다. 그러나 이 가운데에도 우선 실행해야할 부분이 있고, 반드시 추진해야할 일이 있다.

우선 앞장에서 언급했듯 에너지사용량을 줄이는 노력이 필요하다. 에너지효율향상과 수요관리는 가장 기본이 되는 필수요소다.

화석연료에 집중됐던 에너지수요는 획기적으로 감축해야 한다. 이 과정에서 에너지수요의 상당 부분을 전기에너지로 전환시키는 과정이 요구된다.

필요한 전기에너지 연료는 화석연료가 아닌 재생에너지를 중심으로 공급돼야 할 것이다. 재생에너지 공급만으로 부족한 부분은 수소, 바이오, 원자력 등이 감당하도록 한다. 아울러 에너지저장장치(ESS), 전력계통 등 에너지 전달부문의 기술개발이 동시에 진행돼야 한다.

화석연료 사용은 최소화하되 부득이한 경우와 질서있는 퇴장을 위해 배출되는 이산화탄소를 포집해 저장하거나 활용(CCUS)하는 방안도 필요하다. 탄소중립 과정에서 수입하는 에너지원은 원유, LNG, 유연탄 등 천연자원에서 수소, 전력(슈퍼그리드) 등 가공자원으로 옮겨갈 전망이다.

이를 종합하면 탄소중립 실현의 핵심 감축수단은 기술혁신이고, 크게 6가지 수단이 필요하다.[118]

우선 네 가지 기술적인 수단이 있다. △에너지 수요 감축을 위한 에너지 효율 향상 △에너지 공급의 무탄소화를 위한 전기화 △새로운 에너지 수소의 활용 △마지막 수단인 CCUS이다.

또 정책적인 두 가지 수단으로는 △에너지안보와 지속가능한 전환을 위한

118) 손정락, 산업통상자원 R&D 전략기획단, 한국의 2050 탄소중립을 위한 청정에너지 기술의 혁신, 2021년 11월 17일

회복가능성(Resilience) △인프라 혁신과 연구개발(R&D) 투자를 위한 정부의 역할을 꼽을 수 있다. 여기서 회복가능성이란 극단적 변화가 아닌 점진적 변화, 질서있는 퇴장을 의미한다.

탄소중립을 위한 R&D는 투 트랙(Two-Track)으로 접근할 필요가 있다.

첫 번째는 규모의 확대(Scale-up)다. 기술개발에 성공해도 실증과 보급이 확산돼야 하며, 이를 위해 공공구매 활성화를 활용할 수 있다.

두 번째는 한계 돌파형(Break-through) 전략이다. IEA는 2050 탄소중립 목표 달성을 하려면 현재까지 알려지지 않았던 기술이 50% 이상 역할 할 것으로 전망했다. 그만큼 기존 한계를 뛰어넘은 기술혁신이 요구된다는 지적이다. 글로벌 오픈 이노베이션(Global open innovation) 활성화와 정부의 R&D 확대가 요구된다.

한편 우리 정부는 '탄소중립 산업 · 에너지 R&D 전략'을 마련하고, 탄소중립 실현을 위한 구체적인 발걸음을 내딛었다.[119]

탄소중립 핵심기술을 개발하기 위해 R&D 예산을 지속적으로 확대하고, 탄소중립 분야에 우선 투자한다는 방침이다. 이를 위해 탄소중립 R&D 예산을 2021년 8200억원에서 2022년 1조2000억원으로 대폭 늘렸다.

2023년 이후에는 산업부 R&D의 30% 이상(2021년 16.7%)을 탄소중립 분야에 집중 투자하기로 했다.

아울러 산업 · 에너지 R&D 지원체계를 탄소중립형으로 전환, △성과중심 대형 · 통합형 R&D △현장 중심 실증형 R&D △연대와 협력의 국제공동 R&D를 추진할 계획이다.

---

119) 산업통상자원부, '2차 탄소중립 산업전환 추진위원회 개최' 보도자료, 2021년 11월 18일

1. 태양광과 풍력

태양광효율 25%에서 40%로

태양광 발전은 태양의 빛에너지를 변환시켜 전기를 생산한다. 햇빛의 광전효과(Photoelectric effect)에 의해 전기를 발생하는 태양전지(Solar cell)를 활용한 발전방식이다. 광전효과란 어떤 파장보다 짧은 파장의 빛을 금속에 비추었을 때 그 금속에 전류가 흐르는 현상을 말한다.

국내 온실가스 배출량을 살펴보면 전력공급 부문이 약 37% 차지하는 데, 이는 전력소비량 증가와 함께 석탄발전 등 화력발전 비중이 크기 때문이다. 따라서 재생에너지 보급 확대가 탄소중립 실현의 토대라고 할 수 있다.

태양광발전의 장점은 무엇보다 친환경적이라는 데 있다. 태양광도 사용후 처분과정에서 환경파괴 논란을 온전히 피할 순 없지만 발전과정에선 온실가스 배출이나 환경오염 요인이 거의 없다.

또 부품이 모듈화되어 있고, 발전시스템이 단조로워 관리와 정비가 수월하다. 거대하거나 복잡한 기계장치가 없어 마모현상에 따른 유지보수도 크게 걱정할 필요가 없다. 이는 사고위험으로부터 자유로움을 의미하기도 한다.

반면 단점은 효율(출력)과 이용률(발전량)이 저조하고, 자연(태양)에 전적으로 의존하다보니 밤이나 비오는 날에는 발전이 불가능한 간헐성의 한계를 지닌다. 때문에 기저발전으로 활용하기 어렵고, 에너지저장장치(ESS) 등 보조수단이 있어야 활용성이 배가된다. 수상태양광의 경우 녹조, 적조 등 환경에 영향을 미치며, 수중 생태계 교란도 우려된다.

태양광발전 보급 확대를 위해서는 △핵심부품 국산화 △효율과 이용률 증가 △경제성 확보 △부지확보를 위한 합리적인 규제 △전력계통망 확보 등이 과제다.

태양광산업 생태계는 폴리실리콘→잉곳→웨이퍼→셀(태양전지)→모듈(패널) 순으로 구성된다. 국내 태양광시장에서 국산모듈 점유율은 약 80%에 이르지만 국내 셀 제조업체들이 쓰는 잉곳과 웨이퍼는 95% 이상이 중국산이다. 국내에서 유일하게 잉곳과 웨이퍼를 생산해 온 웅진에너지는 법정관리 상태이며, 관련사업 매각을 추진하고 있다.

태양광 발전시스템은 △셀이 모인 모듈과 △접속함(모듈에서 발생된 직류(DC)전기를 모아 인버터로 전달하는 기기) △인버터(DC를 교류전기(AC)로 바꾸는 기기) △축전지(낮에 생산된 전기를 밤에 사용할 수 있도록 전기를 저장하는 기기) 등으로 구성된다.

현재 25% 정도인 태양전지 효율은 2030년 36%, 2050년 40%로 끌어올릴 계획이다.[120] 결정질 실리콘 태양전지의 한계효율은 30%로 알려져 있으나 텐덤전지 등으로 개발하고 페로브스카이트 등 미래기술을 접목하면 40%의 효율도 가능한 것으로 보고 있다. 따라서 초고효율 태양전지 및 관련소재 부품 · 장비 R&D에 집중이 요구된다.

아울러 수상, 해상, 영농, 건물, 선박, 해상 등 태양광 입지 다변화도 필요하다. 국내 태양광 이용률은 평균 15~20% 정도다. 하지만 지역마다 편차가 있다. 이용률 향상도 탄소중립 실현을 위한 주요 과제다.

정부는 100% 재생 가능한 친환경 태양광모듈 기술(2030년 모듈 재활용률

120) 산업통상자원부, 탄소중립 산업 · 에너지 R&D 전략, 2021년 11월 17일

85%) 개발에 관심을 보이고 있다. 재활용 태양광 실리콘 소재생산은 현재 연간 1800톤 수준에서 2050년 5만톤으로 확대한다는 계획을 수립했다.

태양광발전의 안정적인 부지확보를 위해 합리적인 규제완화도 추진한다. 산업부는 주거지역 또는 도로에서 일정거리 이내에 재생에너지발전소를 짓지 못하도록 하는 이격거리 규정 법제화에 착수했다.

신영대 의원실이 이격거리 조례를 조사한 바에 따르면 전국 129개 지자체가 재생에너지 이격거리 규제를 두고 있다.[121] 규제 범위는 지자체마다 제각각이어서 태양광의 경우 평균 이격거리가 300m이며, 최대 1000m를 넘는 곳도 있다. 태양광발전은 최근 공급이 급증한데다, 날씨 · 수요 · 고장 등 불확실성과 변동성이 심해 안정적인 전력계통망 확보도 관건이다. 생산전력의 전환효율을 높이고 소모 전력은 낮추는 차세대 AC/DC 하이브리드 송 · 배전 시스템 기술 확보 등이 도전과제다.

한편 산업부는 '5차 신재생에너지기본계획'(2020~2034년)에서 2034년 최종에너지 중 신재생에너지비중을 13.7%(재생에너지 12.4%, 신에너지 1.3%), 발전량 중 신재생에너지 비중을 25.8%(재생에너지 22.2%, 신에너지 3.6%)로 각각 수립했다.

설비용량은 태양광의 경우 2018년 8.1GW에서 2034년 49.8GW로, 풍력의 경우 같은기간 1.3GW에서 24.9GW로 확대할 계획이다.[122]

2034년 기준 재생에너지 보급을 통한 온실가스 감축량 목표는 6900만톤 CO_2이다. 2017년 감축량 1460만톤CO_2 대비 4.7배 많은 규모다.

121) 신영대 의원(더불어민주당), 산업통상자원부 국정감사 자료, 2021년 10월
122) BNEF, 주요국 태양광 설비용량 전망(GW, 2018년 → 2034년) : 미국(64.2 → 319.8), 중국(179.8 → 894.1), 일본(56.1 → 144.7), 2020년 기준(사업용 및 자가용 포함)

해상풍력, 초대형 블레이드가 성패

풍력발전은 바람의 힘으로 발전기를 돌려 전기를 생산한다. 바람에 의해 날개(블레이드)가 회전하면, 그 힘을 기계적 에너지로 변환시켜 전기에너지를 얻는 방식이다. 이렇게 얻은 에너지는 풍차 날개 길이의 제곱에 비례하고 바람 속도의 세제곱에 비례한다. 즉 풍력발전은 바람의 세기가 세고, 큰 풍차를 설치할 수 있는 곳일수록 더 많은 에너지를 생산할 수 있다.

풍력발전의 장점은 별도의 연료가 필요 없고, 폐기물이 발생하지 않으며, 온실가스를 배출하지 않는다. 태양광발전과 함께 대표적인 친환경에너지로 꼽힌다.

하지만 소음 문제로 지역주민 민원이 발생하기도 하고, 새를 포함한 동물의 이동을 방해한다는 지적이 있다. 또 바람이 불지 않으면 발전이 불가능하고, 일정한 바람 세기가 있는 곳에서만 발전이 가능해 간헐성의 한계가 뚜렷하다.

우리나라 육지에는 풍력발전에 적합한 지역이 많지 않다. 그러나 해상은 좀 다르다. 우리나라는 삼면이 바다로 둘러싸여 있는데다 해상의 바람 상태가 좋아 높은 효율을 기대할 수 있다. 해상풍력이 탄소중립 실현을 위해 필수 에너지로 떠오르는 이유다.

해상풍력 건설기간은 일반적으로 6~7년 소요되는데 그만큼 규모가 크고, 여러 산업이 연관돼 있다. 운영기간은 25년 전후로 본다.

해상풍력 전주기는 크게 7단계로 구분할 수 있다. △계획(계획과 설계, 조사, 인허가) △제조(부품과 시스템 생산) △수송(부품을 항만에서 사업지역으로 운송) △설치(하부구조와 타워, 터빈, 변전소 등 설치) △시운전(전력계통에 연결후 시험운전) △유지관리(상업운전 및 관리) △해체(풍력발전 시스템 해체) 등이다.

블룸버그 뉴 에너지파이낸스(BNEF)에 따르면 전 세계 해상풍력은 유럽, 중국을 중심으로 2019년말 기준 29.1GW가 설치됐으며, 2030년 누적 177GW 설치가 예상된다. 국제재생에너지기구(IRENA)는 유럽의 경우 2040년부터 해상풍력이 발전량 1위 에너지원이 될 것으로 전망했다.

우리나라는 2019년말 기준 상업운전 중인 해상풍력이 125MW에 그치고 있다. 하지만 2030년 12GW, 2034년 20GW 달성을 통해 세계 5대 해상풍력 강국으로 성장한다는 목표를 세웠다.[123] 이를 위해서는 초대형 시스템 구축과 부품 기술개발, 주민수용성 확보 방안이 과제다.

한국에너지기술평가원에 따르면 우리나라 기술력은 해상하부구조물, 타워, 블레이드는 세계 최고 수준이지만 발전기, 증속기, 시스템시험분야에선 세계 수준대비 60~80% 선에 머물러 있다. 이들 품목의 국산화율은 기술력보다 더 낮은 40~60%에 그친다.

단지개발 운영 측면에서도 운송, 설치 기술은 선진국과 어깨를 나란히 하지만 단지설계, 계통연계는 50~60% 수준이다. 풍력발전 대형화를 위해서는 단지설계, 부품, 시스템, 운송, 설치, 시공, 운영, 유지보수 기술이 전반적으로 요구된다.

특히 풍력발전은 터빈의 블레이드 크기가 클수록 발전효율과 발전량이 증가하고, 시공비 절감효과가 크다. 현재 우리나라 기술력은 5MW급 수준이며, 두산에너빌리티가 8MW급 터빈의 실증을 시작했다. 미국 베르노바(Vernova)가 14MW급 실증작업을 벌이고 있는 점과 대비된다.

업계에서는 15~20MW급의 초대형 해상풍력발전기 기술 확보가 경쟁력을 좌우할 것으로 전망한다. 우리나라는 2030년 15MW, 2040년 20MW 상용화

123) 관계부처 합동, 해상풍력 발전방안, 2020년 7월 17일

를 목표하고 있다.

주민수용성과 관련해서는 '발전소 주변지역 지원에 관한 법'에 따라 실질적인 지원방안을 모색하고, 지역산업 및 주민 참여 · 지자체 주도 모델로 개발하는 방안을 확대한다. 주민 · 지역과 이익을 공유하는 형태다.

대규모 해상풍력 개발과정에 지역산업의 역량과 공급망을 활용할 경우 개발~운영기간 동안 110조원 이상의 경제파급 효과가 나올 수 있다는 연구도 나왔다.[124] 녹색에너지전략연구소는 호남권(전북 전남)에 10.6GW의 해상풍력을 설치하고, 높은 비율로 지역기업이 참여할 때 건설기간 동안 생산유발효과 70조3000억원, 부가가치유발효과 39조8000억원이 발생할 것으로 추정했다. 운영기간에는 각각 3조원, 1조원의 유발효과를 예상했다.

해상풍력 신흥강국으로 부상한 대만은 외국기업의 과점을 방지하고, 국가(지역)산업과의 연계를 위해 '해상풍력 단지에 대한 국산화 규정'을 만들었다.[125] 자국의 해상풍력발전산업 역량을 강화하기 위해 사업 추진시 국산화 품목 의무화(대만 내에서 생산)를 규정한 것이다. 〈4장 2.재생에너지〉참조.

124) (사)녹색에너지전략연구소, 해상풍력 개발의 지역경제 영향 분석, 2022년 3월
125) 코트라(KOTRA) 타이페이무역관, 2022년 대만 풍력발전 산업 정보, 2022년 3월 15일

2. 무탄소발전

수소·암모니아 혼소발전의 부상

무탄소발전이란 말 그대로 전기에너지 생산과정 중에 탄소를 배출하지 않는 발전기술을 말한다. 즉 이산화탄소나 질소산화물 배출량이 많은 화석연료 대신 청정연료인 수소나 암모니아를 연료로 사용해 전기를 생산하는 방식이다.

정부는 탄소중립 이행방안 중 하나로 무탄소발전을 추진하고 있다.[126)]

중장기 세부전략으로는 발전용 가스터빈 연료를 2050년 수소(H_2) 및 암모니아(NH_3)로 100% 전환한다. 수소는 LNG 대체와, 암모니아는 석탄 대체와 비례해 각각 온실가스 발생량이 저감된다.

암모니아는 1개의 질소와 3개의 수소원자가 결합된 화합물이다. 그래서 수소를 암모니아로 전환하거나, 암모니아에서 수소를 추출할 수 있다.

암모니아에서 수소를 뽑아내면 발전소 등에서 연료로 사용할 수 있다. 암모니아 연료에는 탄소가 없기 때문에 연소과정에서 이산화탄소가 배출되지 않고, 무해한 질소만 나온다. 이 기술을 적용하면 기존 발전설비와 송배전선로 등 전력 인프라를 그대로 활용하면서 온실가스를 줄일 수 있다. 설비투자와 변경을 최소화할 수 있다는 장점이다.

암모니아는 상온에서 압축하면 10bar(물 100m를 올리는 압력)에서 액화되

126) 산업통상자원부, 탄소중립 산업 · 에너지 R&D 전략, 2021년 11월 17일

기 때문에 장시간 저장과 장거리 운송이 용이하다.

하지만 암모니아는 자연발화온도가 약 650℃이고, 최소 점화에너지(발화점이 되는 온도의 에너지, 680mJ)가 높다.[127] 쉽게 말하면 연소가 잘 안돼 연료로서 활용도가 떨어진다는 의미다. 암모니아의 발전량과 연소 속도는 LNG연료 대비 각각 50%, 20% 수준에 그친다.

이런 단점을 극복하기 위해 혼소(두종류 이상의 연료로 연소)발전이 부상했다. 암모니아 혼소발전은 기존 화력발전소에서 석탄과 암모니아를 혼합해 탄소배출은 줄이되, 발전량은 유지하는 형태다.

다만 암모니아 혼소가 상용화되려면 풀어야 할 숙제가 있다. 가스터빈이나 보일러, 내연기관 등에서 직접 고온으로 연소시킬 경우 질소산화물이 나온다. 질소산화물은 대기오염물질이어서 촉매나 요소수 처리 등으로 저감해야 한다. 이중 주로 이용하는 방법이 고체로 된 촉매를 이용하는 것이다. 질소산화물을 질소와 산소로 분해해 배출하는 방식이다.

이와 함께 연료를 태울 때 아예 질소산화물이 생기지 않도록 하는 방안이 연구되고 있다. 한국에너지기술연구원은 연료노즐 설계를 최적화하고 버려지는 열을 재활용하는 등 100% 암모니아만 이용한 연소기술을 개발 중이다.

수소 혼소발전은 기존 LNG발전소의 가스터빈에 천연가스와 수소를 혼합해 전기를 생산한다. 이 방식은 투입되는 전체 연료 가운데 수소비중이 높을수록 이산화탄소 배출이 줄어들며, 수소비율이 100% 됐을 때 넷제로를 실현할 수 있다. 또 탄소중립 실현을 위한 핵심기술에는 발전효율 65% 이상의 고효율 연료전지를 기반으로 하는 MW급 복합발전 상용시스템 개발도 포함돼 있다.

---

127) 한국에너지정보문화재단, 에너지정보광장, 암모니아 혼소발전, 2021년 8월 23일

2040년 수소·암모니아 전소 목표

우리나라는 '2030년 국가온실가스감축목표(NDC) 상향안'에서 2030년 암모니아 발전을 총 발전량의 3.6%(22.1TWh)로 책정했다. '2050 탄소중립 시나리오'에도 무탄소 가스터빈 발전이 2050년 총 발전량의 13.8~21.5%를 담당할 것으로 편성했다.[128)]

이중 수소발전은 2028년까지 150MW급 50% 혼소 실증을 완료하고, 2035년 30% 이상 혼소를 상용화한다. 이어 2040년 복합효율 65%, 전소를 목표로 한다.[129)] 암모니아 발전은 2027년까지 20% 혼소 실증을 완료한다. 나아가 2030년 전체 석탄발전 43기의 절반 이상(24기)에 20% 혼소 발전을 적용해 상용화한다는 구상이다. 2040년에는 열생산용 암모니아 전소시스템을 실증한다는 로드맵을 마련했다.

무탄소발전 실용화를 위해서는 다음 세 가지 기술이 전제돼야 한다.[130)]

첫째 수소 · 암모니아 터빈 기술이다. 앞에서 설명했듯이 기존 LNG 대신 무탄소 연료인 수소 및 암모니아를 사용하는 가스터빈이다. LNG 복합발전의 에너지원 전환을 통해 발전부문 2050 탄소중립 달성에 크게 기여할 것으로 기대된다. 수소 · 암모니아 터빈의 연소기 설계 · 제작, 엔진 최적화, 실증 부분에 있어 선진국과의 기술격차는 극복과제다.

둘째 무탄소 보일러 기술이다. 이 기술은 기존 화력발전 보일러 연료인 석탄을 무탄소배출 또는 역배출(negative emissions)이 가능한 암모니아, 분말금속 연료, 바이오매스로 전환한다. 나아가 이산화탄소 포집 · 저장 · 활용

128) 관계부처 합동, 2050 탄소중립 시나리오안, 2021년 10월 18일
129) 산업통상자원부, 에너지탄소중립 13대 분야 · 197개 핵심기술 로드맵 보도자료, 2021년 12월 2일
130) 산업통상자원부 · 한국에너지기술평가원, 2050 탄소중립 에너지기술 로드맵, 청정연료발전, 2021년 12월

(CCUS), 순산소 연소기술과 연계해 이산화탄소와 미세먼지 배출을 혁신적으로 저감시킨다. 암모니아 전소, 분말 금속 연소시 온실가스를 100% 감축한다. 안전한 암모니아 저장 및 공급기술 개발은 선결과제다.

셋째 신(新)발전 및 재생에너지 연계 기술이다. 발전분야에서 나오는 이산화탄소 저감을 위해 타 산업군 또는 타 발전시스템과 융합된 발전기술이 필요하다. 디지털화된 신기술은 재생에너지와 연계해 시스템 효율을 높이고, 간헐성 보완(문제 발생시 10분이내 가스터빈 급속 가동)을 통한 전력계통 안정성 향상이 가능하다. 이를 위해 태양광 · 풍력발전의 급격한 확대에 따른 계통 유연성, 안정성 확보를 위한 디지털 발전소, 운영기술 개발이 병행돼야 한다.

정부는 무탄소발전 대표기술로 △가스터빈 수소 혼소 리트로핏 △표준 가스터빈 수소 혼소 △5MW 수소 전소 가스터빈 최적화 및 복합발전 △석탄발전 보일러 암모니아 혼소 전환 △무탄소 연료를 적용한 제로(ZERO) 배출 연료전지 시스템 기술 등을 개발 중이다.

일본은 50kW급 암모니아 전소 및 2MW급 암모니아 혼소율 20% 가스터빈 기술을 개발했고, 40MW급 암모니아 전소 가스터빈 개발에 착수했다.[131)]

일본 석탄발전소에서 암모니아 20% 혼소발전을 실행하면 이산화탄소 약 4000만톤을 감축할 수 있는 것으로 알려졌다. 미국은 전력연구원(EPRI)과 가스기술연구소(GTI)가 2020년 '저탄소 자원 이행계획'을 수립, 40kW 가스터빈을 이용한 화염안전화 연구를 진행하고 있다.

131) 이동기, 한국과학기술기획평가원, 2030 국가온실가스 감축목표에 기여할 10대 미래유망기술, 2022년 3월 23일

3. 수소

수소공급은 국내·해외 투트랙으로

탄소중립 달성에 기여할 가장 핵심적인 에너지원중 하나로 수소가 꼽힌다. 수소는 생산과정에서 이산화탄소 배출량에 따라 크게 세 종류로 구분하는 게 일반적이다. 그레이수소는 개질(추출)수소와 부생수소로 나뉜다. 개질수소는 천연가스를 고온 · 고압에서 분해해 얻는 수소이며, 부생수소는 석유화학공정이나 철강생산 과정에서 부산물로 나오는 수소를 말한다. 수소 1kg 생산시 5~10kg의 이산화탄소가 배출된다.

블루수소는 그레이수소 생산시 배출된 이산화탄소를 포집 · 저장해 온실가스 배출을 줄인 수소다. 이산화탄소가 소량 나온다. 대신 블루수소 생산기술은 이산화탄소 포집 · 전환기술이 없으면 구현 불가능하다. 그린수소는 재생에너지로 생산한 전력을 이용해 물을 전기분해(수전해)하면서 생산한 수소다. 이산화탄소가 배출되지 않지만 생산비용이 높다.

현재 생산되는 수소의 약 96%는 그레이수소로, 탄소중립을 위해서는 반드시 청정수소(블루 · 그린수소)로 전환해야 한다. 이 외에 원자력을 이용해 생산한 수소는 핑크 수소라고 부른다. 수소를 통한 탄소중립 실현을 위해서는 생산(공급) 뿐 아니라 유통 · 활용 등 수소경제 전주기 생태계 구축이 필요하다.[132)]

132) 관계부처 합동, 에너지 탄소중립 혁신전략(탄소중립 선도기업 초청 전략보고회), 2021년 12월 10일

■ 수소경제 전주기 생태계

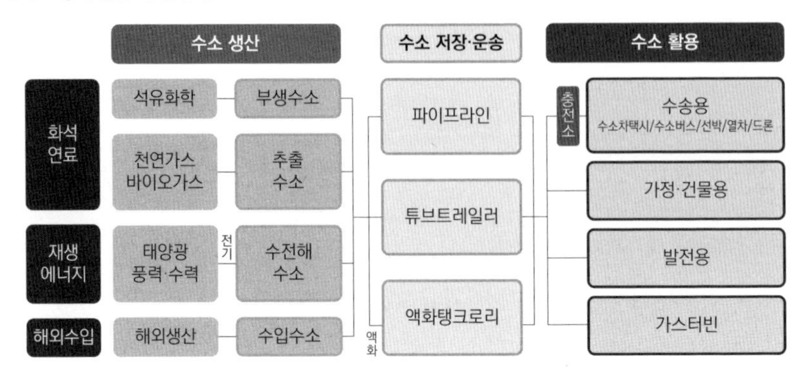

*출처:대한민국 정책브리핑

우리나라는 청정수소 공급을 위해 국내 생산기반 구축과 해외 수입을 병행해야할 것으로 보인다. 국내는 동해 폐가스전에서 블루수소를 생산하고, 재생에너지 잉여전력을 수전해해 그린수소로 만든다.

단기적으론 블루수소 의존이 불가피하겠지만 향후 재생에너지 발전량이 증가해 잉여전력이 늘어날 경우 그린수소가 주력으로 올라설 수 있다. 따라서 수전해 기술력 확보가 관건이다.

해외수입의 경우 도입량의 50%는 우리 기술과 자본으로 해외 청정수소를 생산 · 도입할 방침이다. 산업용과 발전부문에서 늘어나는 수소 수요를 국내 생산만으로 감당하기란 태부족할 전망이다. 다만 수소를 해외에서 수입하기 위해서는 수소액화기술이 필요하다.

우리나라는 2050년 재생에너지 연계 100MW급 그린수소 생산시스템 마련과, 장거리 · 대용량 운송이 가능한 수소액화시스템(50톤/일급 상용화, 액화효율 6kWh/kg) 기술 확보를 목표로 세웠다.

유통망은 수요처 중심으로 우선 구축해오던 것을 전국단위로 확산한다. 우리나라 국가산업단지 47개 중 21개가 항만을 포함하거나 인접해있다. 따라서 산업단지공단과 도시 중심으로 수소공급 인프라를 구축하는 등 권역별 단계적 확대를 추진한다.

활용부문은 승용차 · 연료전지 위주에서 수송 · 산업 · 발전 전분야로 다각화할 계획이다. 수송은 상용차 · 건설기계 · 선박 등으로 다양화하고, 산업용 공정은 기존 석탄과 LNG에서 수소로 교체한다. 연료전지는 석탄+암모니아 혼소, LNG+수소 혼소방식을 수소전소발전으로 전환한다는 구상이다.

수소경제는 탄소중립, 에너지안보 실현은 물론 공급망 전반에 걸쳐 산업활성화 파급효과도 기대된다.[133]

생산과 저장, 운송에 필요한 인프라를 구축하면 화학 · 금속 · 기계설비 관련 투자와 고용 확대를 가져올 수 있다. 대표적으로 수소차에는 전기차보다 더 많은 부품이 활용되기 때문에 중소 · 중견협력 부품업체의 성장을 예견할 수 있다. 기업이 성장하면 고용창출은 함께 따라온다. 또 우리나라는 세계 최초로 수소차 양산에 성공하는 등 활용분야 기술력이 높아 자동차 · 조선 · 석유화학 등 전통 주력산업과 연계시 경쟁력 제고가 가능하다.

우리나라는 2020년 2월 세계최초로 수소법을 제정한 이후 2021년 11월 수소경제 이행 기본계획 등 정책 추진기반을 마련했다.

세계 수소시장 연평균 9.2% 성장

코트라(KOTRA)에 따르면 세계 수소 생산시장 규모는 2020년 기준 약

133) 코트라(KOTRA), 주요국 수소경제 동향 및 우리기업 진출전략, 2022년 2월

1296억달러다. 이후 연평균 9.2% 성장해 2025년 약 2014억달러에 이를 전망이다. 아시아-태평양지역이 가장 높은 성장률(연평균 10.0%)을 기록하며 2025년 935억달러 규모로 예상된다.

수소 저장시장 규모는 2024년 182억달러로 추정된다. 북미지역이 가장 큰 규모(105억달러)와 높은 성장률(6.2%)을 기록할 전망이다.

주요국들의 수소경제 추진현황을 살펴보면 미국 에너지부(DOE)는 수소샷(Hydrogen Shots) 목표 달성을 위해 약 5000만달러를 지원하기로 했다. 수소샷은 수소 1kg 가격을 현재보다 약 80% 절감한 1달러에 공급(1-1-1) 하겠다는 구상이다. 미국은 수소생산을 위해 2021년 6월부터 17MW 규모의 수전해 설비를 운영하고 있다. 2030년까지 자국 수소 수요를 1700만 톤으로 확대하고, 자급률 100%를 달성한다는 목표다.

독일의 수소 생산시장은 연평균 9.6% 성장해 2025년 시장규모가 약 95억달러에 이를 전망이다. 독일은 2030년 수소 수요량(90~110TWh 전망)의 13~16%를 자체 충당할 계획이다. 2021년 7월부터 베셀링시에 그린수소 수전해 10MW 설비 운영을 시작했다. 또 2030년까지 수소차 180만대 보급 및 수소충전소 1000개소를 건설하기로 했으며, 2023년까지 약 41억달러 규모의 수소 · 친환경차 구매 보조금을 지원할 계획이다.

영국은 2021년 8월 수소 전략을 발표하고, 2030년 수소 생산 5GW 달성으로 일자리 창출 및 청정성장을 추진하고 있다.

중국은 2018년 연간 1900만톤 수준인 수소수요를 2050년 5000만톤까지 늘릴 계획이다. 또 재생에너지를 활용한 수전해 방식의 그린수소 생산 비율을 2050년 70%까지 확대하기로 했다. 2030년까지 수소차 100만대 보급과 수소충전소 1000개소 설립도 추진한다.

일본은 저비용 수소 조달 · 공급을 위해 해외자원 활용과 자국내 그린수소 생산역량 강화를 병행한다. 해외에서는 미이용에너지(호주 갈탄)와 재생에너지(사우디아라비아 태양광)로 수소를 생산하는 실증사업을 진행 중이다. 자국에선 10MW급 수소 생산시설을 갖춘 '후쿠시마 수소에너지연구단지'를 구축했다. 수소차는 2025년 20만대, 2030년 80만대 보급목표를 세웠다.

호주는 2019년 국가수소전략을 수립한 이후 대규모 수소 유통 및 수출 허브 조성으로 수출자원화를 추진하고 있다. 탄소포집 · 활용 · 저장(CCUS) 기술을 활용한 대규모 생산으로 2030년까지 수소 생산비용을 1kg당 1.39달러까지 낮춘다. 정부는 CCUS 기술개발에 약 3억5000만달러를 투자할 계획이다. 2050년까지 전체 수소 생산량의 75%를 수출한다는 목표로, 현재 갈탄을 이용해 생산한 수소를 일본으로 수송하는 HESC(Hydrogen Energy Supply Chain) 프로젝트도 추진 중이다.

2030년이면 가격경쟁력 확보

이처럼 수소경제로 전환을 위해 주요국들의 경쟁이 치열한 가운데 2030년 전후가 변곡점이 될 것으로 관측된다.[134)]

2030년은 탄소중립과 에너지전환에 따른 과도기로, 인프라 신규투자와 전환비용이 확대될 전망이다. 해외에서의 수소수입이 가시화되고, 청정수소 생산 · 연료전지 · 수소액화기술 등이 국가경쟁력을 좌우할 것으로 보인다.

무엇보다 2030년이면 청정수소의 경제성이 확보될 것이란 전망이 나온다. 블룸버그 뉴 에너지파이낸스(BNEF)에 따르면 2050년 청정 수소의 생산 단가가 현재 1kg당 2.5~4.6달러에서 0.8~1.6달러(1040~2080원)까지 하락할 전

134) 이동기, 한국과학기술기획평가원, 2030 국가온실가스 감축목표에 기여할 10대 미래유망기술, 2022년 3월 23일

망이다.[135)]

관련업계에서는 경제성 확보 기준으로 1kg당 3달러 수준으로 본다. 이 점을 고려하면 2030년쯤에는 수소 경제의 본격화를 예상할 수 있는 대목이다.

2018년 수소생산 비용은 부생수소 방식이 수소 1kg당 2000원 미만으로 가장 경제적이다. 천연가스 개질은 2700~5100원, 수전해 방식은 9000~1만원 수준이다. 실제로 청정수소 생산을 위한 수전해 기술의 가격경쟁력은 빠르게 확보되고 있다.[136)] 알카라인 수전해 방식의 경우 2014년보다 2019년 비용이 25~40% 하락했다. 양성자교환막(PEM, Proton exchange membrane) 방식의 수전해 비용도 같은 기간 36%~50% 떨어졌다.

지금 같은 속도라면 향후 하락폭은 더 빨라질 것으로 예상된다. 이에 따라 단기적으로는 천연가스 개질 수소 보급이 주를 이룰 것으로 보인다. LNG 공급망을 통해 수요처 인근 수소 생산기지를 주요 공급원으로 활용하는 방식이다. 그러나 중장기적으로는 수전해 수소가 대세를 보일 것이다.

신재생에너지 발전 단지와 연계해 대규모로 수전해 수소를 생산하거나, 해외 기반 청정수소를 수입하는 방식이다.

한편 BNEF는 지구 온도 상승 폭을 1.5℃이하로 억제한다는 전제 하에 2050년까지 수소에너지 수요가 2015년 대비 약 10배 증가할 것으로 전망했다. 전체 에너지수요의 7% 수준이다. 나아가 수소 정책이 적극적으로 추진되면 2050년 글로벌 에너지 수요의 24%를 차지할 것으로 내다봤다. 이 경우 2050년 수소 시장규모는 7000억달러(매출 기준) 수준으로 예상됐다.

135) 블룸버그 뉴 에너지파이낸스(BNEF), Hydrogen Economy Outlook, 2020년 3월
136) 딜로이트, 수소 경제의 본격화 시점– 결코 먼 미래가 아니다, 2020년 11월

4. 전력계통

제주도, 재생에너지 출력제한 빗발

전력계통은 발전소 · 변전소 · 송전선 · 배전선 등 전력의 발생과 수송, 이용이 이루어지는 시스템을 말한다. 무엇보다 다양한 에너지원들이 전력망에 어려움 없이 접속해 소비자에게까지 안정적으로 공급하는 일이 중요하다.

그런데 탄소중립 실현을 위한 재생에너지 비중이 늘어남에 따라 전력계통의 유연성 부족이 우려되고 있다. 재생에너지는 필요에 따라 출력을 제어하기 어렵고, 자연조건에 따라 변동성이 커 전력계통 안정성에 영향을 미친다.

유연성 부족시 전력계통 고장이나 정전 발생 가능성이 커 재생에너지 출력제한, 부하(Load, 전원에서 전기에너지를 공급받아 어떠한 일을 하는 것) 조정 등이 필요하다. 실제로 태양광 · 풍력 등 재생에너지 발전설비가 급증한 제주도에서는 2020년 77회, 2021년 65회 출력제한 조치가 단행됐다.

재생에너지 발전이 강제 중단된 이유는 재생에너지 전력이 수요보다 과다하게 생산됐기 때문이다. 재생에너지는 기상조건에 따라 발전량 변동성이 큰데, 전력계통망에 과잉 생산된 전기를 제한 없이 흘려보내면 과부하가 생긴다.

국내 재생에너지 설비용량은 2021년말 현재 27GW다. 9차 전력수급기본계획의 재생에너지 보급목표 78GW(태양광 45.6GW, 풍력 24.9GW)를 달성하기 위해서는 51GW 규모의 재생에너지 신규 설치가 필요하다. 계획상 발전비중은 2034년 26.3%(연료전지, 석탄가스화복합발전 포함)다. 그만큼 전력계통의 안정성이 요구되는 것이다.

한전 경영연구원은 전력계통 유연성 확보를 위해 △공급 △수요 △에너지 저장 및 변환 △계통운영 및 인프라 등 4가지 방안을 꼽았다. 이어 재생에너지 보급 확대에 맞춰 단계적인 유연성 강화방안을 제시했다.[137)]

공급측면 유연성은 화력발전 리트로핏(성능개선), 재생에너지발전 예측 개선, 인버터 유연 운전을 추진한다. 보일러 개선으로 화력발전 용량과 효율을 높이고, 터빈 개선으로 발전기 제어특성을 보완하며, 정화장치 설치로 배기가스 감축효과를 기대할 수 있다.

수요측면 유연성은 소비자에게 인센티브나 시간대별 차등요금을 적용해 전기소비를 조정하는 것이다. 인공지능(AI)을 활용한 수요관리는 전력피크 시간대 소비를 줄이는데 효과적이다.

스마트 인버터(전력변환장치)는 전력망 감시 · 제어, 전력변환 효율향상 등에 필요한 혁신제품이다. 에너지저장 및 변환은 에너지저장장치(ESS)와 섹터커플링을 활용하는 방안으로, 뒤에서 자세히 다루도록 한다.

계통운영 및 인프라 측면은 계통연계, 송전선로 보강, 예비력 시장 및 전력시장 시간대 운영 개선 등이 있다. 계통연계는 슈퍼그리드를 활용해 국가간 전력을 공유하는 광역정전망이 대표적인데, 유럽에서 활성화되어 있다.

하지만 우리나라는 삼면이 바다인데다 북쪽은 북한과 대치 중 이어서 당장 실현하기란 쉽지 않은 현실이다. 이와 관련 산업부와 한전, 한국전력거래소는 '전력계통 혁신방안'을 마련하고, '선(先) 전력망 후(後) 발전' 전략을 추진하기로 했다.[138)] 재생에너지 목표 수요를 고려한 송변전 설비계획을 먼저 세운 후

137) 배문성, 한국전력 경영연구원, MEMRI 전력경제 REVIEW, 계통 유연성 개념 및 확보방안, 2021년 11월 24일
138) 산업통상자원부, '안정적 전력계통 운영을 위한 전력계통 혁신방안' 보도자료, 2021년 12월 28일

발전계획을 수립하는 것이다.

장기간 소요되는 송전망 건설을 선제적으로 추진하며 전력망 보강에 나선다. 혁신방안에는 재생에너지 발전량을 실시간 모니터링하고, 원격제어 가능한 통합관제시스템을 2025년까지 구축하겠다는 계획도 담겼다.

대용량 장거리 송전망 변화 필요

또 한전과 한국과학기술원(KAIST)은 그래핀 섬유 기반 초경량 · 대용량 전력선 제조 및 양산화 기술 확보를 위한 공동연구에 착수했다. 기존 송전선로를 이용하되 전력선만 교체해 송전용량을 증대시킬 수 있는 신소재 전력선 개발을 위해서다.

한전은 현재 금속소재인 알루미늄(전류를 흘려주는 부분)과 강철(인장강도를 유지하는 부분)로 구성된 알루미늄 강심(ACSR) 선재를 사용하고 있어 기술적으로 송전용량 증대가 한계에 도달했다. 한전과 KAIST의 연구가 성공할 경우 기존 알루미늄 소재 전력선보다 3배 이상의 송전용량 증대가 가능할 것으로 기대된다.

송전망 건설이 국내 전력계통 혁신에 핵심요인인 이유 중 하나는 재생에너지의 경우 일조량이 큰 남부지역(전남 전북 경남) 중심으로 공급시설이 편중되어 있다는 점이다. 때문에 전력수요가 많은 수도권으로 전력을 공급하려면 원활한 송전을 위한 유연성 보강이 필요하다.

아울러 대용량 장거리 송전중심 전력공급체계의 변화가 요구된다. 그 지역에서 생산한 전기는 그 지역에서 소비(분산형 전원)하고, 최소한의 전력만 인근지역과 연계하는 시스템 구축이다.

이 부분을 충족시키려면 기존 교류(AC) 전력망에 새로운 직류(DC) 전력망을 연계해 전력의 흐름을 자유롭게 제어하도록 해야 한다. 그렇게 되면 높은

변동성과 불확실성 속에서도 상호보완적 운영을 통해 전력망의 안정적 확보가 가능하다.[139)]

또 탄소중립 추진에 따라 화석연료 기반의 열, 가스, 전기 등의 에너지는 재생에너지 기반 전기에너지 중심으로 변화될 것으로 예상된다. 이에 건물 냉난방, 산업공정, 수송 등 전력 이외 부문의 에너지 수요를 통합해 전력계통 자원으로 유연하게 활용하는 기술이 추진과제다.

특히 전기차 증가추세는 충전인프라 확대에 따른 배전망 보완 기술을 필요로 한다. 수송기기용 배터리를 활용하는 스마트충전과 양방향 충전기술이 포함된다.

미래 전력시스템은 기존 전력시스템에서는 고려되지 않던 재생에너지원의 변동성, 불확실성, 관성 저하에 따른 주파수 문제, 선로 이용률 변화 등이 발생한다. 따라서 현 전력시스템의 수동적 한계를 극복하고 능동적(active), 적응형(adaptive) 시스템을 구축하는 등 전력계통의 혁신이 요구된다.[140)]

---

139) 이동기, 한국과학기술기획평가원, 2030 국가온실가스 감축목표에 기여할 10대 미래유망기술, 2022년 3월 23일

140) 산업통상자원부 · 한국에너지기술평가원, 2050 탄소중립 에너지기술 로드맵, 전력계통, 2021년 12월

5. 에너지저장시스템(ESS)

재생에너지도 연중무휴 공급 가능

전력계통과 더불어 재생에너지의 간헐성 · 변동성 한계를 극복하려면 에너지저장시스템(ESS)이 필요하다. ESS는 생산된 전기를 저장했다가 필요할 때 공급하는 시스템으로, 대규모 · 장(長)주기 기술이 핵심이다.

예를 들어 태양광발전의 경우 한낮에 생산이 집중되는데, 이때 수요보다 많은 전력이 생산되면 ESS에 저장했다가 필요시 꺼내 쓰는 개념이다. ESS가 보급되면 재생에너지 발전 및 수용가 수요 변동성에 대응해 1년 365일 연중무휴 안정적인 전력공급이 가능하다.

제주도 출력제한 사례처럼 태양광 · 풍력발전 생산을 강제로 억제할 필요가 없어 재생에너지 이용률 향상에 도움이 된다. ESS는 전기차(EV) 초고속 충전에 적합하며, 분산형발전과 연계해 A지역에서 생산한 전기를 A지역에서 소비할 때도 ESS의 역할이 기대된다.

도심과 수용가 지역의 전력수요는 꾸준히 증가하고 있다. 전력수급 안정을 위해선 전력의 추가 공급이 필요한 상황이다. 하지만 지역주민 수용성 등의 문제로 도심내 신규 발전소 건설은 쉽지 않다.

그렇다고 현재처럼 도심과 멀리 떨어진 발전소에서 전력을 장거리 송전할 경우 전력손실은 물론 지역불균형 논란에서 자유로울 수 없다. 도심과 수용가 지역에 ESS를 분산형발전기(재생에너지 활용 설치)와 함께 설치할 경우 이러한 문제를 한 번에 해결할 수 있다.

에너지기술평가원은 ESS 활성화 전략으로 △안정적 전력 공급원으로 효용성 극대화 △전력계통 단주기 출력 안정화 △수용가 분산전원형 시스템 등 3가지를 꼽았다.[141)]

첫째, 재생에너지의 변동성과 발전량 불확실성을 보완할 대안이다. 탄소중립 달성을 위해 주요 전력공급원으로 활용할 수 있다.

둘째, 순간 고출력 성능이 우수해 발전량 변동에 능동적 대응이 가능하다. 발전효율을 극대화할 수 있으며 전력품질 향상을 가져온다.

셋째, 수용가에 설치된 다양한 ESS 능동적 제어 및 통합시스템 구축 · 운영을 담당한다. 이를 통해 도심 전력수요 증가와 전기차 초고속 충전에 대응할 수 있다.

산업부는 이를 위해 재생에너지용 대용량 허브 ESS의 전력공급시간을 현재 4시간 수준에서 2030년 12시간, 2050년 120시간까지 확대한다는 목표다. 도심 · 수용가 지역용 ESS는 2030년 내용연수 6년 · 충전시간 30분, 2050년 내용연수 10년, 충전시간 5분으로 단축할 계획이다.[142)]

ESS 에너지이용률은 2030년 20%, 2050년 50%로 향상시키고, 출력변동률은 같은 기간 분당 5%에서 2%로 완화해 출력안정화를 꾀하기로 했다.

한편 최근 5년간(2017~2021년) ESS 화재가 국내에서만 30여건 발생해 대책마련이 요구되고 있다. 특히 2017년부터 2019년 5월까지 ESS 화재사고가 집중 발생(23건)하자 산업부는 민관합동 조사위원회를 꾸려 정밀 실사를 진행한 바 있다. 조사 결과 화재사고 23건 중 14건은 배터리 충전 완료 후 대기상태일 때, 6건은 충전 및 방전시, 3건은 설치와 시공과정에서 각각 발생한

---

141) 산업통상자원부 · 한국에너지기술평가원, 2050 탄소중립 에너지기술 로드맵, 에너지저장, 2021년 12월
142) 산업통상자원부, 에너지탄소중립 13대 분야 · 197개 핵심기술 로드맵 보도자료, 2021년 12월 2일

것으로 파악됐다. 하지만 여전히 정확한 화재원인은 단정하지 못하고 있다.

2022년 1월에도 울산과 경북 군위에서 ESS 화재가 일어나는 등 아직 해결 실마리를 찾지 못했다. 이 상황에 정부가 규제를 강화하면서 국내 ESS 시장은 침체기에 빠진 상태다.

한국전기안전공사에 따르면 국내 ESS 설비는 2018년 한 해에만 975개 신규 설치(누계 1495개)되는 등 미래 성장산업으로 주목받았다. 세계시장에서도 1/3을 점유할 만큼 ESS 선도국가였다. 그러나 화재가 잇따르고, 규제가 강화되면서 2019년 479개, 2020년 589개로 주춤했고, 2021년 127개로 급감했다. 2018년과 비교하면 약 8분의 1 수준이다.

따라서 우리나라가 다시 경쟁력을 확보하고, 탄소중립 실현으로 나아가기 위해서는 ESS 안전에 대한 국제 수준의 법 · 제도 정비와 화재방지 기술적 해법에 적극 나서야 한다.

섹터커플링과 Power-to-X

섹터커플링(Sector Coupling, 에너지 통합시스템)이란 재생에너지 잉여전력을 타 에너지원으로 전환, 활용하는 기술이다. 이 과정에서 잉여전력을 열, 운송, 가스부문과 연결해 제3의 에너지를 만든다.

화석연료를 대체해 탄소중립에 기여하고, 재생에너지의 장기간 저장이 가능해 잉여전력을 해소한다는 장점이 있다.

섹터커플링은 Power-to-X(P2X)로 표현하는데 X에는 주로 세 가지 방안이 활용된다.[143]

143) 배문성, 한국전력 경영연구원, 섹터커플링 동향 및 시사점, 2021년 11월

첫째, 전기-열 변환(P2H, Power-to-Heat)이다. 잉여전력을 히트펌프나 전기보일러 등을 통해 열로 변환해 사용하는 기술이다. 냉난방 부문을 전력화할 때 쓰인다.

히트펌프는 특정 장소의 열을 다른 곳으로 옮길 때 사용하는 기계다. 전기모터를 사용하기 때문에 전기화에 기여한다는 장점도 있다. 화석연료 난방을 히트펌프로 교체하면 1차 에너지의 약 25%, 전기 난방을 히트펌프로 바꾸면 1차 에너지의 약 70% 각각 절약 가능하다.

유럽에서는 냉난방 수요를 재생에너지로 충당할 수 있는 잠재력이 큰 것으로 평가된다. 북유럽에서는 동절기 난방수요를 풍력발전으로 충족할 수 있으며, 남유럽에서는 냉방수요를 태양광발전이 담당할 수 있다.[144]

P2H는 산업 · 가정부문에서도 가변적인 에너지를 대규모 저장시스템에 비축했다가 사용하는 등 유연성을 확보할 수 있다.

둘째, 전기-모빌리티 변환(P2M, Power-to-Mobility)이다. 전기에너지를 배터리 등에 저장해 운송부문을 전기화하는 기술이다. 전기차시장이 급성장하고 있어 수송부문의 전력화는 탄소중립을 위해 중요한 섹터커플링 전략이 될 것으로 보인다.

P2M의 특징은 전기차 스마트충전을 통해 수요반응 서비스를 제공해 수급 안정화에 기여한다는 점이다. 스마트충전은 전기차 소유자가 스마트폰 앱으로 출차시간, 목표 충전량, 충전 속도 등을 설정할 수 있다.

아울러 전기차와 전력계통을 연결해 전력공급이 필요할 경우 배터리에 남아있는 전력을 전력망에 공급도 가능하다. 양방향 충전으로 불리는 V2G(Ve-

144) 이수민 등, 에너지경제연구원, 섹터커플링의 개념 및 적용 현황, 2021년 5월

hicle-to-Grid)는 전력수급 안정성에 도움이 된다.

또 운송부문의 전기화를 통해 탄소중립에 기여한다. 유럽운송환경연합에 따르면 전기차의 생산·운행 전 과정에서 나오는 이산화탄소 배출량은 내연기관차 보다 약 63% 감축 효과가 있다.

셋째, 전기-가스 변환(P2G, Power-to-Gas)이다. 전기에너지로 수소나 메탄 같은 가스연료를 생산하는 기술이다. 물을 전기분해해 수소를 생산하는 '수전해' 기술이 핵심이다. 이 과정에서 생산한 그린수소는 재생에너지 활용수단이자 친환경에너지로 각광받는다.

한전은 2020년~2022년 울산시와 P2G로 생산된 수소에 대한 실증작업을 진행하고 있다. 수소를 생산·저장했다가 필요할 때 연료전지를 통해 전기에너지로 바꿔 마이크로그리드를 실현하는 사업이다.

하지만 그린수소와 P2G에 대한 국제적인 관심은 커졌으나 경제성 부족으로 범용화 되기엔 넘어야할 산이 많다. 기술 설계, 운영 표준, 인프라 확장 등 기술 투자와 가치보상체계(전력망 건설비용 절감, 적절한 요금구조) 마련 등 정부의 지속적인 관심이 요구되고 있다.

6. 이산화탄소 포집·활용·저장(CCUS)

탄소중립을 위한 마지막 수단

이산화탄소 포집 · 활용 · 저장(CCUS, Carbon Capture, Utilization, Storage) 기술은 발전이나 산업, 자원개발 과정에서 발생하는 탄소를 포집 · 수송해 포집된 탄소 중 일부를 활용하거나 지하에 저장하는 것이다.

발생과정에서 대기 중으로 배출되는 이산화탄소를 경제적이고 안전하게 포집해 활용 또는 저장하는 기술로 탄소중립을 위한 마지막 수단으로 불린다. 화석연료 중심 에너지믹스에서 저탄소 재생에너지로 완전히 전환하려면 오랜 시간과 재원이 필요하다.

아울러 같은 석탄발전기라도 저마다 수명이 다르고, 환경친화적 운영능력이 다르다. 따라서 탈석탄 과정에서 질서있는 퇴장과 탄소중립 달성을 위해 CCUS 기술의 병행추진이 필요하다. 우리나라처럼 철강, 시멘트, 석유화학 등 탄소배출이 많은 산업에 의존하는 국가일수록 CCUS에 거는 기대가 크다. 국가온실가스감축목표(NDC) 달성을 위해 산업구조를 완전히 뒤바꿀 수 없다면 더더욱 그렇다. CCUS 기술로 탄소 배출량을 감축하거나 탄소배출권을 획득해 거래할 수 있다면 기업입장에선 또다른 수입원이 될 수도 있다.

단계별로 살펴보면 포집은 발전, 산업, 자원개발 등의 발생형태와 처리단계에 따라 화학용매, 물리적 분리, 산소 등을 활용해 배출원에서 이산화탄소만 끌어 모은다.

포집한 이산화탄소는 육상 · 해저 파이프라인이나 선박을 통해 활용하거나

■ CCUS 기술 범위

<table>
<tr><th colspan="2">포집</th><th>수송</th><th colspan="2">활용</th><th>저장</th></tr>
<tr><td>연소전</td><td>- 물리적 분리</td><td rowspan="4">파이프
라인

선박</td><td rowspan="2">전환</td><td rowspan="2">- 화학적 활용
(플라스틱 분말,
화학제품 원료,
고분자필름)
- 생물학적 활용
(바이오 연료, 사료,
의약품, 식품)</td><td>지중
저장</td></tr>
<tr><td>연소후</td><td>- 분리막 공정
- 화학적 흡수
(흡착, 흡수)</td><td rowspan="2">해저
지하
저장</td></tr>
<tr><td>순산소</td><td>- Oxy-fuel Separation</td><td colspan="2" rowspan="2">비전환</td></tr>
<tr><td>기타</td><td>- Calcium Looping
- Chemical Looping
- Direct Separation</td><td>석유회수
증진법

석탄층
메탄회수
증진법</td></tr>
</table>

*출처:국제에너지기구(IEA), 한국에너지공단, 한전경영연구원(한국가스공사 재구성)

저장할 장소로 운반(Transport)한다. 이 과정은 천연가스 수송방법과 비슷하다. 일반적으로 분리된 이산화탄소를 액화시킬 때는 고온 스팀가열기로 80~100기압의 압력을 가하면 된다. 다만 열을 얼마나 적게 사용해 압축시키느냐가 관건이다. 옮겨진 이산화탄소는 저장하거나 활용하는 방안이 있다. 저장의 경우 안전성이 최우선이며 지하와 해저 밑 특정 암반층, 폐유전 · 가스전에 매립한다. 얼마나 길고, 먼 곳에 매립 · 저장하느냐에 따라 비용이 정해진다.

활용은 크게 이산화탄소를 전환(Convert)해 활용하는 방안과 그대로 사용하는 두 가지 방법이 있다.[145]

전환방법은 화학적 전환, 생물학전 전환, 광물학적 전환 등이 실현가능한

145) 딜로이트 인사이트, 탄소 포집 활용 저장 기술 동향과 선도 기업들, 2021년 11월

유망 분야로 꼽힌다.

이중 화학적 전환은 이산화탄소에 촉매반응을 일으켜 (기존 화석연료로 생산하던)플라스틱, 메탄올 등의 화학물이나 건물자재용 원료로 활용하는 기술이다. 생물학적 전환은 플랑크톤 등 미세조류를 이용해 이산화탄소를 화학물질로 전환한 후 다시 바이오연료로 활용한다.

광물학적 전환은 자연광물이나 고체 산업폐기물에 포함된 알칼리 금속을 추출, 이산화탄소와 반응시켜 탄산칼슘 · 탄산마그네슘 등을 만든다. 이렇게 만들어진 고체 탄산염은 시멘트, 콘크리트, 골재 등 건설 자재로 쓰인다.

이산화탄소를 전환하지 않고 그대로 사용하는 방안으로는 고갈 중인 유전에 이산화탄소를 주입하는 석유회수증진법(E.O.R. Enhanced Oil Recovery)이 있다. 석유회수증진법은 1차 회수 또는 2차 회수 후에도 지하에 남아있는 석유를 회수하기 위한 기술로, 증기나 혼합 가능한 유체, 계면활성제, 염기성 화학약품 등을 주입한다.

이미 쉘이나 BP, 쉐브론, 엑손모빌 등 글로벌 석유개발업체들은 석유회수증진법을 원유생산에 활용하고 있다. 다만 이 방법으로 감축된 탄소배출량은 아직 온실가스 감축량으로 인정받지 못한다. 석유 증산이 목적이라는 '그린워싱'(Green Washing) 지적을 받기 때문이다. 그린워싱은 특정기업의 활동이 친환경적이지 않지만 광고나 홍보를 통해 친환경적인 활동처럼 거짓 포장하는 것을 말한다.

CCUS 기술, 이미 눈앞에서 진행중

국제에너지기구(IEA)는 CCUS 4대 추진전략으로 △발전소 · 산업플랜트 등 기존 에너지 인프라에서 배출되는 온실가스 일괄처리 △저탄소 수소생산을 위한 비용 효과적인 경로 제공 △시멘트 · 석유화학 등 중공업과 항공산업 탄소배출 해결책 △대기 중 이산화탄소 제거 등을 제시했다.

IEA에 따르면 2021년 기준 전 세계에는 97개의 CCUS 설비가 가동 중이고, 선행개발 66건, 건설 중 5건, 초기개발 단계에 있는 사업도 27건에 이른다.[146)]

국가별로는 세계 25개국이 CCUS 프로젝트를 추진하고 있으며, 개발 중인 프로젝트의 75% 이상을 미국과 유럽이 차지하고 있다.

미국의 스카이오닉사(Skyonic corporation)는 2010년부터 미국 에너지부(DOE) 지원을 받아 이산화탄소 활용기술을 개발해 왔다. 탄소광물화 공정을 통해 관련 플랜트도 구축했다. 이를 통해 미국 텍사스주에 소재한 시멘트공장에서 발생하는 연간 8만여톤 규모의 이산화탄소를 탄산수소나트륨 및 기타 산업 활용 가능한 물질로 전환한다.

마이크로소프트, 유나이티드항공은 공기포집기술(DAC, Direct Air Capture)에 직접 투자하고 있다.

유럽에서는 노르웨이가 '오로라 해상 이산화탄소 저장 허브' 프로젝트 등에 18억달러(약 2조2000억원)를 투자했다. 영국은 2030년까지 4개의 CCUS 허브 구축을 목표로 10억파운드(약 1조6000억원) 규모의 펀드를 만들었다.

일본은 탄소 분리회수시장(CCS)의 세계 점유율 30%를 목표하고 있다. 탄소의 리사이클과 관련한 특허 건수(2010~2019년)는 114만건으로, 우리나라 49만건보다 두배이상 많다. 미츠비시 중공업, 도시바, IHI, 미츠비시-히타치 파워시스템즈 등 글로벌 경쟁력을 갖춘 기업을 보유했다.[147)]

일본은 2019년 '이산화탄소 리사이클 기술 로드맵'을 발표하고, 2050년 이

146) 사만다 매컬록, 국제에너지기구(IAE), 2021년 탄소 포집: 정지 및 작동 또는 또 다른 잘못된 시작, 2021년 11월 24일
147) 코트라(KOTRA) 오사카무역관, 일본 탄소 CCUS 기술을 활용한 산업 체제 강화, 2021년 11월 1일

후 이산화탄소의 저비용화 및 안정화를 목표로 수립했다. 2021년 6월에는 국가-산업-학계 연결 플랫폼으로 '아시아 CCUS 네트워크'도 출범시켰다. ASEAN 10개국과 일본 · 미국 · 호주 등 13개국이 회원으로 참여하며 100개 이상의 기업, 연구기관, 국제기관이 서포팅 멤버로 함께하고 있다.

딜로이트에 따르면 스타트업들도 이미 시장에 뛰어들어 활발한 활동을 펼치고 있다. 미국 글로벌서모스탯은 스펀지처럼 이산화탄소를 빨아들이는 기술을 보유했다. 다공성 세라믹 소재로 표면적을 최대한 넓히고 아민 기반 흡착제를 결합시킨다. 아민은 질소 유기 화합물이다.

캐나다 카본엔지니어링은 흡입기를 이용해 공기를 흡수하고, 수산화포타슘 용액으로 이산화탄소를 분리한다. 스위스 클라임웍스는 흡입기로 공기를 빨아들인 뒤 필터로 이산화탄소를 포집한다. 이 기술은 현재 코카콜라스위스에 공급해 탄산음료를 제조하는데 쓰인다.

영국 노바셈은 녹색시멘트를 개발하고 있다. 시멘트 1톤을 대체할 때마다 공기 속에서 이산화탄소 0.75톤의 이산화탄소를 영구히 고정해두는 방식이다. 이 과정에 마그네슘 규산염을 사용한다.

한국, 2050년 저장 해양플랫폼 구축

CCUS는 배출원의 종류, 배출원의 이산화탄소 농도, 기술수준, 설비규모 등에 따라 비용과 활용범위가 다양하다.

한국가스공사에 따르면 이산화탄소 저농도 배출원의 전체비용 평균은 116.4달러톤CO_2이다. 이중 포집비용이 73.3달러톤CO_2로 전체비용의 64%를 차지한다. 이에 비해 이산화탄소 고농도 배출원의 경우 전체비용 평균 76.8달러톤CO_2, 포집 비용은 33.5달러톤CO_2(43%) 수준이다. 저농도 배출원보다 약 40달러톤CO_2 저렴하다.

전체 평균비용은 93.8달러톤CO_2로, 포집 50.6달러톤CO_2(52%), 저장 28.4달러톤CO_2(31%), 수송 14.9달러톤CO_2(17%) 등이다.[148)]

비용 산출은 탄소포집 · 저장(CCS) 프로젝트가 다수 개발된 미국을 기준으로 단계별 비용을 산출한 결과다. 기존 발전 · 산업공정에서 이산화탄소를 포집하려면 추가 비용이 들어가므로 기업이나 기관이 감수할 수 있는 기준으로 포집비용을 낮출 필요가 있다.

리스크가 크고, 투자비용이 많이 소요되기 때문에 초기에는 정부가 기술개발을 선도 또는 지원하고, 실증작업에 들어갈 때 민간의 투자확대를 기대해볼 만하다.

우리나라는 배출원별 저비용 포집기술을 확보(2050년 20달러톤CO_2)하고, 대형 실증 · 보급에 나선다는 구상이다. 포집기술은 2030년 100만톤급(연간), 2035년 300만톤급, 2050년 400만톤급 등 단계별 계획을 수립했다.

활용은 플랫폼 화합물, 연료 등 탄소포집 · 활용(CCU)제품군의 생산기술 실증 확대로 경제성을 확보하고, 대량 이산화탄소 감축을 구현한다.

포집한 이산화탄소를 저장하기 위해서는 우선 저장소 확보가 시급하다. 2030년 연간 400만톤에서 2050년 1500만톤 규모로 이산화탄소 주입 실증사업(지중저장소)을 확대하고, 저장소 구축 핵심기술을 자립화하기로 했다. 해양플랫폼(저장시설)도 직접 운영 · 관리할 계획이다.[149)]

148) 한국가스공사 경제경영연구소, CCUS 기술동향 및 비용현황, 2021년 4월 21일(IHS마킷, CCUS 산업트렌드, 재인용)
149) 산업통상자원부, 탄소중립 산업 · 에너지 R&D 전략, 2021년 11월 17일

6장

탄소중립의 미래

1. 친환경 녹색도시, 시카고
2. 건설
3. 자동차
4. 친환경 녹색금융
5. RE100과 탄소국경세
6. 위기와 기회의 공존

1. 친환경 녹색도시, 시카고

미국 일리노이주(州) 북동부에 위치한 시카고(Chicago)는 금융과 제조업 중심 도시, 갱스터의 도시, 마천루 도시, 예술 도시 등 여러 가지 이름으로 불린다. 아울러 최고의 친환경 녹색도시로도 꼽힌다. 시카고 주변은 낙엽침엽수가 많으며 사람들이 이주해 생활하기 전에는 40% 이상이 삼림으로 뒤덮여 있고, 그 사이에 초원이 펼쳐져 있었다고 전해진다. 기후는 가장 추운 1월 평균기온이 −3.3℃, 가장 더운 7월 평균기온이 24.3℃로 한국의 서울과 비슷하다. 시카고시는 전체 면적의 약 8%가 공원지역(578개 공원)으로 많은 녹지를 보유하고 있다. 또 미시간 호수주변의 경치가 아름다우며 대도시임에도 공해가 적어 'Clean City Award'를 수차례 수상했다.

1989년 50만그루 나무심기부터 시작

시카고시가 친환경 녹색도시라는 명성을 얻게 된 배경에는 리처드 마이클 데일리(Richard Michael Daley) 전 시장의 강력한 의지와 리더십이 한몫했다. 그는 1989년부터 2011년까지 22년간 시카고 시장을 역임한 인물로, 취임 직후부터 친환경 정책을 추진했다. 시카고시의 친환경 녹색정책은 1989년 녹지화 사업일환으로 50만그루의 나무를 심은 것에서부터 시작했다.[150]

150) 코트라(KOTRA) 시카고무역관, '미국 최고의 친환경 도시 시카고, 이렇게 만들어졌다', 2010년 6월 9일

시카고 도심 곳곳에 있는 Divvy 자전거. 자전거 거치소도 태양광에너지를 이용한다. **사진** 코트라(KOTRA) 시카고무역관

1992년에는 시내 주요 도로에 약 183km의 자전거 전용도로를 만들고, 시내 주요 지역에 자전거 약 1만대 보관이 가능한 주차장을 설치했다.

2001년 시카고시청 옥상에 녹지공원을 조성한 이래 미국내 어느 도시보다 옥상 녹지공원을 많이 보유했다. 이산화탄소를 흡수하기 위해 건물옥상에서 식물을 재배하도록 권장한 결과다.

2002년에는 시청이 주관해 리모델링한 시카고 그린 테크놀로지 센터(The Chicago Center for Green Technology) 빌딩이 세계 최초로 친환경 건물 인증(LEED) 플래티넘(Platinum) 등급을 받았다. LEED는 미국 그린빌딩협의회(USGBC)가 발급하는 것으로 그린빌딩 정도를 나타내는 가장 대표적인 인증이다.

2003년에는 미국 도시 최초로 시카고 기후거래소에 회원으로 가입했으며,

2010년까지 온실가스 배출을 약 6% 감축하겠다는 계획을 세웠다. 탄소배출권(CER) 거래소는 시카고 기후거래소, 영국 기후거래소, 한국거래소, 중국 상하이거래소 등 세계 10여곳에 설립돼 있다.

탄소배출권이란 말 그대로 탄소를 배출할 수 있는 권리를 말한다. 주식을 사고팔 듯이 권리를 필요로 하는 기업들끼리 사고팔 수 있다. 할당받은 탄소배출권을 아껴 쓴 기업은 그 권리를 팔 수 있고, 탄소배출량이 할당량보다 많은 기업은 아껴 쓴 기업에게 권리를 살 수 있는 제도다.

2008년 시카고시는 보다 더 구체적인 친환경 정책을 추진하기 위해 시카고 기후행동계획(CAP, Chicago Climate Action Plan)을 발표했다. 이 계획의 핵심은 2020년까지 1990년 대비 이산화탄소 배출을 약 25% 줄인다는 내용이다.

건물에서 발생하는 온실가스가 70%

시카고시는 온실가스 감축목표 달성을 위해 GPS와 위성사진을 활용해 대기오염 원인을 조사했다. 조사결과 건물에서 발생하는 온실가스가 약 70%를 차지하는 것으로 나타났다.[151]

시카고시가 CAP를 수립한 계기는 태스크포스팀(TF)의 분석이 결정적 영향을 미친 것으로 알려졌다. TF는 기후위기와 관련해 시청이 어떤 조치도 행하지 않을 경우 2050년까지 온실가스 배출량이 35% 증가하고, 지구온난화로 여름철 극도의 고온 및 홍수위험에 처할 수 있다고 진단했다.

이에 따라 5가지 추진전략을 수립했다. △에너지 효율성이 높은 빌딩 확대(Energy Efficient Buildings) △청정 & 신재생에너지원 개발(Clean & Re-

151) 사이언티픽 아메리칸 편집부, 한림출판사, '미래의 도시 : 스마트시티는 어떻게 건설되는가?', 2017

newable Energy Sources) △다양한 운송수단 개선 및 개발(Improved Transportation Options) △쓰레기 및 산업용 공해감축 추진(Reduced Waste & Industrial Pollution) △기후변화 적응(Adaptation) 등이다.[152]

5가지 추진전략에 따른 35개 활동계획도 제시했다. 에너지효율이 높은 빌딩 확대의 활동계획은 △상업 · 산업용 빌딩을 고효율로 개보수 △주거용 빌딩 개보수 △고효율 생활용품으로 교체 △수자원 비축 △에너지 법령 정비 △개보수 가이드라인 제시 △나무와 그린루프를 이용해 온도 낮추기 △쉬운 일부터 실천하기 등이다. 청정 & 신재생에너지원 개발 분야는 △발전소 업그레이드 △발전소 효율성 제고 △재생에너지 전력 확보 △가구별 재생에너지 동력 확대 등이 세부과제다.

다양한 운송수단 개선 및 개발을 위해서는 △대중교통 투자 확대 △대중교통 인센티브 제공 △대중교통 중심 개발 확대 △보행 및 자전거 이용 편리하게 하기 △카풀 및 자동차 공유 확산 △차량 효율성 증대 △높은 에너지 효율성 달성 △보다 깨끗한 청정연료로 전환 △도심 철도망 확대 구축 △화물운송 개선을 추진하도록 했다.

쓰레기 및 산업용 공해감축 추진과 관련해서는 △쓰레기 감축 · 재사용 · 재활용 △오존층 파괴주범 냉매를 친환경 제품으로 대체 △폭우의 현장 포섭(Capture) 등의 내용을 담았다.

기후변화 적응 분야는 △열 관리 △혁신적인 온도 낮추기 추진 △공기품질 보존 △빗물관리 △녹색도시 디자인 실천 △식물과 나무보호 △대중 참여 활성화 △사업화 지원 △미래를 위한 기획 등이다.

---

152) 국가기후위기적응센터, KACCC 이슈, 친환경 녹색도시의 비밀, http://www.chicagoclimateaction.org/City of Chicago, Department of Environment

시카고 각 가정은 에너지 절약형 전구 사용, 여름철 실내 온도 3℃ 올리기, 겨울철 실내 온도 3℃ 내리기 운동 등을 통해 연간 800달러 절약 도전 캠페인을 벌이기도 했다.

시카고 도심에 위치한 일리노이공과대학교(ITI) 건축학과 건물. 옥상에 태양광발전이 설치돼 있다. **사진** 코트라(KOTRA) 시카고무역관

시의회, 기후변화 예산 2361억원 승인

이러한 노력으로 시카고는 미국에서 가장 깨끗한 도시라는 명성을 얻었으며, 친환경 녹색도시로의 전환에 세계적인 귀감이 되고 있다. 시카고의 도전은 여기서 멈추지 않는다. 시카고 시의회는 2021년 10월 기후변화 대응을 위한 예산 1억8800만달러(약 2361억원)를 승인했다. 이어 시카고시는 2022년 4월 '2022 시카고 기후행동계획(CAP)'을 발표했다.

2020년까지 1990년 대비 이산화탄소 배출을 25% 줄이겠다는 내용(2008년 발표)에서 크게 나아가 2040년까지 62% 감축목표를 세웠다.[153]

기후전략의 목표는 '공정한 도시 만들기'로 설정했다. 환경을 이용하는 혜택

153) 시카고시, 2022 시카고 기후행동계획(CAP, Chicago Climate Action Plan), 2022년 4월 29일

과 그로 인해 발생하는 피해와 책임을 공평하게 나눠 가지는 '환경정의'(Environmental Justice) 철학이 기본 토대를 이루고 있다.

아울러 기후변화와 이상기후에 만성적으로 시달리는 소외된 특정지역을 돕겠다는 의지도 내포하고 있다. 정부는 적극적인 탄소배출 감축 투자 외에도 지역의 사회적 불평등을 해소하고 예방할 수 있는 기후변화 대응책을 마련해야 한다는 입장이다.

저소득층은 단열불량, 가전제품 노후화 등 비효율성으로 일반가구보다 에너지소비 비용이 가중되는 구조를 갖고 있다.

시카고시는 가계 총소득의 6% 이상이 에너지사용에 따른 공과금으로 지출되면 주민들은 부담을 느낀다고 진단한다. 시카고에는 이런 세대가 2021년말 기준 전체 가구의 4%를 차지한다.

2022 CAP는 건물 탈탄소화를 가장 확실한 온실가스 대책 중 하나로 규정하고, 적극 추진하고 있다. 앞에서 언급했듯이 건물이 시카고 전체 탄소배출량의 70%를 차지하기 때문이다.

건물 개조와 건축법규 · 표준 개정은 시카고시 온실가스 감축 실천방안의 핵심 내용이다. 여기에는 더 적은 에너지를 사용하고, 더 깨끗한 원료에서 에너지를 얻는 것을 기본 전제로 한다. 이를 통해 공공요금 절감, 대기질 개선, 주민 안전 및 쾌적함의 효과도 가져올 수 있다.

2022 CAP의 5가지 추진전략

2022 CAP에서 제시한 5가지 추진전략은 다음과 같다. 첫째 가구별 우선순위를 정해 유틸리티(utility) 비용 절감과 재생에너지 접근 확대, 둘째 일자리 창출과 낭비를 줄이기 위한 순환경제 수립, 셋째 지역사회 연결 등 '배출-zero' 네트워크 구축, 넷째 청정에너지 공정 발전, 다섯째 지역사회 강화 및 건

강 보호 등이다.

첫 번째 전략 행동계획은 △2030년까지 중·저소득가구 주거용 건물 20% 개보수(2040년 50%), 전체 산업용 건물 20% 리모델링 △2035년까지 전체 상업용 건물 20% 리모델링, 전체 시 소유 및 자매기관 소유건물 90% 리모델링 등 건물개조 내용이다. 이어 △2025년까지 지역 재생에너지 20MW로 확대 △2030년까지 저소득 주민 25% 지역사회 재생에너지 이용을 제시했다.

두 번째 순환경제 전략 행동계획은 △2025년까지 지역사회 전반에 유기 폐기물 수집 및 분해방법 도입 △2030년까지 상업·산업·기관 폐기물 90% 수준, 건설·철거 폐기물 75% 수준으로 각각 감축 △2040년까지 주거 폐기물 90% 수준으로 감축 등을 추진한다.

세 번째 '배출-zero' 네트워크 구축을 위해서는 모든 여행 과정에서 걷기, 자전거 타기 또는 환승 가능케 하기를 골자로 하고 있다. 세부적으로는 △고품질 자전거 도로 및 산책로 확장 △2030년까지 Divvy 자전거 및 공유 마이크로 모빌리티 여행 30% 확대 △2040년까지 모든 여행의 45%에 대해 걷거나 자전거를 타거나 대중교통을 이용하거나 공유 마이크로 모빌리티를 사용할 수 있도록 지원하기로 했다.

Divvy 자전거는 시카고에서 도심(Downtown)을 누빌 수 있는 최적의 교통수단으로 하루 사용료가 15달러(약 1만8000원) 정도 된다. 인터넷으로 결제하면 코드를 내려받을 수 있고, 코드를 입력하면 이용 가능하다. 주차시설이 거의 한 블록마다 있어 대부분 원하는 곳에서 타고 내릴 수 있다.

또 △2025년까지 운송수요관리계획 마련 △2030년까지 CTA(시카고 대중교통) 승객 수 20% 확대 △2030년까지 지속 가능한 개발, 접근성, 거리 안전을 보장하기 위한 토지 이용 정책 업데이트도 실시한다.

네 번째 순환경제 전략 행동과제는 100% 청정 재생가능 에너지, 건물 및 개인 차량 전기화, 건축 법규 및 표준을 기후 모범사례에 맞춰 조정, 화석발전 해체, 연결 및 스토리지(Storage) 사용 등을 추진할 방침이다.

구체적으로는 △2030년까지 시카고 반경 250마일 내에 5000MW 청정 재생에너지 보급 △2035년까지 지역사회 100% 재생에너지 발전을 달성하기로 했다. 이어 △2035년까지 기존 주거용 건물의 30%, 산업용 건물의 20%, 도시 소유 건물의 90% 각각 전기화 △2035년까지 2500개의 새로운 공용 전기차 충전소 구축 △2040년까지 탄소 넷제로 건설을 실현한다.

이와 함께 △2023년까지 그린 지붕 및 벽체 설치, 나무심기 지원정책 강화 △2024년까지 화석연료 공장전환전략 개발 △2025년까지 150MW 에너지 저장시스템 보장 △2030년까지 1000MW의 새로운 에너지 수요 절감도 추진과제다.

다섯 번째 순환경제 전략 행동과제로는 △2022년까지 자원공동체 주도 기후 인프라 사업, 청정에너지 전환 측정기준 발표 △2023년까지 수질 측정 및 전략 수립, 형평성과 지속가능성에 대한 지역사회 삶의 질 측정 기준 발표 △2025년까지 실외 공기질 모니터링 네트워크 구축 등이다.

순환경제 구축과 관련해서는 기업에서 배출되는 폐플라스틱과 화학약품을 다른 기업에서 원료로 재사용하도록 '쓰레기에서 이익을(Profit from Waste)'이란 캠페인을 전개, 기업들의 자발적 참여를 이끌었다.

로리 라이트풋 시카고시장은 2022 CAP 인사말에서 "14년 전 우리의 첫 번째 기후행동계획이 발표된 이후 세상은 크게 바뀌었다"며 "화석연료 의존도를 대폭 줄이고, 재생에너지를 개발 · 활용하며, 자연기반 솔루션을 중심으로 다음세대 공동체를 관리 · 유지할 것"이라고 말했다.

2. 건설

사람들은 의식주 생활의 아주 많은 시간을 건물 안에서 보낸다. 건물 안에서 생활하면서 알게 모르게 탄소배출을 지속적으로 하고, 건물에 설치된 여러 제품은 탄소배출 과정을 통해 생산된 게 상당수다.

다수의 사람들이 생활하는 도시에선 건물에서 발생하는 이산화탄소를 줄이고, 공원이나 녹지에서 이산화탄소를 최대한 많이 흡수하게끔 하는 것이 우리가 할 수 있는 탄소중립 실천방안이다.

건설산업이 온실가스 25% 배출

건설산업은 세계 에너지소비의 12%(2020년 기준)를 차지한다.[154] 건물 운영 · 사용 단계에서도 에너지소비량이 상당하다. 건설부문은 탄소배출 유발이 많은 산업으로, 탄소중립이 쉽지않은 도전과제다.

글로벌 컨설팅사 맥킨지 앤 컴퍼니(McKinsey & Company)에 따르면 건설산업은 건설자재 생산과정까지 포함한 전체 가치사슬(Value Chain)과 건물운영 부문에서 세계 온실가스의 약 25%를 배출하고 있다.[155]

건설분야 온실가스는 생애주기 단계별로 볼 때 시멘트 · 철강 등 원자재 가

154) 유엔환경계획기구(UNEP), Global ABC, '2021 Global Status Report for Buildings and Construction', 2021년 10월
155) 맥킨지 앤 컴퍼니(McKinsey & Company), 'Call for action: Seizing the decarbonization opportunity in construction', 2021년 7월

▮ 우리나라 이산화탄소 배출량 중 건물부문 비중 (단위:%)

구분	2000년	2005년	2010년	2015년	2018년(배출량)
건물 총계	24.7	26.1	26.6	23.3	24.7(1억7900만톤)
직접배출	13.9	11.5	8.5	7.2	7.2(5200만톤)
간접배출	10.8	14.6	18.1	16.1	17.5(1억2700만톤)

*출처:국토교통부

공(약 28%), 냉난방 · 전력 등 건물 운영 · 유지보수(약 69%)시 발생한다. 이외 설계 · 시공 · 개축단계에서 배출되는 비중은 3% 수준이다.

국내 건설기업의 업역에 해당하는 시공단계에서 나오는 이산탄소 배출 비중은 약 2%다. 따라서 개별 건설기업 입장에선 목표관리제 준수 등 탄소중립 목표 달성의 난이도가 타 산업에 비해 상대적으로 낮을 것으로 보인다.[156]

우리나라에 온실가스 · 에너지 목표관리제는 '저탄소녹색성장기본법'에 따라 온실가스 배출량 및 에너지 소비량이 일정 수준(5만톤CO2eq 200TJ) 이상인 업체나 사업장(1만5000톤CO2eq 80TJ 이상)을 관리업체로 지정하고 있다. 그런데 국내 건설기업 중 목표관리제 대상 기업으로 지정된 곳은 최근 2~3년 동안 4~6개에 불과하다.

다만 중장기적으로 탄소중립이 필수과제가 되면서 전체 가치사슬 단계와 건설 총생애주기 관점에서 탈탄소화 요구가 증가할 전망이다.

구체적으로 건물과 인프라를 구분해 총생애주기의 탄소배출량을 비교해보면 건물의 이산화탄소 배출이 인프라보다 압도적으로 많다. 건물은 12.35기

156) 이홍일, 한국건설산업연구원, '2050 탄소중립 시나리오 : 건설산업의 도전과 과제', 2022년 1월

가톤(CO2eq)인데 비해 인프라는 1.36기가톤(CO2eq)이다.

건물의 탄소배출이 인프라보다 많은 이유는 운영단계에서 탄소배출이 월등히 많기 때문이다. 건물 운영단계에서 탄소배출을 줄이는 게 건설산업 총생애주기 탄소중립의 핵심인 셈이다.

한국건설산업연구원이 제시한 대응 전략은 크게 △개별 건설기업 단위의 탄소배출 감축 △건설상품 총생애주기 단위의 탄소배출 감축 △탄소중립에 따른 건설시장 변화 대응 등 3가지로 요약된다.

이중 개별 건설기업 단위의 탄소배출 감축 전략은 건물 · 수송 수단의 에너지 절감, 재생에너지 비중 확대, 건설현장의 에너지 절감과 폐기물 감축 등이다.

건설폐기물의 경우 2018년 기준 재활용률이 이미 98%에 이른다. 하지만 2030년 국가온실가스감축목표(NDC)상 재활용률이 99%로 잡혀있기 때문에 앞으로도 건설폐기물의 높은 재활용률을 유지해야 한다.

아울러 2050 탄소중립 시나리오상에는 2027년 생활폐기물 직매립률 0%를 목표하고 있으므로 생활쓰레기 감축을 비롯 건설현장의 건설폐기물과 생활폐기물의 구분 · 감축이 요구된다.

건설상품 총생애주기 단위의 탄소배출 감축을 위한 전략으로는 탄소감축 자재구매 비중 확대, 탄소배출 저감 건설상품의 운영시스템 역량 강화가 있다.

탄소중립에 따른 건설시장 변화 대응을 위해서는 탄소중립 관련 신시장 진출, 탄소중립 환경하에서 위축될 시장에 대한 전략적 대응이 필요하다.

신축 건축물 제로에너지화 확대

현재 국내에는 약 720만동의 건축물이 있다.

2018년 기준 우리나라 이산화탄소 배출량 중 건물 비중은 직접배출 7.2%, 간접배출 17.5% 등 24.7%에 이른다. 배출량으로는 1억7900만톤(직접 5200

만톤, 간접 1억2700만톤) 규모다.[157)]

직접배출은 건물에서 난방·취사 등을 위한 화석연료(도시가스, 프로판 등) 연소로 나오는 것을 말한다. 간접배출은 건물에서 소비되는 전기에너지 생산을 위한 발전과정에서의 탄소배출이다.

'국토교통 2050 탄소중립 로드맵'에서는 건물부문의 경우 직접배출로 감축목표를 산정했다. 2018년 대비 2030년까지 32.8%, 2050년까지 88.1% 감축한다.

아울러 녹지·수목 등 토지 흡수원으로 2030년에 2018년 배출량 대비 3.7%를 흡수한다는 구상이다. 국제탄소시장 등 국가간 협력방식으로 해외에서 2018년 대비 4.6% 감축한다는 계획도 세웠다.

건물부문 탄소중립 추진과제는 △건물 데이터 기반 구축 △신축건물 제로에너지화 △기축건물 그린 리모델링 △건물 에너지수요 관리 등이다.

이중 건물 데이터 기반 구축은 신·개축 건물의 성능을 측정·기록해 생애주기별 관리시스템을 구축한다. 여러 시스템에 파편화된 건물의 기본 정보(건령 면적 위치 등), 에너지 성능, 에너지사용량 등 각종 정보를 통합·연계하기 위한 것이다.

또 현재 시스템(그린투게더)을 통해 건물 에너지성능이 공개되는 대상건물을 단계적으로 확대한다는 구상이다.

신축건물 제로에너지화는 의무화 대상건물을 확대하고, 인센티브를 확대할 계획이다. 건물 제로에너지화는 건물이 소비하는 에너지와, 건물내 재생에너지를 통해 생산하는 에너지를 합산한 총 에너지량이 최종적으로 '제로(0)'가

157) 국토교통부, 국토교통 2050 탄소중립 로드맵, 2021년 12월

되는 건축물을 말한다.

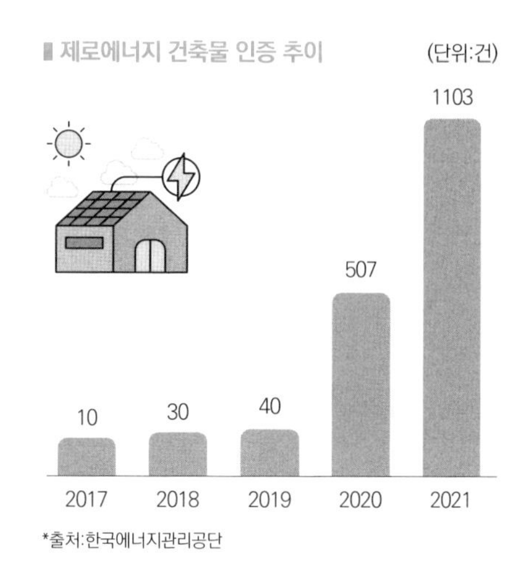

2050 탄소중립 시나리오는 2050년까지 신축 건축물에 대한 제로에너지건축물 1등급(에너지 자립률 100%) 100% 달성을 목표로 한다. 2023년부터는 공공건물(500㎡ 이상), 2025년에는 민간건물(1000㎡ 이상, 30가구 이상 공동주택)까지 제로에너지 건축물 의무 시행을 확대 · 적용할 전망이다.

이와 관련, 국토교통부는 '녹색건축물 조성 지원법 시행령' 개정안을 2022년 7월 1일부터 8월 10일까지 입법예고했다. 2023년부터 제로에너지건축물(ZEB) 인증 의무 대상이 되는 공공건축물의 기준을 연면적 500㎡ 이상, 30가구 이상 공동주택으로 확대하는 게 골자다. 현재는 연면적 1000㎡ 이상 공공건축물에게만 ZEB 인증 의무를 부여하고 있다.

ZEB 인증제는 건축물의 5대 에너지(냉방 · 난방 · 급탕 · 조명 · 환기)를 정량적으로 평가해 건물 에너지 성능을 인증하는 제도다. 에너지자립률에 따라 1~5등급을 부여하며, 인증 건축물에는 취득세 감면, 건물 용적률 및 높이 제한 완화 등의 혜택을 준다.

한국에너지관리공단에 따르면 2017년 제로에너지건물 인증제 도입 이후 10건이던 인증건수가 2020년 507건, 2021년 1103건으로 급증했다. 하지만 제로에너지 건축물에 대한 건축주 · 설계자 · 시공자의 인식이 아직 부족하다는 지적이 제기된다.

인증건수 중 예비인증이 92.1%에 이르고, 인증 등급에서는 가장 낮은 5등급이 전체의 67.5%를 차지한다. 4등급 이하까지 확대하면 88.5%에 달하는 것으로 조사됐다.

제로에너지건축물을 확대하려면 인센티브를 확대해야 한다는 주장도 있다. 건축업계에 따르면 제로에너지건축물 조성을 하려면 비거주 건축물의 경우 30~40% 이상 추가 비용이 발생한다. 이처럼 투자비가 많이 투입되는 반면 비용회수시 장기간이 소요돼 건축주 입장에선 매력적이지 않다. 등급별 인센티브 차등 지원과 금융 지원 프로그램 등이 보완책으로 제기된다.

노후건물은 그린 리모델링으로

국토교통부에 따르면 국내에는 2010년 이전 건축된 건축물이 74%, 1989년 이전 건축돼 30년 이상된 노후 건축물이 12%를 차지(2018년 기준)한다. 또 아파트 난방방식은 가스보일러, 기름보일러, 연탄보일러, 연탄아궁이 등 화석연료가 78%에 이른다. 이중 가스보일러 비중이 53%다.

따라서 건축물의 탄소중립 실천방안으로 그린 리모델링과 난방연료 전환(기존 가스보일러를 히트펌프와 지역난방으로 점진적 교체)의 필요성이 제기된다.

그린 리모델링이란 노후 건축물의 단열, 설비 등 성능을 개선해 에너지 효율을 높임으로써 온실가스 배출을 줄이도록 건축물을 개량하는 것이다. 외벽수리, 창호 개선, 일사조절장치 설치 등의 방법이 있다.

오래된 건물을 허물고 새로 짓는 것보다 비용을 줄일 뿐만 아니라 공사기간을 앞당기고, 폐기물 등 오염물질 발생을 최소화할 수 있다.

제로에너지건축물 의무화는 신축건물에 국한되기 때문에 기존 건물을 2050년까지 모두 재건축해 제로에너지화하지 않는 이상 건물분야의 탄소중립은 불가능한 실정이다. 그린 리모델링이 주목받는 이유다.

현재 건물 멸실률은 연간 0.4~0.6%에 이른다. 매년 노후건물의 2%를 그린 리모델링 해나간다면 건물부문 탄소중립에 상당한 효과가 기대된다.

리모델링은 노후 건축물부터 진행하며, 대상은 아파트(50→80%), 단독 주택(40→10%), 저층형 공동주택(10%) 형태로 추진하는 방안이 논의된다.[158] 그린 리모델링 효과로 2050년 노후 건물 연면적이 감소(74→8%)하고, 2018년 이후 리모델링 · 신축된 건물이 69%를 차지할 전망이다.

다만 연 2% 수준까지 그린 리모델링을 가속화하려면 정부의 로드맵 수립과 다양한 지원책이 요구된다. 정부의 2020~2025년 그린 리모델링 투자비(한국판 뉴딜)는 약 3조원이다. 2022~2025년 대한민국 탄소중립 시나리오(K-Map)에서 분석한 2% 달성을 위한 투자비 44조7000억원의 6.7% 수준이다.

국제에너지기구(IEA)는 2050 탄소중립 달성을 위해 2030년까지 연 2.5%의 리모델링이 필요하다고 제안했다. 유럽연합(EU)은 민간 건축물 연 2%대, 공공 건축물 연 3%까지 리노베이션(Renovation)을 확대할 계획이다.

EU는 2025년부터 판매 · 임대용 건물에 에너지 성능 인증서(EPC, Energy Performance Certificates)를 의무화하기로 했다. 인증은 A~G등급으로 구분해 2030년까지 E등급 이상, 2050년까지 B등급 접근 목표를 세웠다.

영국은 F~G등급 임대 금지, 프랑스는 F~G등급 그린리모델링 의무화를 추진하는 등 강력한 규제 조치를 도입한 국가들도 있다.

미국 뉴욕시는 건축물 에너지 · 온실가스 총량제를 도입했다. 건물 온실가스 배출량을 2030년까지 40%, 2050년까지 80% 감축한다는 목표다.

대상은 2만5000ft²(약 2300m²) 이상 대규모 건물 또는 동일 구역에 위치한

158) 임현지, 'K-map 건물부문 탄소중립 로드맵과 정책 제언' 에너지전환포럼 주최 건물 부문 탄소중립을 위한 연속토론회 발표자료, 2022년 6월 29일

동일 관리자가 소유한 건물의 총 연면적이 5만ft^2 이상 건물이다.

2025년부터 대상 건물은 매년 온실가스 배출 보고서를 제출해야 하며, 이행하지 않을 경우 벌금이 부과된다. 배출한도 1톤CO_2당 초과시 268달러의 벌금을 내야 한다.

서울, 2050년 녹색건축물 보급 100%

서울도 탄소중립 달성을 위해 녹색건축물을 꾸준히 늘릴 것으로 기대된다. 서울시는 2050년까지 에너지 사용을 최소화한 녹색건축물의 보급률 100% 달성을 목표로 '2차 서울시 녹색건축물 조성계획(2022~2026)'을 수립했다. 서울시의 연간 온실가스 배출량은 약 4600만톤으로, 이중 68.7%가 건물부문에서 배출되고 있다.[159]

2차 서울시 녹색건축물 조성계획은 2050년 탄소중립 달성을 위한 건축 분야 5대 전략을 담고 있다. △신축 민간 건축물 '제로에너지건축물' 의무화 △기존 건축물 성능 보강 △녹색건축물 관리방안 마련 △녹색건축 기금 조성 △녹색건축 교육자료 배포 등이다.

우선 2023년부터 신축 민간 건축물을 대상으로 '제로에너지건축물' 의무화에 나선다. 서울시는 주거 1000세대, 비주거 연면적 10만m^2 이상의 대규모 신축 건물을 시작으로 등급을 높여가며, 소규모 건물까지 확대할 계획이다. 공공기관은 제로에너지건축물에 먼저 입주하도록 하는 방안도 검토한다.

새어 나가는 에너지를 최소화하기 위해 기존 건축물 성능도 보강한다. 공공건축물과 임대주택의 창호, 단열 설비 등을 교체하는 그린 리모델링을 비롯해

159) 서울시, '2차 녹색건축물 조성계획 수립' 보도자료, 2022년 7월 11일

서울에너지공사 발전동에 태양광 패널이 설치돼 있다. **사진** 서울에너지공사

민간건축물 에너지 효율화, 희망 집수리 등을 지속 확대한다.

녹색건축물 설계 단계(전문 인증기관 검토)부터 시공(감리 가이드라인 마련), 준공(건축물 관리대장 개선) 이후 운영 중 정기점검까지 데이터를 전산화하는 등 건축물의 전 생애 관리시스템을 구축하는 방안도 마련했다.

또 녹색건축 기금을 조성한다. 기금은 신기술 연구, 인센티브 기준 개선, 인허가권자 교육 등에 활용할 예정이다.

시민이 이해하기 쉬운 녹색건축 교육자료도 배포한다. 교육자료는 만화 형태로 제작, 성인뿐만 아니라 청소년 · 어린이도 쉽게 이해할 수 있도록 기획할 계획이다.

서울시는 이번 계획을 통해 2030년까지 △녹색건축 90% 보급 △온실가스 42% 감축(2018년 대비) △315만명 고용창출 효과 달성을 목표하고 있다.

2050년까지는 △녹색건축 100% 보급 △온실가스 82% 감축(2018년 대비) △고용창출 효과 1016만명 달성을 기대한다.

UAE 마스다르시티 건물의 비밀

아랍에미리트(UAE)의 마스다르시티(Masdar City)는 UAE 수도 아부다비의 계획도시다. 아부다비에서 약 17㎞ 떨어진 곳에 있다.

세계 최초의 무탄소도시로 설계된 이 도시는 탄소제로, 쓰레기 제로, 자동차 없는 도시를 지향한다. 마스다르시티에는 에너지효율을 극대화한 상징적인 건물이 많다.

도시 곳곳의 건축에 저탄소 시멘트와 재활용 알루미늄, 황토 등을 재료로 사용했다. 또 박막 태양전지를 지붕과 벽의 소재로 사용해 건물에 필요한 에너지 전체를 태양에너지에서 얻도록 설계했다.

우선 국제재생에너지기구(IRENA) 본부가 위치하고 있다. 타 건물에 비해 에너지와 물 소비를 각각 40%, 53% 적게 쓴다. 본부 건물은 까다롭기로 유명한 에스티다마(Estidama) 펄(Pearl) 4등급 인증서를 받았다.[160)]

에스티다마 펄 등급제도란 아부다비 도시계획위원회(UPC)에서 담당하는 제도로 건물의 친환경화 정도와 지속가능성을 측정한다. 건물이 최소 기준을 만족하면 1등급을 받을 수 있으며, 공공기관 건물은 최소 2등급 이상을 받아야 한다.

옥상에는 1000m^2 규모의 태양광 발전시스템이 있다. 건물 연간 온수 수요

160) 클린 테크니카(Clean Technica), https://cleantechnica.com/2015/01/26/irena-headquarters-among-greenest-office-buildings-abu-dhabi/, 2015년 1월 26일

의 75%를 충족할 수 있는 태양열 온수기도 갖췄다. 건물의 모든 디자인은 에너지소비 감축에 초점을 맞췄다.

건물 창은 직사광선이 실내로 들어오지 않도록 설계됐다. 창 밖에 설치된 영구 차양(처마 끝에 덧붙이는 좁은 지붕)은 실내로 들어오는 빛을 조절하고 난방 효과를 최소화한다. 건물은 전형적인 바람의 흐름을 따라 배치했다. 이는 도시의 온도를 외부보다 현저히 낮게 유지하는 데 도움이 되며, 에어컨 소비를 줄이는 데 효과적이다.

지멘스 중동 본사(Siemens Middle East HQ) 건물도 눈에 띈다. 건물자재는 지속가능한 재료를 사용했고, 국제 친환경 건축 인증제도 'LEED 플래티넘' 등급을 받아 에너지효율성을 인정받았다.

최소한의 태양(열에너지) 유입과 최적의 차양은 높은 단열효과를 가져오고, 알루미늄 핀을 통해 직사광선을 막아준다. 파사드(건물의 주된 출입구가 있는 정면부)는 통풍형으로 설계됐다.

각각 4500㎡ 크기의 초대형 플로어 플레이트(plate)는 파라 메트릭 모델링을 활용해 효율성과 직사 일광을 최적화했다는 평가를 받는다. 혁신적인 구조 시스템은 건축자재 사용량을 약 60% 줄인 것으로 전해진다.

마스다르 연구소 캠퍼스는 도시의 핵심 공간으로 꼽힌다. 교수, 학생들의 생활공간과 4개의 연구센터로 구성되어 있다. 전력은 태양에너지로 공급받으며, 더운물의 75%를 태양열로 가열한다. 설계 최적화로 건물은 물과 전기를 각각 54%, 51% 적게 소비한다.

마스다르 인스티튜트(Masdar Institute)는 미래 에너지개발에 대한 학술연구를 담당하는 연구기관인데, 건물이 독창적이다. 독특한 지붕은 냉각 부하를 최소화하고 자연광 제어 역할을 해준다.

한편 아부다비 정부는 2006년 재생에너지산업전략인 '마스다르 이니셔티

UAE 마스다르시티의 건물들은 차양을 설치하거나 알루미늄 핀을 통해 직사광선을 막아준다. 또 독특한 지붕을 통해 냉각부하를 최소화한다.
사진 마스다르사 2021 리포트

브'(Masdar Initiative)를 수립하고, 아부다비미래에너지공사 마스다르(Masdar)사를 설립했다.

마스다르사가 역점적으로 추진한 마스다르시티는 아부다비공항 인근 6km² 면적(경기도 분당의 1/3 규모)의 프리존이다. 당초 220억달러(약 23조3200억원)를 투입해 2016년까지 탄소제로 도시로 개발 완료할 계획이었다. 도시 에너지 수요를 100% 신재생에너지로 조달한다는 구상이다.

하지만 2009년 글로벌 금융위기를 겪으면서 투자유치에 어려움을 겪었다. 결국 계획이 축소되거나 취소되는 상황을 겪으면서 2030년 준공목표로 계획을 수정했다.

마스다르사는 2010년 이후 해외 재생에너지 사업 투자에 적극 나서 현재 25개국에서 총 2.7GW설비(태양광 1.3GW, 풍력 1.4GW)를 가동 중이고 1.3GW 설비를 건설하고 있다.[161]

마스다르사가 참여한 국내외 재생에너지 프로젝트의 총 사업규모는 85억달

161) Masdar Company, 2021 Annual Sustainability Report, 2022년 3월

러이며, 이중 32%에 해당하는 27억달러를 투자했다.

도시의 모든 폐기물은 100% 재활용하고, 순환 또는 에너지화한다는 원칙을 세웠다. 폐기물 수거 · 분류 시스템을 통해 50% 재활용하고, 33%는 소각후 에너지로 이용하며, 17%는 퇴비로 이용할 계획이다.

중동의 더운 날씨를 고려해 도시 초입에서 내부로 들어오는 통로를 부채꼴 모양으로 좁아지게 설계, 바람이 도심 가운데로 모이게 했다. 아울러 광장 한 가운데 45m 높이로 굴뚝처럼 솟은 윈드타워는 내부에 더운 바람을 모아둔다. 이어 물을 분사해 식인 후 도심 아래로 순환시켜 시원한 바람을 공급한다.

또 풍력터빈은 더위를 식히는 에어컨 역할을 한다. 풍력터빈을 거쳐 긴 관을 통해 지하로 들어간 뜨거운 바람은 지하의 물을 만나 온도가 내려간다. 온도가 낮아진 이 바람은 다시 관을 타고 지상으로 올라와 더위를 식혀주는 바람이 된다고 한다.

도시 곳곳에 분수를 설치하고 나무를 심어 도심의 열을 식힌다. 이를 가꾸기 위해 사용하는 물은 모두 빗물을 활용하며, 그 외에 물이 필요한 곳에는 바닷물을 담수화해 사용하고 있다.[162]

162) 한국환경공단 블로그, '탄소제로도시의 오래된 미래' 마스다르시티
https://m.blog.naver.com/kecoprumy/221913618436
한국에너지공단 블로그, 녹색도시를 꿈꾸는 사막 '마스다르'
http://blog.energy.or.kr/?p=4289

3. 자동차

탄소중립은 자동차산업의 지형을 바꿀 메가트렌드다. 수송분야에서 나오는 온실가스는 세계 배출량의 약 25%를 차지한다. 우리나라에선 14~15% 비중이다. 유럽과 북미지역에선 연비규제를 강화하고 있으며, 위반시 대규모 벌금을 예고하고 있다. 내연기관차 판매를 중단하겠다는 국가 · 기업들의 발표도 잇따르고 있다.

자동차산업 지형 바꿀 메가트렌드

유럽연합(EU) 회원국들은 2022년 6월 29일 기후변화 대응 법안에 합의했다. 2035년부터 EU 역내에서 판매하는 화석연료 차량의 신규 판매를 중단하겠다는 내용이다. 이를 위해 이산화탄소 배출량을 2030년까지 승용차는 55%로, 밴은 50%로 낮추기로 했다.

이탈리아 슬로바키아 등은 2040년으로 연기를 주장했지만 흐름을 바꾸지 못했다. 국제에너지기구(IEA)에 따르면 국가별 내연기관 신차판매 중단시점은 네덜란드와 노르웨이가 2025년으로 가장 빠르다. 이어 독일과 중국 인도 이스라엘 등은 2030년 내연기관 신차판매를 중단하겠다고 밝혔으며, 대만 2040년, 일본 2050년 동참을 선언했다.

우리나라는 윤석열 대통령 공약이 '2035년 내연기관 자동차 신규등록 금지'다. 앞서 현대차 · 기아는 2022년 35만대로 예상되는 국내 전기차 연간 생산량을 2030년 144만대까지 확대하겠다고 밝혔다.

144만대는 2030년 현대차 · 기아의 글로벌 전기차 생산량의 45%에 달하는 물량이다. 현대차는 제네시스를 포함해 2030년까지 18종 이상의 전기차 라인업을 갖출 계획이다.

현대차 · 기아는 2030년 글로벌시장에서 총 323만대의 전기차를 판매해 약 12% 수준의 점유율을 목표로 하고 있다.

또 현대차는 세계에서 판매하는 완성차 중 전동화모델 비중을 2030년 30%, 2040년 80%까지 끌어올리기로 했다. 지역별로는 2035년까지 유럽시장에서 판매하는 전 모델을 순수 전기차와 수소차로만 구성하고, 2040년까지 기타 주요 시장에서도 순차적으로 모든 판매 차량의 전동화를 완료할 예정이다.

이처럼 자동차산업에서 탄소중립이란 명제는 내연기관차의 전기 · 수소차 전환을 재촉할 전망이다.

폭스바겐 BMW 등 EU 배출가스 기준 미달

유럽연합(EU)은 2021년부터 제조사별 평균 판매대수를 기준으로 대당 이산화탄소(CO_2) 배출량이 95g/km를 넘을 경우 초과 배출 1g/km당 95유로의 벌금을 부과하고 있다. 벌금에 판매차량 수를 곱해 초과 배출량 할증료도 부담시킨다.

미국 일본 등 주요 자동차 소비국에서도 EU와 비슷한 규제가 머지않아 시행될 것으로 보인다. 이처럼 EU의 강력한 이산화탄소 배출규제에도 불구하고, 주요 글로벌 자동차제조사 상당수는 기준을 지키지 못한 것으로 나타났다.

글로벌 자동차산업 조사기관 자토(JATO)에 따르면 2021년 유럽시장에서 기준치 이내로 이산화탄소를 줄인 제조사는 우리나라 현대차(89.8g/km) · 기아(91.9g/km)를 비롯 MG(45.7g/km) 르노(86.7g/km) DS오토모빌(88.7g/km) MINI(90.1g/km) 피아트(92.8g/km) 등 7개사뿐이다. 테슬라 등 전기차 전문 브랜드를 제외한 경우다.

반면 폭스바겐(96.3g/km) 푸조(97.9g/km) 스코다(101.0g/km) 메르세데스-벤츠(102.4g/km) 볼보(103.2g/km) BMW(107.3g/km) 등은 기준치 충족에 실패했다. 로이터통신은 폭스바겐이 EU의 이산화탄소 배출량 기준치를 못 지켜 1억유로(약 1345억원) 이상의 벌금을 물게 됐다고 보도하기도 했다.

EU가 제시한 이산화탄소 배출량 기준을 맞추려면 전기차 판매 확대가 절대적이다. 실제로 현대차와 기아가 기준을 지킬 수 있었던 건 전기차 판매를 크게 늘렸기 때문이다.

이에 비해 유럽의 주요 자동차 제조업체들은 수익성 확보 등을 이유로 전기차 전환을 서두르지 않았었다. 최근에는 중국업체들이 전기차 시장에서 두각을 나타내며 시장점유율을 늘려가자 대책 마련에 부심한 모습이다.

당초 유럽의 주요 제조사들은 클린디젤 기술로 친환경 자동차시장을 주도하려 했다. 그러다 2015년 폭스바겐 디젤게이트 사건이 터졌다.

폭스바겐은 디젤 차량의 배기가스를 조작한 디젤게이트 사건으로 미국과 유럽 등에서 300억유로(약 40조원) 이상의 벌금을 물었다. 이후 메르세데스벤츠 아우디 르노 포르쉐 크라이슬러 등 유럽 자동차회사들이 줄줄이 적발됐다.

우리나라에서도 환경부가 폭스바겐 벤츠 크라이슬러 피아트 닛산의 배기가스 조작실태를 잇따라 적발해 과징금을 부과한 바 있다.

이 사태로 디젤은 환경문제에 있어 분명한 한계를 드러냈다. 차세대 친환경 자동차 기술주도권은 전기차로 넘어왔다.

2021년 전기차 글로벌 판매비중 5.8%

이미 세계 자동차시장에선 순수 전기차(BEV) 판매가 눈에 띄게 늘었다.

한국자동차연구원이 SNE리서치 자료를 분석해 발표한 '2021년 전기차 판매실적 및 시장동향' 보고서에 따르면 세계 자동차시장에서 전기차 판매량은 472만대로, 전년 대비 112% 증가했다.[163] 2018년 163만대, 2019년 178만대, 2020년 222만대에서 1년동안 두 배 이상 수직상승했다.

세계시장에서 완성차 전체 판매량이 4% 증가(2020년 7777만대→2021년 8071만대)한 것과 비교하면 전기차의 위상변화를 가늠할 수 있다.

이에 힘입어 전체 완성차 판매량에서 전기차가 차지하는 비중은 2018년 1.8%, 2019년 2.0%, 2020년 2.9%에서 2021년 5.8%로 뛰어올랐다.

국가별로는 중국이 2020년 105만대에서 2021년 272만대로 158% 증가하며 전기차 최대시장으로 입지를 공고히 했다. 다른 지역의 2021년 전기차 판매는 유럽 128만대, 미국 51만대, 한국 10만대, 일본 2만3000대, 기타 8만8000대 등이다.

한국은 전년대비 115% 증가해 성장속도가 중국 다음으로 빨랐고 유럽과 미국은 전년대비 각각 64%, 95% 느는 데 그쳤다. 제조업체별로는 테슬라가 모델3 · 모델Y 등의 인기로 총 92만대를 판매, 글로벌 전기차 전체 판매의 19.5%를 차지했다. 전년보다 판매(2020년 49만대)는 늘었지만 점유율(22.3%)은 줄었다.

이어 상하이기차가 홍광미니 모델로 급성장하며 61만대를 판매해 2위에 이름을 올렸다. 점유율은 2020년 10.6%(24만대)에서 2021년 13.0%로 뛰었다.

3위는 폭스바겐으로 44만대를 팔아 점유율 9.3%를 기록했으며, 4위는 BYD(34만대, 7.1%)가 차지했다. 현대차그룹은 24만대(5.1%)로 5위에 올랐다. 이들 상위 5개사가 2021년 전기차 판매에서 차지하는 비중은 54%에 달했다.

163) 한국자동차연구원, (산업동향 Vol. 87) 2021년 전기차 판매 실적 및 시장 동향, 2022년 2월 7일

■ 국가별 전기차(BEV) 판매량 추이 (단위:대)

구분	2019년	2020년	2021년	성장률 (2020-2021)
중국	103만5752	105만4169	271만7937	158%
유럽	39만1159	78만3658	128만1449	64%
미국	24만6996	26만55	50만5988	95%
한국	3만5443	4만6909	10만681	115%
일본	2만1932	1만6028	2만3280	45%
기타	4만4546	5만9592	8만8393	48%
전기차 합계 (비율)	177만5828 (2.0%)	222만411 (2.9%)	471만7728 (5.8%)	112%
완성차 전체	9018만5388	7777만1796	8071만2219	4%

*출처:(전기차) SNE리서치, (완성차) LMC Automotive(한국자동차연구원 재구성)

국내 전기차 시장에서는 현대차그룹과 테슬라가 양강 구도를 보였다. 테슬라는 한국시장에서 전년보다 51% 증가한 1만7828대를 팔았다. 현대차그룹은 2020년 2만8000대에서 2021년 7만1785대(포터 1만6000대 · 봉고 1만1000대 전기차 포함)로 증가하며 1년 만에 157% 증가했다.

현대차 아이오닉5, 기아 EV6, 제네시스 GV60 등 다양한 신차가 출시된 것이 주효한 것으로 보인다.

자동차연구원은 "2022년에도 주요 완성차기업과 스타트업들의 다양한 신차 출시가 이어지고 있어 가격 경쟁력 있는 볼륨 모델 중심으로 전기차시장 성장세는 지속될 것"이라고 전망했다. 이어 "다만 지속적으로 이슈가 되는 반도체 공급 부족, 니켈 · 코발트 등 주요 원자재 가격 인상에 대응한 완성차기업의 공급망 관리 역량 차이가 실제 전기차 판매량에 반영될 것"이라고 내다봤다.

아울러 전기차시장은 초기에 보조금 영향이 크기 때문에 국가별 구매보조금 정책 변화에 따라 지역별 판매 양상이 차이를 보일 전망이다.

2021년 세계시장에서 수소차는 1만7642대(승용 1만5735대, 상용 1907대) 판매됐다. 이중 한국에서 8557대 팔려 3년 연속 1위를 차지했다. 현대차는 한국과 미국 등에서 9620대를 판매해 55% 점유율을 기록했다.

한국, 2040년 전기·수소차 1000만대

SNE리서치, PwC 등 시장조사 업체들은 2022년 전 세계 순수 전기차시장 판매가 800만~900만대에 이를 것으로 예상했다. 전체 자동차 판매의 10%가 넘는 규모다. 또 에너지조사기관 블룸버그 뉴에너지파이낸스(BNEF)는 '전기차 전망 보고서(2022)'를 통해 세계 전기차 판매량이 2025년 2060만대에 이를 것으로 예상했다.

세계 차시장에서 차지하는 비중도 23%까지 확대될 전망이다. 이 기간 중국과 유럽에서 판매되는 전기차 비중은 80%에 달할 것으로 보인다.

다만 이 수치는 플러그인 하이브리드(PHEV)와 하이브리드차(HEV)를 포함한 것으로, 이중 순수 전기차(BEV) 비중은 약 75% 수준이라고 BNEF는 밝혔다.

우리나라에선 2040년 전기 · 수소차 1000만대 시대가 열릴 전망이다. 또 2035년이면 반경 75km 이내에서 친환경차 충전이 가능해지고, 도심항공교통서비스(UAM)도 2025년 상용화된다.[164)]

2020년 14만대인 전기 · 수소차가 2030년 450만대, 2040년 978만대로 늘어나고, 1시간 걸리는 수소 충전소 접근가능 시간이 같은 기간 30분, 10분 내로 줄어든다. 신차 중 자율자동차 판매비율은 2020년 0%에서 2030년 54%, 2040년 80%에 이를 것으로 예상된다.

164) 국토교통부, 2차 국가기간교통망계획(2021~2040), '안전하고 지속가능한 국가교통정책계획 수립' 보도자료, 2021년 12월 27일

국토교통부는 2030년 목표치는 '2030 국가온실가스감축목표(NDC)'에 따른 규모이며, 2040년 목표는 추세선을 반영한 추정 수치라고 설명했다.

노르웨이 독일 영국의 보급확대 정책

노르웨이는 2025년 신차 100% 전기차 전환을 위해 운전자에게 다양한 인센티브를 제공한다. 다만 차량 이용보다 걷기와 대중교통 이용을 장려하기 위해 2022년 현재 관련 인센티브를 많이 줄였거나 줄일 예정이다.

코트라(KOTRA) 오슬로무역관이 노르웨이 전기자동차협회 공시내용을 파악한 결과 △구입 · 수입세 면제 △부가가치세 25% 면제 △버스전용차로 운행 가능 △아파트 거주자를 위한 충전권 제정 등의 혜택이 있다. 도로통행세 면제, 공영주차장 무료 주차 혜택은 폐지됐다.

독일은 함부르크 지역의 인프라 구축노력이 눈길을 끈다. 코트라 함부르크 무역관이 독일 연방도로교통청(KBA) 통계를 조사한 바에 따르면 2020년 함부르크의 전기차 비중은 1.8%(독일 전역 평균 1.1%)로, 독일에서 가장 높았다.

함부르크 내 전기차 충전소는 2021년 5월 기준 1214곳에 이른다. 베를린(1799곳), 2위 뮌헨(1327곳)에 이어 3번째로 많은 수치다.

베를린은 인구가 가장 많은(375만명) 독일 수도이고, 뮌헨은 BMW 본사가 있는 자동차산업 중심도시임을 고려하면 충전 인프라가 잘 구축돼 있는 셈이다. 함부르크 주정부는 2025년까지 2000곳 이상의 공용 충전소를 추가 설치할 계획이다. 함부르크가 전기차 대표 도시로 부상한 배경에는 주정부가 수립한 '전기차 개방적 충전 인프라 개발을 위한 마스터플랜'이 있기에 가능했다. 마스터플랜에는 △전기차 모델과 무관하게 모든 차량이 이용할 수 있는 표준 충전 규격 도입 △스마트폰 앱 결제시스템 구축 △충전소 위치 및 사용 가능 여부 실시간 체크 앱 개발 등이 담겨 있다.

독일 최초로 2015년부터 전기차 운전자에 대해서는 도시 내 모든 주차비를 면제해주는 등 실질적인 혜택도 제공한다.

한편 독일정부는 2023년부터 기후보호 효과가 입증된 전기차에 한해서만 구매 보조금을 지원할 예정이다.

영국은 런던에 대기오염 청정법을 제정하고 단계별로 대기의 질을 개선하기 위해 노력해왔다. 2019년 4월에는 더 엄격한 기준을 법으로 제정했는데, Ultra Low Emission Zone(ULEZ)이라 불린다. ULEZ는 시민 건강을 지키기 위해 심각한 대기오염을 가져올 수 있는 차량의 운전을 제한하고, 도심 내 교통량을 줄이기 위해 만들어졌다.[165] 코트라 런던무역관에 따르면 ULEZ는 런던 시내를 중심으로 북부순환도로 및 남부순환도로까지 적용하고 있다.

Low Emission Zone(LEZ)과는 다르다. LEZ는 버스 · 대형트럭 등 중대형 차량을 대상으로 하며, 런던 대부분의 지역이 적용 대상이다. LEZ 기준에 맞지 않으면 환경세가 적용된다. 혼잡 통행료(Congestion Charge)는 환경적인 측면을 고려하지 않고, 오로지 도심내 교통 혼잡을 줄이기 위해 혼잡지역을 지정해 통행료를 부과하는 제도다. 주중 특정 시간대, 주말과 일요일 · 공휴일에는 적용되지 않는다. 전기차를 제외한 모든 차가 대상이다.

코나, 전기차 4900만원·가솔린차 2700만원

수송분야에서 탄소중립 달성은 탄소제로차 100% 보급에 의해 좌우될 전망이다. 탄소제로차는 전기차와 수소차를 말한다. 지속가능성 확보를 위해서는 국내차의 점유율이 높을수록 유리해 보인다. 국내 산업기반이 취약해 수입차에 의

165) 송준우, 한국교통연구원, 2019년 런던에 새로 도입된 Ultra Low Emission Zone(ULEZ), 2019년

존할 경우 불확실성과 탄소중립의 변동성이 커질 수밖에 없다.

산업기반을 확충하려면 공급측면에선 기업의 이윤이, 수요측면에선 소비자 만족도가 담보돼야 한다. 기업 입장에서 내연기관차보다 전기 · 수소차의 이윤이 크다면 누가 유도하지 않아도 그 방향으로 갈 것이다. 소비자 역시 전기 · 수소차가 내연기관차보다 저렴하고 편의성이 높다면 수요가 늘어날 것은 자명한 일이다.

하지만 현실적으로 전기 · 수소차 가격은 내연기관차 대비 1.8~2.6배 이상 비싸다. 보조금(정부+지자체 포함 보통 1000만~1200만원)을 제외한 동급기준 전기차 가격은 4900만원(코나EV), 수소차 7000만원(넥쏘), 내연기관차는 2700만원(코나 가솔린) 수준이다.

특히 넥쏘의 경우 시장가격은 약 7000만원이지만 실제 생산비용은 1억 1000만원 이상인 것으로 알려져 내연기관차 대비 4.1배에 이르는 것으로 파악됐다. 따라서 현재와 같은 상황에선 정부보조금 없이 전기 · 수소차의 경쟁

전체 차량가격에서 주요부품의 비중

구분	전기차		수소차		내연기관차	
	주요부품명	비중(%)	주요부품명	비중(%)	주요부품명	비중(%)
차량가격	4900만원		7000만원		2700만원	
구성요소	배터리팩	43	연료전지스택	34	엔진	18
	인터버/컨버터	6	수소저장장치	17	변속기	6
	모터	4	운전장치	15	파워트레인 기타	12
	기타	33	공기공급장치	12	배출가스 저감장치	15
	공용부품	14	전장장치	12	기타	23
			공용부품	10	공용부품	26

*출처:한국자동차산업협회
*차량가격:전기차 - 코나 EV, 수소차 - 넥쏘, 내연기관차 - 코나 가솔린 기준
*부품가격:전기차 - GM 볼트, 수소차 - 넥쏘, 내연기관차 - 폭스바겐 골프 기준

력을 확보하기란 쉽지 않다.

전기 · 수소차의 비싼 가격은 배터리, 모터, 수소연료전지 스텍, 수소저장용기 등 동력계가 비싼데다 규모의 경제를 실현하지 못하고 있기 때문이다. 전기차 동력계(배터리팩, 모터, 인버터, 컨버터) 비용은 2600만원, 수소차 동력계(연료전지스텍, 수소저장장치) 비용은 3600만원 수준이다. 이에 비해 내연기관차 동력계(엔진, 변속기, 파워트레인)은 970만원이다.

또 동력계와 공용부품을 제외한 나머지 부품가격은 내연기관차 1000만원, 전기차 1600만원, 수소차 2700만원 수준이다. 따라서 동력계 가격인하 여부가 전기 · 수소차의 가격경쟁력을 확보할 관건으로 보인다.

또 내연기관차는 생산측면에서 규모의 경제를 실현했지만 전기 · 수소차는 그렇지 못한 점도 가격상승을 가져오는 주원인이다.

내연기관차는 국내 기업별로 연간 25만대에서 180만대를 생산한다. 하지만 전기차는 3만여대, 수소차는 5000여대 생산에 불과하다. 관련업계에선 규모의 경제를 실현하려면 적어도 20만대 생산체계는 갖춰야 한다는 입장이다.

소비자 입장에선 전기 · 수소차 가격, 차량유지비(충전비), 충전편의성 등이 구매결정의 핵심요인이다. 현재 차량 가격에 대해서는 보조금이, 충전비에 대해서는 요금할인이 지원되고 있다.

이런 지원제도는 공급자들이 자체 경쟁력을 확보하기 전까지 유지돼야 시장이 유지될 것으로 보인다. 이와 함께 충전시설의 확충이 관건이다.

환경부에 따르면 2022년 6월말 기준 전기차 충전기 보급현황은 급속 2만9912기, 완속 15만6554기다.[166]

166) 환경부 무공해차 통합누리집, https://www.ev.or.kr/portal/

정부는 4차 친환경차 기본계획에서 2025년까지 급속충전기 1만7000기, 완속충전기 50만기 이상을 구축하겠다고 밝혔다. 이중 급속충전기 목표는 조기 달성했다. 수소충전기의 경우 2022년 6월말 현재 184기가 설치돼 148기가 운영 중이다. 정부는 2025년까지 전국에 450기를 설치할 계획이다.

엔진·변속기공장은 곧 역사속으로

전기 · 수소차 부품 수는 내연기관차의 63~80%에 불과하고, 작업공수(작업 가능한 노동력의 수치)는 내연기관차 대비 70~80% 수준이다.[167)]

내연기관차 부품은 약 3만개인데 비해 전기차는 1만8900개, 수소차는 2만4000여개다. 전기차에는 엔진계통 · 배기 · 시동 점화 충전장치가 필요없고, 수소차에도 엔진계통 부품이 불필요하다. 즉 전기 · 수소차 시대에는 공정이 복잡한 엔진 · 변속기 공장이 사라지고, 공정이 단순하고 자동화하기 쉬운 배터리팩, 연료전지스텍 공장이 확대될 전망이다.

영국의 경제컨설팅 전문기관인 케임브리지 이코노메트릭스(Cambridge Econometrics)는 부품수와 작업공수 감소로 순수 전기차 1만대 생산시 필요한 근로자 인원(3580명)은 가솔린차(9450명) 대비 38% 수준에 그치는 것으로 분석했다.

이런 점을 고려하면 미래차시장 산업구조는 친환경차 · 전장부품 기업 중심으로 재편될 전망이다. 아울러 전체 자동차기업은 인수합병 · 모듈화 등으로 감소한 후 다시 증가할 가능성이 크다.

한편 국내 자동차 부품업계 생태계는 완성차업체 중심의 수직 계열화된 구

167) 한국자동차산업협회, 자동차산업 탄소중립 전략, 2021년 9월

▮ 국내 전기·수소차 부품공급망 현황

전기차		수소차	
주요 부품	주요 업체	주요 부품	주요 업체
배터리팩	LG화학, SK이노베이션, 삼성SDI	연료전지스텍	현대모비스, 코오롱 인더스트리
인버터/컨버터	LS산전, 이지트로닉스	수소저장장치	일진다이아, EG, 엔케이
모터	현대모비스, S&T모티브, LG이노텍, 계양전기	운전장치	한온시스템, 뉴로스, 현대모비스

*출처:한국자동차산업협회

조가 특징이자 문제점이다. 부품 국산화율이 95%에 이르는 내연기관차 부품 산업과 달리 전기 · 수소차 국산화율은 70%에 불과하다.[168] 정부는 국산화율을 2025년 95% 수준까지 끌어올리기 위해 자동차 소재 연구개발(R&D)을 적극 지원하고 있다. 다행스러운 점은 전기 · 수소차 부품의 국내 공급망이 갖추어져 있다는 것이다.

전기차시대, 일자리 지각변동 불가피

한국자동차연구원은 '미래차 산업 전환이 고용에 미치는 영향' 보고서에서 내연기관 부품기업이 2019년 1669개에서 2030년 1168개로 501개 감소할 것으로 예측했다.[169] 대신 같은 기간 전기 · 전장 업체는 250개에서 600개로 350개, 수소차 부품 업체는 50개에서 450개로 400개 각각 늘어날 것으로 전망했다.

전기 · 전자 엔지니어와 소프트웨어 전문인력 확보가 미래 모빌리티 산업

168) 산업통상자원부, 자동차부품기업 미래차 전환 지원 전략, 2021년 6월 11일
169) 한국자동차연구원, 미래차 산업 전환이 고용에 미치는 영향, 2022년 5월 8일

시장의 경쟁력을 좌우할 것임을 예고하는 대목이다.

미국은 이미 전기차 등 친환경차의 인력을 2020년까지 27만명으로 늘렸고, 독일은 자동차산업 엔지니어가 13만명에 달한다.

또 일본 도요타는 2022년 신규 채용의 40% 이상을 소프트웨어 전문인력으로 할당해 1만8000명을 확보했다. 혼다는 5만명을 재교육 · 훈련시키고 있으며, GM은 친환경차 기술부문 직원 3000명을 채용했다. 한국의 친환경차 관련 인력은 2018년 기준 4만2443명, 자율주행차 5021명, 인프라 3068명으로 총 5만532명으로 집계됐다. 소프트웨어 인력은 1000여명뿐이다.

한국자동차연구원은 인력실태 조사 결과 부품기업의 46.8%(4195개사), 고용의 47.4%(10만8000명)가 미래차 전환 과정에서 사업재편이 필요한 기업군으로 분류됐다고 밝혔다. 미래차 기술개발 과정에서 국내기업들이 겪고 있는 전문인력 부족 현상의 단면이기도 하다.

이어 우리나라의 미래차 산업기술 인력수요는 2028년 8만9069명(그린카 7만1935명, 스마트카 1만1603명, 인프라 5531명)에 이를 것으로 전망했다.

그렇다면 현재 인력 5만533명(그린카 4만2443명, 스마트카 5021명, 인프라

■ 미래차 국내 인력 전망

구분	품목	기업수(비중)		고용인력(비중)	
감소군	엔진 부품, 동력전달, 전기장치, 배기계·연료계	4195개사	46.8%	10만800명	47.4%
유지군	조향, 현가, 제동, 차체, 시트, 공조 등	4561개사	50.9%	11만1000명	48.7%
확대군	미래차 주요 부품 (각종 전장, 배터리 등)	210개사	2.3%	9000명	3.9%

*출처:한국자동차연구원, '자동차부품기업미래차전환지원방안'

*전장분야는 감소군(약 70%, 내연기관 전용)과 확대군(약 30%, 전기차용)이 혼재

3068명)보다 3만8537명의 미래차 인력이 더 필요하다. 분야별 필요인력은 생산기술 4만2486명, 연구개발 2만9117명, 구매 · 영업 5549명, 품질관리 3786명, 시험평가 · 검증 3393명, 설계 · 디자인 3094명, 보증 · 정비 1644명이다.

전기차 배터리가 안고있는 문제

전기차가 증가하면서 배터리(이차전지) 시장도 급성장하고 있으며, 배터리 소재 핵심광물인 리튬 니켈 코발트는 '귀하신 몸'이 됐다.

세계은행은 2050년 리튬 코발트 등의 수요가 2018년 대비 4.5~5배 증가할 것으로 예상했다. 우즈맥킨지는 승용차 부문에서 배터리 전기차 비중이 2030년 30%, 2040년 50%에 이르고, 2030년까지 배터리 소재 광물자원이 연평균 4~13% 성장할 것으로 내다봤다.

전기차용 배터리는 충 · 방전 반복이 가능한 리튬이온 배터리를 주로 채택하고 있으며, 배터리의 4대 핵심 소재는 △양극재 △음극재 △분리막 △전해액이다. 리튬 니켈 코발트는 리튬이온 배터리에서 양극재를 구성하는 원자재로, 배터리 가격의 3분의 1 이상을 차지한다.

양극재는 배터리 성능(안전성 내구성 출력 등)을 결정하는데, 니켈과 코발트의 함량이나 배열구조 등이 중요한 역할을 한다. 리튬은 리튬이온 배터리의 핵심 원료로 매장량의 82%가 칠레 호주 아르헨티나 중국 등 4개국에 부존한다.[170]

리튬이온 배터리에 쓰이는 리튬화합물은 탄산리튬(Li_2CO_3)과 수산화리튬(LiOH)으로 구분되며 리튬화합물 1위 생산국은 중국이다.

2030년 리튬화합물 수요는 2021년 대비 약 100만톤 이상 증가하는 등 수요

170) 한국수출입은행 해외경제연구소, 2022 산업 인사이트-2, 배터리 소재 광물시장 동향 및 전망, 2022년 4월 26일

가 공급보다 빠르게 늘어날 전망이다.

니켈은 인도네시아 필리핀 호주 캐나다 쿠바 러시아 남아프리카공화국 등에 많이 매장돼 있다. 하지만 전기차배터리용 고순도 니켈이 적은데다, 채굴프로젝트와 정제시설이 충분하지 않아 공급부족에 시달리고 있다.

전기차배터리용 니켈은 최소 99.8%의 순도를 보이는 1등급 니켈(정련니켈)이 필요하다. 니켈 원광은 황화광(40%)과 산화광(60%)으로 구분하는데, 황화광이 고품위다.

황화광은 건식 제련과정을 통해 품위 40% 이상을 가진 매트(matte)를 생산하고, 매트는 다시 다양한 제련 방법으로 품위 99% 이상의 1등급 니켈을 생산한다.

산화광은 산화철 함유량이 많아 품질이 떨어져 전기차용배터리로 적합하지 않다. 다만 최근 개발된 고압산침출법(High Pressure Acid Leaching)이란 에너지집약 정제공정을 거치면 1등급 니켈이 나온다. 문제는 이 과정에서 다량의 이산화탄소가 배출된다는 점이다.[171]

현재 니켈은 특정 국가에서 채굴돼 정제작업을 위해 다른 국가로 보내지고, 다시 배터리 조립작업을 위해 또다른 국가로 이동하는데, 이 과정에서 이산화탄소가 추가 발생하는 딜레마에 놓여 있다. 탄소배출을 어떻게 줄이느냐가 배터리 전주기 생산과정의 해결과제다.

고순도 니켈 수요는 앞으로도 지속 증가할 전망이어서 정련니켈 공급과 가격이 향후 전기차 보급 확대에 중요한 변수가 될 전망이다.

코발트는 콩고민주공화국(DRC)이 공급량의 80%를 차지한다. 매장지역이 편중된 만큼 가격 변동성이 크다.

---

171) 한국자동차산업협회, 자동차분야 탄소중립 전략, 2021년 4월

그런데 DRC는 물량 대부분을 중국으로 수출한다. 중국은 DRC 코발트 광산에 대규모 투자를 단행해 DRC 광산의 약 70%를 보유하고 있다. DRC에서 코발트를 수입해 제련 · 정련과정을 거친 후 순도 99.8% 이상의 고품위 제품을 세계시장에 공급(약 65%)한다. 다른 국가들의 신규 투자가 없다면 가격이 중국 영향력 하에 휘둘릴 가능성이 크다. 중국은 코발트를 비롯 배터리 핵심 소재 부문에서 55~70% 국산화를 달성한 것으로 알려졌다. 양극재 57.5%, 음극재 67.8%, 분리막 53.4%, 전해액 71.8% 등이다.

이에 비해 우리나라는 세계 배터리시장의 약 26%(2020년 기준)를 점유하고 있지만 배터리 핵심 소재부문의 국산화 비율이 평균 14%에 그치고 있어 대책마련이 요구된다. 2050년 탄소중립 달성을 위해 배터리 소재 광물 확보 경쟁은 더욱 심화될 것이기 때문이다.

한편 탄소중립 실현 수단으로 전기차 역할에 대한 이견도 적지 않다. 내연기관차의 실린더블록(엔진 블록)이나 피스톤, 크랭크샤프트는 오버홀(Over-haul, 기계나 엔진을 분해해 점검하고 수리하는 일) 등으로 반영구적 사용이 가능하거나 재활용할 수 있다.

이에 비해 전기차는 석탄이나 LNG발전소를 활용하는 한 전기생산 과정에서 이산화탄소가 배출된다. 이 부분은 〈3장 1. 세계 에너지현황〉에서 언급한 것처럼 전기차에 공급되는 전기가 재생에너지로부터 공급되는 것이 전제돼야 하는 일이 남아 있다.

아울러 폐배터리 처리 문제는 아직 뚜렷한 대안이 없다. 일반적으로 배터리 수명은 약 10년 정도로 알려져 있다. 전기차 제조업체인 테슬라도 최대 8년, 10만마일 정도 보증해준다. 아직은 전기차시장이 진입단계여서 수명을 다한 배터리가 거의 없지만 특정시점이 도래하면 폐배터리 폐기문제가 새로운 사회문제로 대두될 전망이다. 배터리는 화재 발생시 완전히 연소될 때까지 불을 끄기 어려워 이로 인한 오염도 해결과제다.

모빌티리 키워드는 'Safe-SPACE'

코로나 팬데믹은 이동수단에 불과했던 자동차를 새로운 모빌리티(Mobility) 개념으로 빠르게 바꾸어놓았다. 모빌리티의 사전적 개념은 이동성이다. 하지만 사람과 사물의 물리적 이동수단은 물론 제품, 서비스 연구개발, 사용자 경험, 운영, 유지보수, 폐기 등 각종 서비스를 통칭한다.

전통적 교통수단에 인공지능(AI) · 자율주행 등 신기술을 접목해 효율과 편의성을 높인 것이 특징이다. △전기차 △자율주행 △드론 △배송로봇 △모빌리티공유서비스(자동차 · 자전거 · 전동킥보드) △승차공유서비스(소비자와 차량 · 운전자 연결) 등이 포함된다.

코트라(KOTRA)의 '글로벌 모빌리티 시장동향' 보고서에 따르면 모빌리티 산업의 키워드는 지금까지 알려진 CASE, 즉 연결(Connected), 자율주행(Autonomous), 차량공유(Shared), 전기차(Electric)에서 Safe-SPACE로 변화하는 추세다.[172)]

이동수단 이용 과정에서 사고가 발생하면 생명에 영향을 미치기 때문에 안전(Safety)이 가장 중요한 요인으로 꼽힌다. 특히 코로나19 이후 모빌리티산업에서 기존 안전 개념에 바이러스 감염 방지라는 이슈까지 추가됐다.

SPACE에서 S는 구독(Subscription)을 의미한다. 소유와 공유 사이의 임시소유 형태다. 하루 단위를 렌탈, 연 단위를 리스라고 한다면 구독은 보통 한달 단위로 분류된다.

172) 코트라(KOTRA), 글로벌 모빌리티 시장동향, 2022년 1월

P는 전기자전거 · 전동킥보드 등 개인화(Personal)된 이동수단을 말한다. 코로나19 이후 대중교통에서 불특정 다수와 함께 머물러야 하는 불안감을 떨쳐내는 수단으로 확대됐다.

A는 자율(Autonomous)이다. 당초 자율주행자동차는 인간의 이동을 중심으로 설계됐다. 하지만 코로나19로 이동이 제한되고 재택근무가 늘면서 배달서비스에도 자율로봇이 등장했다. 자율주행택시를 로봇택시(Robotaxi)라고 하듯 자율주행 배송로봇을 로보마트(Robomart)라고 부른다.

C는 연결(Connected)을 의미한다. 차량사물통신(V2X, Vehicle to Every-thing) 기술을 토대로 차량끼리 또는 차량-교통 인프라 간에 정보 교환과 안전성을 확보한다. 차량 내부와 인터넷을 연결해 주유 · 커피 등의 주문 서비스도 가능해졌다.

E는 전동화(Electric)로 표현된다. 친환경을 중시하는 분위기에서 탄소중립 시대가 구체화됨에 따라 전기차가 미래차시장의 큰 축으로 부상했다.

이중 구독서비스와 차량공유서비스는 이산화탄소 배출 감소에 현격한 기여를 할 전망이다. 이는 경제협력개발기구(OECD) 산하 국제교통포럼(IFT)이 2016년 포르투갈 리스본의 자가용과 버스를 공유차량으로 대체한 시뮬레이션 실험에서도 입증됐다.

조사결과 동일한 이동 수준 유지에 필요한 차량 수는 기존 대비 약 3% 감소했으며, 이산화탄소 배출은 34% 감소했다. 공공 주차공간의 95%는 더 이상 필요하지 않다고 분석됐다. 대신 차량 1대당 운행시간은 하루 50분에서 12시간으로 증가했다.

프랑스의 카풀앱 '블라블라카'(blablacar)는 탑승자가 목적지를 검색하면 동일 루트 운전자와 매칭해 준다. 사전에 운전자와 탑승자간 성별 흡연 대화 음악 반려동물동반 등 기본정보를 공유한다.

4. 친환경 녹색금융

2021년 10월 우리 정부의 탄소중립위원회 앞으로 한통의 서신이 도착했다. 발신지(the place of dispatch)는 '기후행동 100+(Climate Action 100+)'이었다. 기후행동 100+은 전 세계 자산운용사와 연기금 등 600개사 이상이 참여하고 있는 세계 최대 투자기관 모임이다. 이들이 굴리는 자금은 약 55조달러(약 6경5000조원)에 이른다.

기후행동 100+, 탄중위에 서신보내

세계 최대 자산운용사 블랙록, 세계 최대 채권운용사 핌코, 세계 3대 연기금 운용사인 네덜란드연금자산운용(APG) 등이 가입해 있다. APG는 네덜란드연금(ABP)에서 분리 설립됐다.

이들은 온실가스 배출량이 많은 세계 160여개 회사에 2050년까지 탄소배출량을 '0'으로 줄이는 계획과 방안을 수립하고 발표하도록 요구하고 있다. 160여개 대상기업의 업종은 석유가스가 약 25%로 가장 많고, 전력 운송 순이다. 지역별로는 유럽과 북미기업이 약 70%를 차지한다.

우리가 알만한 해외 기업은 엑손모빌 BP CNOOC 머스크 등이 있으며, 우리나라 기업 중에선 한전 포스코 SK이노베이션 등이 포함돼 있다.

기후행동 100+는 대상 기업에게 직접배출과 에너지 사용에 따른 간접배출뿐 아니라 고객사의 배출과 원재료, 운송과정까지 배출량 절감 계획을 세울 것을 요구하고 있다.

기후행동 100+은 한국의 탄소중립위원회에 보낸 편지에서도 △탄소감축에 대한 구체적인 계획 제시 △민간 석탄발전소 퇴출 논의 등을 요구했다.

첫번째는 한국기업들이 국제규범(IEA '2050 탄소중립 시나리오')에 따라 탄소 감축에 대한 정확한 계획을 밝히라는 것이다. IEA는 선진국의 경우 2030년까지 석탄발전을 퇴출하도록 권고하고 있다.

두번째는 세계적으로 석탄발전소를 없애는 추세인데, 한국은 신규 석탄발전소를 짓는 상황에 대해 우려를 나타냈다. 석탄발전은 탄소감축 노력에 역행할 뿐만 아니라 시간이 지날수록 경제성도 떨어져 '좌초자산'이 될 것이라는 입장이다. 이 때문에 탄소중립위원회가 민간 석탄발전소 퇴출 문제를 조속히 논의해야 한다고 주장했다.

이번 서한 작성을 주도한 것으로 알려진 박유경 APG 아태지역 책임투자 총괄이사는 "한국 정부와 기업들이 탄소 감축 선언만 하고 구체적인 계획은 없다"고 배경을 설명했다.[173]

APG, 한전 보유지분 전량매각

앞서 2020년 6월 24일 환경운동연합은 그린피스 서울사무소, 기후솔루션, 녹색연합, 청소년기후행동 등과 함께 "한전은 해외 석탄발전사업에 대한 무책임한 투자를 중단하라"는 내용의 성명서를 발표했다.

이들은 "전 세계가 코로나 바이러스와 기후위기를 극복하기 위해 분투하는 와중에, 한국은 세계적인 흐름과 반대로 대규모 공적자금을 투여해 해외석탄화력발전 사업에 투자하겠다고 나서고 있다"며 "인도네시아 자와 9 · 10호기

173) KBS, https://news.kbs.co.kr/news/view.do?ncd=5297643&ref=A, 2021년 10월 11일

등 모든 해외 석탄발전사업에 대한 투자를 중단하라"고 촉구했다.

이후 한전은 그해 10월 28일 "에너지전환 시대에 따른 지속가능 경영을 위해 향후 해외사업 추진시 신재생에너지, 가스복합 등 저탄소 · 친환경사업에 집중할 계획"이라며 "향후 해외 석탄화력발전사업을 신규사업으로 추진할 계획이 없다"고 밝혔다.

다만 "인도네시아 자와 9 · 10호기와 베트남 붕앙2호기는 상대국과 관계 등을 고려해 지속 추진하되 남아공과 필리핀에서 진행하는 석탄발전사업은 LNG로 전환하거나 중단을 검토하겠다"고 덧붙였다.

한전의 이러한 노력은 긍정적인 평가도 받았지만 해외 투자기관들의 신뢰를 완전히 회복하진 못했다.

APG는 2021년 2월 1일 보유하고 있던 한전 지분을 전량 매각했다고 발표했다. APG는 한때 한전 지분을 7% 이상 보유한 주요 주주였다. 하지만 한전이 인도네시아 · 베트남에서 석탄발전사업 추진을 강행하자 모든 자금을 회수한 것으로 풀이된다.

APG는 이날 한전 외에도 전 세계에서 석탄발전소를 짓는 7개 회사의 지분도 처분했다.

또 APG는 2022년 2월 지분이 있는 삼성전자 등 국내 대기업 10곳에 탄소배출 감축을 촉구했다. 대상기업은 삼성전자를 비롯 현대제철 SK SK하이닉스 SK텔레콤 LG화학 LG디스플레이 LG유플러스 롯데케미칼 포스코케미칼 등이다.[174]

APG는 이들 기업들에게 기존 탄소감축 전략의 적정성과 성과를 평가하고,

174) 연합뉴스, '네덜란드연기금, 삼성전자 등 국내 10개 대기업에 탄소감축 촉구', 2022년 2월 17일

기후변화 과제에 대해 장기 투자자들과 충분히 소통할 것을 강조했다. 이와 함께 기후변화 대응에 지속적이고 결단력 있는 리더십을 발휘해야 한다고 요구했다. APG가 운용하는 자금 규모는 약 5730억유로(약 768조원) 규모로 알려져 있다.

해외 석탄발전 공공기관 금융지원 중단

국내에선 공기업과 공적금융이 해외 석탄발전 사업에 투자하는 것을 금지하는 법안도 발의됐다. 더불어민주당 김성환 · 우원식 · 민형배 · 이소영 의원은 2020년 7월 이러한 내용이 담긴 한국전력공사법 · 한국수출입은행법 · 한국산업은행법 · 무역보호법 일부 개정안을 공동 발의했다. 일명 '국외 석탄발전 투자금지법 4법'으로 불리며, 의원 21명이 참여했다.

개정안에 따르면 한국전력공사와 한국수출입은행, 한국산업은행, 한국무역보험공사의 사업 범위에 해외 석탄발전 수행 또는 자금지원을 제외하는 규정이 신설됐다. 개정안 발의 의원들은 이들 4개 기관에 "현재 추진 · 검토 중인 모든 해외 석탄투자 사업에 대해 전면 재검토할 것과 공적기관들의 석탄투자 · 금융제공 중단 선언을 요구한다"는 의견서도 보냈다.

국내 공적 금융기관들은 2008~2018년까지 해외석탄사업에 11조원(100억 달러 · 4800MW) 이상을 지원했다.

정부는 이에 발맞춰 2021년 10월부터 신규 해외 석탄발전에 대해 공공기관의 금융지원을 전면중단했다.

기획재정부와 산업통상자원부는 '신규 해외 석탄발전 공적 금융지원 가이드라인'을 마련했다. 새롭게 추진하는 해외 석탄발전 사업 및 설비에 대한 공적 금융지원을 원칙적으로 중단한다는 게 골자다. 공적 금융지원이란 중앙정부와 지방자치단체, 공공기관 운영에 관한 법률에 따라 지정된 모든 공공기관이 수행하는 공적개발원조, 수출금융, 투자 등을 말한다.

수출입은행과 산업은행 등 국책 금융기관이 해외 석탄발전소 건설 사업에 지원하던 저리 융자와 무역보험공사가 제공하는 보험의 중단을 의미한다. 나아가 정부가 지분을 보유한 민간기업에 대해서도 새로 짓는 해외 석탄발전 사업의 경우 공적 금융지원을 중단하기로 했다. 다만 이미 승인된 사업은 상대국과의 경제 · 외교적 신뢰 관계 및 진행 상황 등을 종합 고려해 금융지원을 허용할 방침이다.

이 가이드라인은 문재인 전 대통령이 2021년 4월 기후정상회의에서 "신규 해외 석탄발전소에 대한 공적 금융지원을 전면 중단하겠다"고 선언한 데 따른 후속 조치로 마련됐다.

민간 금융기관 '탈석탄 금융' 잇단 선언

정부 방침에 화답해 한전 등 전력공기업은 2050년까지 석탄발전을 전면 중단하겠다고 밝혔다.

한전과 6개 발전공기업은 2021년 11월 광주 김대중컨벤션센터에서 열린 '빛가람 국제 전력기술 엑스포 2021'(BIXPO 2021) 개막식에서 이러한 내용의 탄소중립 비전을 선포했다. 에너지 생산(발전), 유통(전력망), 사용(소비 효율화) 등 전력산업 밸류체인 전 과정에 걸쳐 탄소중립 이행을 위해 과감한 혁신을 주도해 나가겠다는 내용이다.

이를 위해 공정하고 질서있는 감축 방안을 마련해 2050년까지 석탄발전을 전면 중단하고, 대규모 해상풍력과 차세대 태양광 등 재생에너지 확대에 나선다. 암모니아, 그린수소 등 수소 기반 발전도 점차 확대해 나갈 계획이다.

이러한 분위기는 금융기관들의 자발적 참여를 유도하고 있다.

JB금융그룹은 2022년 5월 기후변화 대응을 위한 온실가스 배출량 감축 필요성에 공감하며 탈석탄 금융을 선언했다. 국내 · 외 석탄발전소 건설을 위한 프로젝트 파이낸싱(PF)에 참여하지 않고 같은 목적의 특수목적회사(SPC)가 발행하는 채권 인수도 전면 중단하기로 했다.

대신 신재생에너지 투자를 확대하고 '환경 · 사회 · 지배구조(ESG) 경영을 강화한다는 방침이다.

KB금융 SK증권 신한은행 하나금융 흥국화재 부산은행 등도 ESG 경영 강화를 위해 '탈석탄 금융 선언'을 잇따라 발표했다. 구체적으로는 △국내외 석탄발전소 PF 참여 및 관련 채권 인수(투자) 중단 △신재생에너지 등 친환경 금융 관련 투자 확대 등을 담았다.

향후 금융은 저탄소 경제전환에 집중

금융서비스는 앞으로 석탄발전 철회는 기본이고, 저탄소 경제 전환에 필요한 자금의 상당부분을 제공할 전망이다. 2050년까지 탄소중립을 실현하려면 앞으로 30조~60조달러의 추가 자본 투자가 필요할 것으로 예상된다.[175)]

이 중 상당 금액은 이미 증명된 배출 감축 기술과 인프라 구축에 투자될 것이다. 하지만 더 많은 자본은 이산화탄소 직접공기포집(DAC: Direct Air Capture) 등 새로운 기술 해법의 발전, 시범사업, 도입 등에 투입될 것으로 보인다.[176)]

탄소 감축에 대한 명확한 계획을 제시하지 않거나 석탄발전사업을 강행하

175) Energy Transitions Commission, 'Making mission possible: Delivering a net-zero economy', September 2020

176) 딜로이트 통합연구센터(Deloitte Center for Integrated Research), 저탄소 미래, 시스템 사고로 주도하자, 2021년 11월

는 기업들의 설자리는 줄어들고 있다. 탄소중립 추진 등 친환경 기업들로 자본의 흐름이 완전히 바뀌었고, 가속화되고 있다. 금융투자를 받지 못하는 기업은 가파르게 상승하는 비용곡선을 감당하지 못하고 쇠퇴해갈 것이다.

원전, 우여곡절속 EU 택소노미 포함

많은 논란 끝에 원자력이 2022년 7월 6일 유럽연합(EU)의 친환경 투자기준인 녹색분류체계(taxonomy · 택소노미)에 포함됐다.

EU 택소노미는 어떤 경제활동 또는 환경기준이 환경 · 기후친화적인 녹색으로 분류될 수 있는지를 담은 체계다. 택소노미는 녹색에너지를 규정짓는 것으로, 기업과 투자자 · 정책 입안자가 투자 활동에 참고할 수 있는 핵심 잣대다. EU는 이 택소노미를 공공자금 지원에도 적용할 예정이다. 각종 에너지 프로젝트에 대규모 자금이 들어가는 점을 고려하면 택소노미 지정을 받지 못한 에너지원은 사실상 퇴출단계로 접어들었다고 봐도 무방하다.

유럽의회는 이날 택소노미에 원전과 가스를 포함하는 규정안(보완기후위임법, 2023년 시행 예정) 투표를 실시했고, 참여의원 639명 중 328명이 찬성해 가결했다.

앞서 원자력 의존도가 높은 프랑스와 석탄 비중이 큰 폴란드는 찬성 입장을 보였다. 반면 오스트리아와 룩셈부르크는 이 규정안이 법제화될 경우 EU를 상대로 소송을 벌이겠다고 반발해왔다.

덴마크는 이산화탄소를 배출하는 가스가 녹색산업으로 분류될 경우 EU의 기후변화 대응의지 신뢰도에 의구심이 제기될 수 있다고 주장했다.

우여곡절 끝에 원자력과 가스는 녹색에너지로 인정받게 됐다. 그렇다고 모든 원자력 활동이 녹색 기술로 인정되는 건 아니다.

EU 의회는 원자력과 가스 에너지에 대해 2050년 탄소중립을 실현하는 과정에서 엄격한 기준을 충족하는 경우에만 역할을 하도록 까다로운 단서를 달았다.

보완기후위임법에서는 △안전기준 강화와 폐기물 최소화 등 연구 · 혁신을 장려하는 폐쇄형 연료주기(사용후핵연료에서 우라늄과 플루토늄을 추출해 재사용) 기술 개발 △2045년까지 건설 허가를 받은 신규 원전에 최고 기술 적용 △2040년까지 기존 원전의 수명 연장을 위한 수정 · 개선 작업 등을 전제조건으로 규정했다.[177]

아울러 △2025년까지 기존 원전과 제3세대 신규 원전에 사고 확률을 낮춘 사고저항성 핵연료(ATF) 적용 △모든 원전은 중 · 저준위폐기물 처분을 위해 운영 가능한 처분시설 구축 △2050년까지 고준위폐기물 처분장 마련을 위한 구체적 계획을 제시해야 한다.

고준위폐기물과 관련해 현재 연구처분장을 운영 중인 국가가 단 한 곳도 없는 점을 고려하면 결코 수월한 과제가 아니다.

또 사고저항성 핵연료는 아직 개발 · 시험 단계 수준이어서 상용화하려면 다소 시간이 필요한 것으로 알려졌다. 미국은 이 핵연료를 2025년 상용화하려는 목표를 세웠고, 일본은 2040년 상용화를 계획하고 있다. 이러한 조건을 충족해야만 택소노미에 포함된 역할을 할 수 있다.

한편 우리나라 환경부는 2021년 12월 발표한 한국형 녹색분류체계(K-택소노미) 지침서에서 LNG 발전은 조건부로 포함하고, 원전은 제외한 바 있다.

하지만 윤석열 정부는 원자력도 포함시키기로 했다. 환경부는 안전성을 전제로 원전을 녹색분류체계에 포함해 금융권의 녹색투자를 유인하겠다고

177) 연합뉴스, '원자력, 우여곡절 끝 EU 택소노미 포함…조건은 꽤 까다로워', 2022년 7월 7일 https://www.yna.co.kr/view/AKR20220707077900009?section=search

밝혔다.[178)]

이어 녹색분류체계에 포함시 유럽연합(EU)이 부여한 안전기준을 토대로 국내 실정에 맞게 적용하겠다고 덧붙였다.

산업부도 EU의 결정 직후 국내 원전산업계와 간담회를 갖고 구체적인 절차에 돌입했다. 산업부는 러시아의 우크라이나 침공으로 국제유가가 급등하면서 원자력이 에너지안보 위기 대책으로 재조명받고 있다고 분석했다.

그렇지만 재생에너지를 뒷전으로 밀어내고 원전에 지나치게 의존하는 것은 경계해야 할 대목이다. 원전은 무엇보다 사용후핵연료 처분문제와 안전성 여부가 해결과제로 남아있기 때문이다. 최근 글로벌 기업에서 확산되고 있는 'RE100'(Renewable Energy 100%)의 이행 수단도 될 수 없다.

세계자연기금(WWF)은 원전이 EU 택소노미에 포함된 것을 두고 "수십억 유로에 달하는 투자자금이 태양광 · 풍력 같은 지속가능 재생에너지에서 해로운 에너지원으로 집중될 위험이 있다"고 지적하기도 했다.

178) 환경부, 새정부 업무보고, 2022년 7월 18일

5. RE100과 탄소국경세

RE100과 탄소국경세는 또 다른 무역장벽으로 작용할 가능성이 크지만 세계 경제구조에 새로운 질서를 가져올 전망이다. RE100은 민간의 자발적인 의지로 시작된 반면 탄소국경세는 정부의 강제적인 정책수단으로 추진되고 있다.

애플 하이네켄 SK의 공통점

SK㈜ · SK하이닉스 · SK텔레콤 등 SK그룹 6개 관계사는 2020년 12월 'RE100'(Renewable Energy 100%) 공식 회원사가 됐다. 이후 LG에너지솔루션 아모레퍼시픽 고려아연 KB금융그룹 한국수자원공사 현대차 · 기아 등이 잇따라 동참을 선언했다.

앞서 애플은 삼성전자 SK하이닉스 등 협력업체에게, BMW는 자사 전기차에 리튬이온전지를 공급하는 삼성SDI에게 각각 RE100 참여를 독려했다.

RE100이 뭐길래 이처럼 굵직한 글로벌 기업들이 참여를 선언하거나, 협력업체에게 동참을 요구하는 것일까. RE100은 기업이 사용하는 에너지의 100%를 재생에너지로 충당하겠다는 자발적 글로벌 캠페인이다. 2014년 비영리단체인 '더 클라이밋 그룹'(The Climate Group)과 '탄소정보공개프로젝트'(CD-P · The Carbon Disclosure Project)가 중심이 돼 발족했다.

RE100 참여는 연간 100GWh 이상 전력을 소비하는 기업을 대상으로 하며, 참여 기업들에게는 △2030년 60% △2040년 90% △2050년 100% 이행목표를 설정하도록 권고하고 있다.

이에 대한 글로벌 기업들의 자발적 참여가 빠르게 확산되고 있다. 2021년 1월 RE100 캠페인 참여기업(회원사)은 285개였으나 2021년말 349개, 2022년 6월말 현재 372개로 급증했다.

현재까지 참여를 선언한 기업은 미국의 △애플 △구글 △제너럴모터스 △골드만삭스그룹 △존슨앤 존슨 △스타벅스 △나이키를 비롯 영국의 △아스트라 제네카 △버버리 △샤넬, 독일의 △BMW △지멘스AG △알리안츠그룹 등이 있다.

네덜란드 △하이네켄, 덴마크 △레고그룹 △칼스버그그룹, 스위스 △취리히보험그룹, 일본 △아식스 △후지쯔 △노무라연구소, 대만 △TSMC, 중국 △친데이터그룹, 인도 △마힌드라도 눈에 띈다.[179] 국가별로는 미국이 95개로 가장 많고, 일본 72개, 영국 48개, 한국 19개, 독일 · 대만 각각 18개, 스위스 16개, 프랑스 14개, 네덜란드 10개, 인도 8개, 중국 5개 등이다.

더 클라이밋 그룹은 "한국과 일본은 시장에서 대표성이 증가했다"고 평가했다. 2021년말 기준 RE100 회원사의 전력소비량은 340TWh에 이른다. 이는 세계에서 12번째로 전력소비량이 많은 영국보다 많은 규모다.[180]

회원사들은 총 전력소비량의 45%인 152TWh를 재생에너지에서 공급받았다고 보고했다. 회원사들은 재생에너지 100% 사용목표를 제시하는데 2020년 가입한 회원사의 평균목표는 2028년, 2021년에 신규로 가입한 회원사들의 평균 목표연도는 2037년이다.

이처럼 목표연도가 뒤로 늦춰진 것은 신규 회원사 상당수가 아시아 · 태평양 지역에 있기 때문이다. 아시아 · 태평양 지역에 소재한 회원국의 평균 목표연도는 2039년이다. 유럽 2025년, 북미 2027년보다 좀 늦다.

179) RE100 홈페이지, https://www.there100.org/re100-members, 2022년 6월 21일 검색
180) Climate Group · CDP, RE100 2021 Annual Disclosure Report, 2022년 1월

미국이나 유럽은 국토가 넓거나, 해상 풍속이 좋아 재생에너지 인프라가 양호하다. 더구나 제조업 비중이 높지 않다. 이미 RE100을 달성한 애플이나 구글같은 경우는 사무공간이나 데이터센터만 보유하고 있고, 제품생산은 중국 등지에서 하고 있다. 반면 한국이나 중국 등 아시아·태평양지역 국가들은 제조업 비중이 높고, 재생에너지 인프라도 부족해 단기간에 RE100을 달성하기란 요원한 실정이다.

'K-RE100' 5가지 이행수단

그럼에도 불구하고 잇따라 참여를 선언하거나 동참을 고민하는 이유는 무엇일까. 우선 기업들이 이를 외면할 경우 거래·납품 중단, 수출 감소 등 피해가 우려되기 때문이다.

KDI정책대학원과 에너지경제연구원이 2021년 펴낸 보고서에서는 "한국기업들이 2040년까지 RE100에 가입하지 않을 경우 주요 수출업종인 자동차, 반도체, 디스플레이 패널 산업의 수출액이 각각 15%, 31%, 40% 감소할 것"으로 분석했다.[181]

이러한 수출 감소는 위 3가지 수출품목을 주로 수입하는 해외기업들이 RE100에 많이 가입할수록 더욱 커질 것으로 예상된다. 또 앞에서 언급한대로 애플, BMW 등 RE100 회원국들은 자사 제품에 들어가는 모든 부품도 재생에너지에서 만든 전력으로 만들도록 납품·협력업체들을 압박하고 있다. 따라서 이를 외면할 경우 자칫 거래선이 끊어질 위험도 감수해야 한다.

그렇다고 부정적인 상황만 있는 건 아니다. 탄소정보공개프로젝트(CDP)가

181) KDI정책대학원·에너지경제연구원, RE100이 한국의 주요 수출산업에 미치는 영향, 2021년 9월

RE100 회원사를 대상으로 실시한 설문조사 결과 대부분의 기업들(99%)은 RE100 추진 이유로 온실가스 감축과 기업의 사회적 책임을 꼽았다.[182]

이와 함께 68% 이상의 기업들은 RE100 추진을 통해 원가 절감효과를 누리고 있거나 향후 그러한 효과가 있을 것으로 기대했다. 즉 재생에너지 활용을 통한 가격경쟁력 향상이 기업의 RE100 확산을 가져오는 주요인으로 분석된다.

또 환경 친화적인 생산활동을 지속한다면 소비자들에겐 이미지 개선을, 투자자들에겐 투자확대 요소를 충족시킬 수 있다. 결국 투자자로부터 자금을 확보해 가격 경쟁력있는 제품을 생산한 후 좋은 기업이미지로 판매에 성공하는 등 신시장 선점이 유리할 것으로 판단된다.

그렇다면 기업들은 어떤 방법으로 사용에너지의 100%를 재생에너지로 충당할 수 있을까.

산업통상자원부는 2021년 'K-RE100' 제도를 통해 RE100 인증을 받을 수 있는 5가지 이행수단을 마련했다. △자가발전 △지분투자 △녹색요금제 △인증서(REC) 구매 △제3자 전력구매제(PPA, Power Purchase Agreement) 등이다.

자가발전은 재생에너지 발전 설비에 직접 투자해 생산된 전력을 사용하는 방법이다. 지분투자는 100% 재생에너지를 생산하는 기업에 투자하면 된다.

녹색요금제는 별도 요금제를 이용해 재생에너지 발전으로 생산된 전력에 더 높은 요금을 지불하는 형태다. 재생에너지 생산전력에 프리미엄을 붙여 판매하기 때문에 녹색프리미엄제라고도 한다. 인증서 구매는 발전사로부터 인증서(REC)를 구매해 재생에너지 소비를 인정받는 방식이다.

PPA는 발전사와 직접 계약을 체결해 일정기간 동안 재생에너지 전력을 구

182) CDP, 'RE100 Annual Progress and Insights Report 2020', 2020년 12월

매하는 방식이다. 최근 글로벌 기업들 사이에선 이 방식 활용도(2021년 비중 28%)가 크게 늘었다.

오염자 부담원칙의 탄소가격제

EU 집행위원회는 2021년 7월 탄소국경조정제도 도입계획(Fit for 55)을 발표했다. EU가 2026년부터 수입하는 철강 · 알루미늄 · 시멘트 · 전기 · 비료에 대해 역내 기업이 부담하는 탄소가격과 유사한 수준의 가격을 부과하겠다는 내용이다. 온실가스에 부과하는 최초의 국경세로 사실상 관세 도입이다.

자국보다 이산화탄소 배출이 많은 국가에서 생산 · 수입되는 제품에 대해 세금을 부과한다는 취지다. EU와 미국이 주도하고 있다. 물론 이들은 이미 탄소배출 정점이 지나 감축단계에 들어가 있기 때문에 개도국이나 신흥국은 불리한 측면이 있다. 전주기적 관점에서 불공정을 제기하기도 한다. 하지만 이러한 흐름을 거스르기엔 시대변화에 역행한다는 지적을 받기 십상이다.

EU의 탄소국경세 도입은 글로벌 시장에 새로운 무역장벽이자 경제질서를 가져올 전망이다. 친환경기업의 성장, 이로 인한 RE100 보편화, 녹색금융 확대 등도 예상된다.

제조업 중심 무역의존도가 높은 우리나라도 광범위한 영향을 받겠지만 위기이자 기회로 작용할 수 있다는 분석이다.

탄소가격제(Carbon Pricing)는 온실가스 배출 자체를 비용으로 인식시켜 온실가스 감축을 유도하는 정책수단이다. 따라서 오염자부담 원칙을 기본으로 한다.

탄소국경세 외에 탄소세와 배출거래제가 있다. 탄소세는 화석연료 생산자와 소비자에게 온실가스 배출 단위당 일정액을 세금으로 부과한다.

배출권거래제(ETS)는 국가별 배출 총량을 정한 뒤 각국 정부가 기업의 할

당량(온실가스 배출 상한선)을 정한다. 기업은 한도 내에서 온실가스를 배출하되 잉여업체와 부족업체간 배출권을 거래하는 제도다. 탄소세는 세계 37개국, 배출권거래제는 34개국이 시행하고 있다.

선진국들은 화석연료에 대해 에너지 · 환경세를 정비하고 탄소세 · 배출권거래제 등을 통해 탄소중립과 지속적인 경제성장 두 마리 토끼를 잡으려 하고 있다.

한국조세재정연구원에 따르면 일본은 2012년 탄소세를 도입했고, 배출권거래제를 운영하지 않는다. 프랑스는 2005년부터 EU 배출권거래제(EU ETS)에 참여하고 있으며, 2014년 탄소세를 도입했다.

영국은 1990년대부터 화석연료에 기후변화부담금을 과세하는 등 대응이 빨랐다. 2007년부터 EU ETS에 참여했다가 2021년부터 자체 배출권거래제(UK ETS)를 운영하고 있다.

독일은 2005년부터 EU ETS에 참여하고 있으며 2021년 EU ETS에 빠진 부문을 대상으로 자체 배출권거래제(nEHS)를 추가 신설했다. 호주는 2012년 자체 배출권거래제(AU ETS)를 도입했다가 정치적 문제로 2014년 폐지한 이후로 탄소가격제를 운영하고 있다.

우리나라는 2015년부터 배출권거래제를 운영하고 있으며, 탄소세는 도입하지 않고 있다.

주요국가들의 탄소가격제 운영사례

전 세계 탄소가격제 운영수입은 2015년 259억달러에서 2020년 530억달러로 105% 증가했다.[183] 전 세계 GDP의 0.1% 수준이다.

183) 태정림, 국회예산정책처, 탄소가격제도 운영현황 및 시사점, 2022년 4월 18일

2021년 기준 탄소가격(탄소세율 · 배출권 가격)은 평균 24.6달러톤CO2e이며, 최소 0.08달러(폴란드)~최대 137.2달러(스웨덴)로 국가별 편차가 크다. 한국은 국가 온실가스 배출총량의 74%를 배출권거래제를 통해 관리하는 등 운영범위가 넓다. 하지만 운영수입 규모는 2020년 기준 2억1900만달러로 주요국에 비해 작은 편이다.

국회예산정책처에 따르면 유럽은 탄소가격제 운영수입을 '친환경 · 저탄소 전환을 위한 신규 투자 및 고탄소 업종 구조전환' 지원 용도로 활용하고 있거나 그렇게 사용할 계획이다.

프랑스는 탄소세 수입 전액을 일반회계로 편성했다가 2016년 에너지 관련 특별회계로 일부 전입했다. 이후 기후대응을 위한 용도로 사용하고 있다. 독일은 육상수송 및 건물부문에 대한 배출권거래 수익금 전액을 에너지기후변화기금(EKF) 재원으로 활용한다.

EU의 배출권거래 수익금은 기후대응을 위한 'ETS 기금' 재원으로 쓰인다. 이 기금은 기후에너지 및 신재생, 에너지효율화 사업을 위한 혁신기금과 저소득 회원국의 탄소중립 지원을 위한 현대화 기금으로 구성돼 있다. EU는 'Fit for 55' 이행을 위해 '사회적 기후기금'을 설립하고 불평등과 에너지빈곤 지원을 수행할 계획이다. Fit for 55는 EU가 2021년 7월 내놓은 기후변화 대응을 위한 입법 패키지(12개 항목)다. 2030년까지 EU의 평균 탄소 배출량을 1990년의 55% 수준까지 줄인다는 목표를 실현하기 위한 방안이 담겼다.

우리나라는 탄소가격제 중 '배출권거래제'를 운영 중으로 수입 규모는 크지 않다. 그러나 탄소집약적인 경제 · 산업구조, 전력생산 구조(에너지믹스)를 고려하면 탄소가격제 강화가 우리 경제에 큰 부담으로 작용할 수 있다.

아울러 EU와 미국 등의 탄소국경세 도입은 무역의존도가 높은 우리나라의 철강 및 석유화학업계 등 수출기업에 추가 비용을 발생시킬 전망이다. 전국경

■ 주요국의 탄소가격제 운영실적

국가	탄소가격 (2021년 기준, US달러/tCO2e)	국가별배출총량대비 탄소가격제운영범위(%)	탄소가격제 운영수입 (2020년 기준, 백만US달러)
EU(배출권거래제)	49.8	39	22,548
프랑스(탄소세)	52.4	35	9,632
캐나다(탄소세)	31.8	22	3,407
스웨덴(탄소세)	137.2	40	2,284
영국(탄소세)	24.8	23	948
한국(배출권거래제)	15.9	74	219
싱가포르(탄소세)	3.7	80	144
합계	-	-	53,069

*출처:Worldbank 자료를 토대로 국회예산정책처 재정리

제인연합회는 "이 제도가 선진국 중심으로 확산될 경우 국내 제품의 수출단가가 인상되거나 수출량이 감소할 것"이라고 우려한다.

또 우리나라의 온실가스배출량은 2018년 정점을 지난 것으로 분석되지만 주요 선진국보다 전환시점이 늦어 준비기간이 촉박하다는 불리함을 안고 있다.

따라서 우리나라가 국제흐름과 새로운 무역장벽에 대응하려면 탄소가격제 확대 및 적극적인 온실가스 감축 노력이 불가피하다.

특히 에너지세제와 전기요금 체제를 정비하지 않을 경우 탄소가격제를 확대하더라도 탄소배출 감축이라는 목적을 달성하기 어려울 것으로 보인다.[184)]

우리나라의 현행 에너지세제는 탄소배출 등 환경요인을 반영하지 못했고,

---

184) 정재현 · 이서현 · 김효림, 한국조세재정연구원, 주요국의 친환경적 세제개편 사례 연구, 2021년 9월

전기요금 또한 원가를 제대로 반영하지 못하는 수준으로 책정돼 있기 때문이다. 따라서 기존 교통 · 에너지 · 환경세 세수 중 환경부문에 지출하는 비중을 늘리는 방안과 탄소가격 강화 방안을 검토할 필요가 있다.

우리나라의 교통 · 에너지 · 환경세의 연간 세수는 약 15조원으로 우리나라 세목 중 네 번째로 많다. 하지만 교통 · 에너지 · 환경세 세수의 대부분(73%)은 교통 인프라 확충에 쓰이고, 환경보전 목적으로 쓰이는 비중은 25%에 불과하다. 이 배분비율의 조정을 논의해보자는 제안이다.

기후대응기금, 혁신 R&D에 과감한 투자 필요

탄소중립기본법에 의거해 2022년 1월 1일 신설된 기후대응기금의 효과적인 활용방안도 요구된다.

2022년 기후대응기금은 총 2조4000억원 규모로 △온실가스 감축 △신유망 · 저탄소 산업 생태계 조성 △공정한 전환 △제도 · 기반구축 등 4대 핵심 분야에 중점 지원될 계획이다.[185)]

그런데 세부 지원내역을 보면 기술개발(R&D) 투자는 5482억원으로 전체 자금 중 22.8%에 불과하다. 대부분은 공공건축물 리모델링 2245억원, 도시숲 조성 2688억원, 기후변화적응 국민실천 328억원, 습지보전관리 296억원 등 일상적 생색내기 소규모 감축사업에 소진하고 있다.

이 외에 △할당업체 · 기관 온실가스감축설비 지원(879억원) △도시생태축 복원사업(287억원) △유망기업인력육성(827억원) △친환경 소비(151억원) 등이 책정돼 있다.

185) 기획재정부, '기후대응기금 제1차 기금운용심의회 개최' 보도자료, 2022년 1월 25일

이에 비해 유럽연합(EU)은 2020~2030년 배출권거래제 유상할당 수입금으로 380억유로(약 49조4000억원)를 조성해 혁신기술 상용화에 투자할 계획이다. 미국은 국가 단위 배출권거래제나 탄소세를 시행하지 않지만 기후기술 R&D를 탄소감축 수단으로 인식해 세계 최고의 탄소중립 혁신기술을 시현하고 있다. 우리나라의 관련 기술 수준은 미국의 80%로, 약 3년의 격차를 보이는 것으로 평가된다.

이런 구조를 살펴보면 기후대응기금은 여러 사업에 나눠주기식 지출보다 탄소중립 실현을 위한 혁신적 기술 확보에 보다 과감한 투자를 하는 게 필요해 보인다. 중장기 기술개발이 필요한 부분, 기술 확보에 많은 예산이 들어가는 부분, 기술개발이 현실화됐을 때 대규모 탄소감축 효과가 있는 부분 등이다.

예를 들어 철강의 경우 탄소중립 시나리오안에 따르면 2018년 배출량 1억100만톤 대비 약 90.8%인 1억톤의 온실가스를 2050년까지 감축해야 한다.

그런데 이 목표는 석탄을 때 철강을 생산하는 현존 기술로는 아무리 기술을 개량하고 시설을 교체해도 달성하기 어렵다. 이산화탄소 배출이 전혀 발생하지 않는 수소환원제철 공법의 조속 개발 외에는 방법이 없는 게 현실이다.[186]

따라서 기후대응기금을 소규모 사업 지원 위주에서 기술혁신 지원 체제로 전환해야 한다. 국가 R&D 지원도 수소환원제철, 수소스택, 이산화탄소 포집·저장(CCS), 소형모듈원자로(SMR) 등의 기술개발에 집중하는 방안을 검토할 필요가 있다.

---

186) 정만기, 내일신문, '배출권거래제 혁신의 방향', 2022년 8월 4일, http://www.naeil.com/news_view/?id_art=431577

탄소중립 기술 확보 3대 전략으로는 △투트랙(Two-Track) R&D △목적지향적 R&D △전략적 R&D가 제기된다.[187]

투트랙 전략이란 개발기술의 적용영역을 확장(대형 국가적 실증 추진)하되, 한계 돌파형 혁신 기술의 선행을 뜻한다. 목적지향적 · 전략적 R&D는 말 그대로 선택과 집중을 통해 선도 기술의 확산 및 잠재력 있는 기술을 확보해 나가는 것이다.

한편 미국이 대중국 경쟁우위와 국가안보를 위해 2022년 8월 제정한 인플레이션 감축법(IRA)은 파격적인 지원책을 담고 있어 주목된다.

인플레이션 감축법은 2030년까지 온실가스 40% 감축을 위해 에너지안보 및 기후변화 대응에 3750억달러(약 489조원)를 투자하는 내용이 골자다. 부분별로는 친환경에너지 발전에 600억달러 세액공제를 해주고, 태양광 · 풍력에 300억달러를 지원하는 방안이 포함됐다.

또 전기차 구매시 신차는 최대 7500달러, 중고차는 4000달러 각각 세액공제 해준다. 다만 중국 등 우려 국가에서 생산된 배터리와 핵심광물을 사용한 전기차는 제외되고, 미국에서 조립 · 생산된 차이어야 한다.

이에 따라 중국산 전기차배터리를 사용하는 우리나라 자동차업계의 미국 전기차시장 공략에도 제동이 걸릴 것으로 우려된다.

187) 손정락, 산업통상자원 R&D전략기획단, 국가 에너지정책 Blue Scripts, 2022년 4월

6. 위기와 기회의 공존

탄소중립 시대의 산업환경은 우리에게 위기이자 새로운 기회를 예고하고 있다. 탄소중립은 이미 '거스를 수 없는 세계 질서'로 자리잡아가고 있다.

탄소중립 시대에 맞춰 산업경쟁력을 갖추지 못하면 글로벌 공급망에서 낙오될 위기에 처할 가능성이 크다. 반면 새로운 산업지형은 우리나라가 추격자(Fast Follower)에서 선도자(First Mover)로 도약할 기회를 제공한다.

죽음의 계곡과 다윈의 바다

우리나라는 에너지 부존자원이 없음에도 불구하고, 빠르게 괄목할 만한 경제성장을 일궈왔다. 그러나 오늘 한국경제는 지난 40여년의 중화학공업 주도 발전에서 벗어나 신성장동력을 찾아야 하는 절체절명의 시간 앞에 서 있다. 다르게 표현하면 에너지 다소비형에서 에너지 고부가가치형 경제로 전환할 수 있는 마지막 기회라고 할 수 있다.[188]

무역의존도가 높은 우리나라 산업구조와 주력 수출품목 현황은 탄소중립 약속의 책임있는 이행을 요구하고 있다. 온실가스 다배출업종인 철강 석유제품 합성수지는 모두 우리나라의 주력 수출품목이다.

아울러 자동차 선박은 탄소규제에 민감한 산업이다. 우리나라 10대 수출품

188) 조 석, 내일신문, '에너지대전환 진실을 말해야 할 시간', 2022년 1월 4일 http://www.naeil.com/news_view/?id_art=410171

▮ 2021년 우리나라 10대 수출품목 및 수출비중 (단위:백만달러)

순위	품목	금액	비중(%)	순위	품목	금액	비중(%)
1	반도체	127,980	19.9	6	자동차부품	22,776	3.5
2	자동차	46,465	7.2	7	철강	22,494	3.5
3	석유제품	38,121	5.9	8	디스플레이	21,543	3.3
4	석유화학	29,144	4.5	9	컴퓨터	16,816	2.6
5	선박	22,988	3.6	10	무선통신기기	16,191	2.5

*출처:한국무역협회(MTI 3단위 기준)

목 중 상당부문이 탄소장벽에 노출돼 있는 셈이다.

산업통상자원부는 저탄소 신기술 실현과정에서 기업들이 '두 번의 위기'에 직면할 것으로 예상했다.[189)]

첫 번째 위기는 '죽음의 계곡'(Death Valley)과 맞닥뜨릴 때다. 탄소중립 실현 기술은 미래기술이어서 개발 성공여부가 불확실하다. 따라서 개발부터 상용화에 이르기까지 어려움을 겪는 과정이다.

죽음의 계곡을 벗어났다고 문제가 끝난 건 아니다. 두 번째 위기인 '다윈의 바다'(Darwinian Sea)가 기다리고 있다. 다윈의 바다란 해파리와 악어떼가 득실거리는 호주 북부지역 해변을 가리킨다. 저탄소 신제품을 양산에 성공하더라도 시장에서 기존 제품과 경쟁해 수익을 내거나 하나의 산업으로 자리매김하려면 다윈의 바다를 헤엄치듯 치열한 경쟁을 거쳐야 한다는 의미다.

산업계가 탄소중립의 필요성을 공감하면서도 막상 실행하기 두려워하는 점

189) 관계부처 합동, 탄소중립 산업 대전환 비전과 전략, 우리의 현재-약점과 강점, 2021년 12월 10일

도 이러한 문제에 기인한다. 탄소중립을 실현하기 위해서는 막대한 투자비용이 소요되고, 과도기 시점에 설비의 중복운영이 불가피하다.

예를 들어 자동차업계의 경우 중장기적으로 내연기관차 생산 금지, 친환경차 100% 생산체제를 지향한다. 하지만 그 과정에 이르기까지는 내연기관차와 친환경차 설비를 함께 운영해야 한다. 자동차 생산에 필요한 부품 사용도 마찬가지여서 해당기업에게는 이중부담으로 작용한다. 구조전환기에서 발생할 특정산업의 쇠퇴와 그에 따른 실업문제도 우려되는 부분이다. 이와 함께 글로벌 기업들과 투자운용사들은 이미 국내기업들에게 친환경으로의 전환을 요구하고 있다.

BMW는 2018년 국내기업에게 부품 납품 전제조건으로 RE100(Renewable Energy 100%)을 요구해 주목받았다.

이에 LG화학과의 계약이 무산됐고, 삼성SDI는 생산물량을 신재생에너지 사용이 가능한 해외공장으로 옮겨 계약을 진행했다. 애플도 2020년 반도체 납품을 두고 SK하이닉스에 RE100을 실행하지 않으면 대만 TSMC로 물량을 전환하겠다고 압박했던 것으로 알려졌다.

민자 석탄발전사인 삼척블루파워는 신용등급이 AA-에서 A+로 한 단계 떨어졌다. 포스코에너지가 운영 관리 및 석탄 공급을 담당하고, 두산에너빌리티가 설계 · 조달 · 시공(EPC)을 담당할 정도로 사업주체는 안정적이었다.

하지만 정부의 탄소중립 추진, 국내외적으로 석탄발전에 대한 비우호적인 분위기가 심화되면서 자금조달에 어려움을 겪었다. 2021년 6월 진행한 1000억원 규모의 3년 만기 회사채 수요예측에선 전량 미매각 사태가 일어나기도 했다.

고탄소시대 추격자에서, 저탄소시대 선도자로

이 가운데 총 운용자산이 10조달러 이상인 세계 최대 자산운용사 블랙록

탄소중립 경로에 따른 현 기술수준별 탄소감축 (2020년 대비) 기여도 (단위:%)

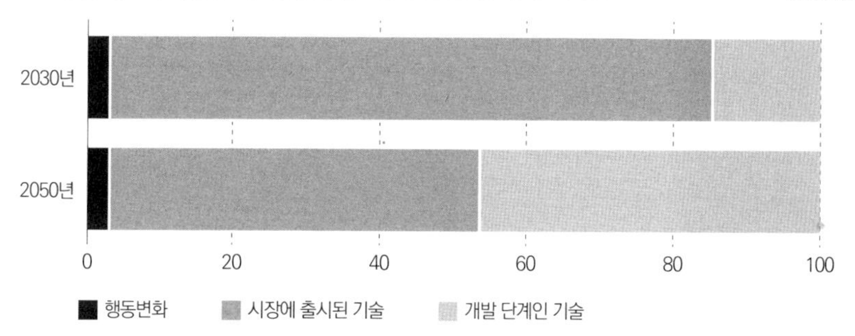

*출처:국제에너지기구(IEA), (한국전력 재구성)

(BlackRock)의 경영방침이 눈길을 끈다. 블랙록의 창업자 래리 핑크(Larry Fink)는 매년 초 자사가 주주로 있는 기업의 최고경영자(CEO)에게 서한을 보낸다.

2022년에는 여느 때와 다른 뉘앙스의 메시지를 전했다. 자사가 지속가능성에 중점을 두는 건 환경론자여서가 아니라 자본가이기 때문이며, 고객들에 대한 신의성실 의무를 지니기 때문이라고 밝혔다.

또 정부와 기업은 모든 사람들에게 안정적이고 저렴한 에너지를 제공해야 한다면서 환경과 경제 어느 한편에 치우치지 않으려고 노력하고 있음을 보여줬다. 탄소중립 문제를 먹고 사는 문제로 진단한 것이다.[190)]

탄소중립은 어려운 과제이지만 다른 나라들이라고 크게 다르지 않다. 세계 각국 모두 아직 아무도 가보지 않은 길을 가는 것이기 때문이다.

우리나라 역시 제조업을 포기하지 않는다면 저탄소산업으로의 전환은 필수불가결한 요소다. 다만 균형을 유지하는 일이 중요해 보인다. 고탄소 시대에

190) 조 석, 내일신문, '탄소중립은 먹고 사는 문제다', 2022년 3월 16일
http://www.naeil.com/news_view/?id_art=417113

서는 추격자였지만, 저탄소 시대에는 선도자로 도약도 기대해볼 만하다.

우리나라는 한국판 그린뉴딜 · 디지털뉴딜을 통해 미래시장을 선점할 수 있는 기술경쟁력을 보유했다. 친환경부분에선 수소차 · 친환경선박 세계시장 점유율 1위, 디지털 분야에선 메모리반도체 · 이차전지 세계 1위인 위상이 이를 입증한다.

정부는 '저탄소 경제를 선도하는 세계 4대 산업강국'이라는 탄소중립 비전도 제시했다.[191]

친환경 · 고부가품목 비중을 2018년 16.5%에서 2050년 84.1%로 높이고, 탄소집약도는 같은기간 496CO_2톤/십억원에서 68톤CO_2톤/십억원으로 낮춘다. 수출순위는 세계 4강에 안착시킨다는 구상이다.

이를 위한 추진전략으로는 △산업구조 저탄소 전환 △탄소중립 확산 생태계 구축 △탄소중립 기회 신산업 육성 △함께 도약하는 공정한 전환 등을 수립했다.

산업구조 저탄소 전환을 위해서는 핵심기술 확보와 맞춤형 제도를 마련하고, 생태계 구축을 위해서는 안정적인 에너지기반 확보, 빈틈없는 공급망 관리에 힘쓴다.

신산업 육성은 저탄소 소재부품장비(바이오 · 연료전지), 그린 플랜트(친환경공정 · 설계조달시공), 친환경인프라(수소 · 모빌리티)의 신성장동력화를 추진한다. 아울러 중소 · 중견기업 맞춤형 저탄소 혁신, 지역경제 녹색 균형발전 등을 통해 공정한 전환을 실현할 계획이다.

[191] 관계부처 합동, 탄소중립 산업 대전환 비전과 전략(산업부문), 2021년 12월 10일

부록

탄소중립 도전에 나선 기업들

1. 포스코
2. 한국남동발전
3. 한국남부발전
4. 한국동서발전
5. 한국서부발전
6. 한국중부발전
7. LG화학
8. SK그룹

1. 포스코

꿈의 기술
수소환원제철 개발 박차

우리는 21세기에도 여전히 '철기시대'에 살고 있을 만큼 철은 생활 곳곳에 스며들어 있다. 건물에서부터 비행기 자동차 컴퓨터 휴대폰 젓가락 등에 이르기까지 다양하게 쓰인다. 강도와 내구성, 경제성이 뛰어나기 때문이다.

2020년 한 해 동안 세계에서 생산된 철 생산량은 18억7000만톤. 포스코는 세계에서 여섯 번째로 많은 철을 생산하고 있다. 아울러 2019년 기준 국내 철강산업의 탄소배출량은 1억1700만톤으로 국가 전체 배출량의 16.7%, 산업 부문의 30%를 차지한다. 국내 철강산업 탄소 배출량 가운데 포스코 비중은 약 70%에 이른다.

이처럼 활용도가 다양하니 수요가 늘고, 생산량이 많아지니 이산화탄소 배출량도 증가할 수밖에 없다. 그렇다고 철 자체가 이산화탄소와 정비례하는 소재는 아니다.

세계철강협회는 스틸(철), 알루미늄, 탄소섬유강화플라스틱(CFRP), 마그네슘 각각 1톤 생산시 발생하는 탄소의 양을 비교했다. 그 결과 평균적으로 스틸 2.3톤, 알루미늄 16.5톤, CFRP 22톤, 마그네슘 46톤으로 나타났다. 이처럼 철 자체만으론 탄소 배출량이 적지만 생산량이 워낙 많다보니 철강업계의 탄소배출 총량이 늘어난 것으로 분석된다.

물론 철은 생산과정에서 철광석의 환원제로 석탄을 사용하기 때문에 이산화탄소가 발생할 수밖에 없는 존재의 한계를 지녔다. 철은 자연상태에서 철광석이라고 불리는 적철광(Fe_2O_3), 자철광(Fe_3O_4)처럼 산소와 결합된 산화물 형태로 존재한다. 때문에 제철공정에서 환원이 필수적이다.

이에 철강업계에서는 철 생산과정에서 필연적으로 발생하는 이탄화탄소를 최소화하거나 없애기 위해 수소환원 기술 개발에 나서고 있다.

초고장력 강판·초고효율 전기강판 개발

포스코는 2020년 12월 "2050년까지 탄소중립을 달성하겠다"고 선언했다.

사업장감축과 사회적감축 수단을 병행해 2030년 20%, 2040년 50% 감축에 이어 2050년 탄소 중립(100% 감축)을 달성한다는 계획이다. 포스코의 2017~2019년 연평균 탄소배출량 7880만톤을 기준으로 한 감축목표다. 제철소의 조강 1톤 생산시 배출되는 이산화탄소는 2톤이 조금 넘는다.

사업장감축은 우선 1단계로 에너지효율 향상과 경제적 저탄소 연 · 원료 대체를 추진한다. 2단계는 제선공정에 천연가스 및 수소함유 가스 활용, 신(新)전기로 적용, 스크랩 활용 고도화, 탄소포집 · 저장 · 활용(CCUS) 등을 추진해 나갈 계획이다.

3단계에서는 기존 파이넥스(FINEX) 기반의 수소환원제철 기술을 상용화해 궁극적으로 철강 공정에서 넷제로를 실현한다.

사회적감축을 위해서는 고품질 철강재 생산, 배터리소재 공급, 철강 부산물 재활용 등을 추진한다. 사회적 감축이란 혁신 제품을 개발 · 생산함으로써 산업 생태계 상에서 이산화탄소를 감축하는 개념이다.

예를 들어 포스코가 보다 가벼운 자동차 강판을 개발하고, 자동차 제조사들은 이 강판을 사용해 더 가벼운 자동차를 만든다. 그러면 운전자가 최종 소비

제품을 사용할 때 연비가 개선되고, 그만큼 탄소 배출량이 줄어드는 효과가 있다. 자동차나 선박의 경우 연료당 운행거리 또는 운행거리당 온실가스 배출량 관리가 중요해지면서 경량화가 핵심과제로 대두되고 있다. 이에 포스코는 기가(Giga)급 초고장력 강판과 초고효율 전기강판을 개발, 판매함으로써 수송부문의 온실가스 감축에 기여하고 있다.

이로 인한 2020년 온실가스 감축 기여 효과는 536만톤에 이른다. 특히 전기차 시장이 급격히 성장함에 따라 고효율 전기모터 수요도 갈수록 확대될 전망이다. 이 외에 배터리팩 전용 강재, LNG 수송 · 보관을 위한 고망간강도 대표적인 신성장동력 제품이다.

전기차(EV) 배터리용 리튬, 양 · 음극재를 공급하는 등 배터리소재 생태계를 기반으로 하는 감축역할도 크다. 포스코는 세계에서 거의 유일하게 배터리소재 원료공급부터 양 · 음극재 생산, 폐배터리 리사이클링까지 업(業)의 영역에서 다루고 있다.

또 포스코는 부산물의 98.8%를 재활용하고 있다. 고로슬래그는 고로에서 쇳물을 생산하고 남은 암석성분의 찌꺼기인데, 시멘트 대체재와 규산질 비료로 전량 재활용한다.

제강슬래그는 고온의 전기로에서 철 조각, 무쇠, 주철 등을 녹여 크롬, 망간, 강철 등이 함유된 철을 생산하는 공정에서 발생하는 슬래그다. 이 역시 벽돌 · 골재 대체재나 도로 · 토목용 건설재료로 다시 사용하고 있다. 석탄을 고온건류(高溫乾溜)할 때 부산물로 생기는 검은 유상물질 콜타르는 배터리 핵심소재인 음극재 원료로 가공돼 쓰인다.

포스코는 세계철강협회 주관 글로벌 철강산업 기후변화 대책활동에 적극 참여하는 한편 국내 기업들과 협업도 추진하고 있다.

2020년에는 국내 제조업 최초로 '기후변화 관련 재무정보공개 전담협의체

(TCFD)' 지지기관(Supporter)으로 가입했다. 이어 TCFD 권고안에 따라 탄소 정보를 공개했다.

2021년 2월에는 포스코 현대제철 등 국내 대표 철강기업 6개사가 참여하는 산학연관 협의체 '그린철강위원회'를 출범했다. 이들은 출범식에서 '2050 탄소중립 공동 선언문'에 서명했다. 공동선언문에서는 탄소중립을 위한 주요 감축 수단으로 △에너지효율 개선 △저탄소 연 · 원료 대체 · 철스크랩 재활용 증대 △수소환원제철기술 △수소 저장 이송용 강재개발 등을 제안했다.

뿐만 아니라 현대차 SK 효성그룹과 함께 수소기업협의체에 참여했으며, 글로벌 원료공급사인 리오틴토 로이힐 등과 양해각서(MOU)를 체결하고, 공급망 전반에서 탄소 저감을 위해 힘을 모으고 있다.

환경부가 주관하는 K-EV100(한국형 무공해차 전환) 사업에도 가입했다. 2021년 32대의 내연기관 차량을 무공해차로 교체한데 이어 2030년까지 약 400대를 단계적으로 교체 보급할 예정이다.

파이넥스공정 활용한 HyREX 공법

포스코는 이러한 노력으로 2021년 8월 '클라이밋 액션 100+(Climate Action 100+)'의 철강산업 넷제로 전략보고서에서 탄소중립 대표사례로 소개되기도 했다. 클라이밋 액션 100+는 온실가스 배출 기업이 기후 변화에 필요한 조치를 취할 수 있도록 하기 위해 만들어진 투자자 주도 연합체다.

그러나 무엇보다 포스코가 넷제로를 실현하기 위해서는 수소환원제철 상용화가 관건이다. 수소환원제철은 제선공정의 환원제 및 열원으로 쓰이는 석탄을 수소로 대체해 온실가스를 획기적으로 줄이는 기술이다. 수소를 환원제로 사용하면 철광석에 있는 산소는 수소와 반응해 물이 되므로 이산화탄소를 발생시키지 않고 철을 생산할 수 있다.

포스코가 개발한 파이넥스 공정은 수소환원제철의 핵심 기술인 수소 투입 · 직접환원철(DRI) 제조기술이 적용돼 수소환원제철 구현에 가장 유리한 기술로 평가받고 있다.

포스코형 수소환원제철인 하이렉스(HyREX) 공법은 기존 파이넥스 공정에 그린 수소를 투입, 유동환원로에서 DRI를 생산한다. 이어 100% 재생에너지를 사용하는 전기로에서 DRI를 녹여 철강을 생산하는 기술이다.

포스코는 현재 포항제철소에서 가동 중인 연산 150만톤 · 200만톤급 유동환원로 2기에 대해 수소 농도를 단계적으로 높여 나가면서, 수소환원기술개발을 발전시킬 계획이다. 이와 관련 포스코는 영국의 플랜트건설사 프라이메탈스와 수소환원제철 기술협력을 추진한다. 양사는 2022년 8월부터 친환경 수소환원제철 모델인 하이렉스 데모플랜트(상용화 시험설비) 설계에 본격 착수했다.

포스코는 데모플랜트 설계 · 조달 · 시공(EPC) 작업을 이어나가 2030년까지 수소환원제철 상용화 가능성을 검증할 계획이다. 이후 제철소 고로(용광로)를 단계적으로 하이렉스 기반 설비로 교체해 2050년 탄소중립을 달성할 방침이다.

하지만 포스코가 2050년 HyREX 체제로 전환하려면 연간 370만톤의 그린수소와 3.7GW 규모의 재생에너지 전력이 필요하다. 즉 수소환원제철을 이용한 철강의 탄소중립 전환은 그린수소와 재생에너지 전력의 안정적이고 경제적인 공급이 전제돼야 함을 의미한다. 포스코의 그린수소 확보 방안과 정부의 재생에너지 전력공급 인프라 구축은 해결해야 할 과제다.

2. 한국남동발전

[5년 연속 온실가스 감축목표 달성]

한국남동발전(사장 김회천)은 온실가스 배출량이 국내기업 가운데 포스코에 이어 두번째로 많다. 발전회사 중에서도 석탄발전 비중이 높기 때문이다.

남동발전의 2021년말 기준 발전원별 설비비중은 석탄이 7869MW로 79%에 달하고, 신재생에너지 1172MW(12%), LNG 922MW(9%) 등이다. 그만큼 퇴출(전환)시켜야 할 석탄발전이 많고, 줄여야 할 이산화탄소가 많음을 의미한다.

남동발전은 이처럼 불리한 여건을 오히려 기업 비전수립의 새로운 기회로 삼았다. 일례로 탄소중립 로드맵을 국가계획보다 5개월 빠른 2021년 6월 확정하는 등 발빠른 행보를 보이고 있다.

로드맵에서는 2017년 배출량 대비 2030년 45% 감축, 2040년 80% 감축, 2050년 탄소중립 달성(100% 감축)을 목표로 제시했다. 이를 위해 △저탄소에너지전환 △CCUS 기술개발 및 상용화 △에너지효율 혁신 △무탄소신기술 적용 △탄소흡수원 개발 등 5대 핵심전략도 설정했다.

노후석탄 폐지·LNG 대체건설 활기

2020년 국내 최초로 신재생 1GW 시대를 연 역량을 바탕으로 2050년까지 수소 · 해상풍력 등 신재생에너지 설비용량을 70%이상 끌어 올린다. 이어

2046년이전 완전한 탈석탄을 달성해 명실상부한 수소 · 신재생전문기업이 되겠다는 방침이다.

남동발전은 국내 발전사 중 유일하게 5년 연속 온실가스 감축 목표를 달성하는 등 최대 감축 실적을 자랑하고 있다. 2021년 감축량은 3712만톤으로, 전년보다 무려 530만톤을 저감했다. 남동발전이 2017년 이후 감축한 온실가스 배출량 2100만톤은 서울시 연간 배출량의 70%에 해당하는 수치다.

남동발전은 온실가스 감축을 위해 국내 최초 석탄발전의 바이오 연료전환(영동1 · 2) 이후 노후석탄 폐지(삼천포1 · 2), LNG대체 건설, 국내최대 신재생설비 1.2GW 확대 등 과감하고 체계적인 에너지 전환을 시도해 왔다.

이산화탄소 포집 · 활용 · 저장(CCUS) 기술개발에도 박차를 가하고 있다. 남동발전은 여수발전본부와 삼천포발전본부에서 배기가스중 이산화탄소를 흡수, 영구 제거함과 동시에 건설골재, 탈황흡수제 등 산업소재 개발 사업을 한국에너지기술연구원 등과 함께 진행하고 있다.

남동발전은 영흥발전본부 인근해역에서 블루카본 사업 확대를 통한 해양생태계 온실가스 감축에도 앞장서고 있다. 블루카본은 갯벌이나 연안에 서식하는 생물과, 퇴적물 등 해양 생태계가 흡수하는 탄소를 말한다. 탄소 흡수속도가 육상 생태계보다 최대 50배 이상 빠르고, 수천 년간 탄소를 저장할 수 있는 것으로 알려졌다.

남동발전은 인천시, 인천시 수산연구소와 함께 인천시 옹진군 영흥면 일대에서 잘피(Seagrass) 이식을 통한 블루카본 확대 시범사업을 진행하고 있다. 블루카본 확대를 위해 지자체와 발전사가 함께하는 국내최초 사례다. 이번 사업지인 황서도는 남동발전이 운영 중인 영흥발전본부와 직선거리가 약 6km로 인접해 있어 블루카본 확대뿐만 아니라, 발전소 인근 해양환경 개선에도 기여할 것으로 기대된다. 사업기간은 2021년 3월~2024년 3월까지며, ha당 이산화탄소 500톤의 감축효과가 예상된다.

1회용컵 공유시스템·폐기물 재활용 눈길

남동발전은 탄소중립과 ESG경영 강화를 위해 2021년 11월 사내 카페에 다회용컵 공유사업을 도입했다. 카페에서 1회용컵 대신 다회용컵에 커피나 음료수를 제공하면 카페 이용고객은 외부사용 후 수거함에 반납한다. 그러면 지역자활센터에서 이를 수거해 전문 세척과정을 거친 후 카페에 재공급해 운영하는 시스템이다. 1회용품 줄이기를 통해 탄소중립, 자원순환, 취약계층 일자리창출 등 1석3조 이상의 효과가 기대된다. 남동발전은 이 문화사업의 확산을 위해 본사가 위치한 경남 진주에서 진주시, 진주환경운동연합과 함께 '에코진주 프로젝트 다회용컵 공유사업' 설명회도 가졌다.

또 2021년 10월 환경단체와 협업해 공기업 최초로 폐기물(석탄재 등)을 재활용해 친환경제품으로 판매하는 제로웨이스트 샵을 경남 창원시에 개소했다. 제로웨이스트 샵을 통해 발전소의 대표적 부산물인 석탄재를 활용한 재활용 제품(옷걸이, 파우치)을 홍보 판매하고 있다.

남동발전은 자체적인 감축활동 외에도 전통시장, 농업부문, 중소기업 등 온실가스 외부감축을 위해 지역사회와 공동으로 온실가스 감축을 위한 사업을 꾸준히 전개하고 있다. 대표적인 활동으로는 전통시장 노후전등 교체 사업을 10개 전통시장에서 시행하고 있으며, 영농조합 및 개인농가 고효율 설비교체 사업, 중소기업과 폐냉매제거사업 등을 추진한다.

메타버스를 활용한 탄소중립 홍보관 운영, 10대 기후행동 실천 캠페인 전개, 탈플라스틱 제품 홍보행사 등도 눈길을 끈다. 남동발전은 적극적인 환경설비 개선공사를 통해 미세먼지 감축률 67.5%를 달성하기로 했다.

3. 한국남부발전

2045년 탄소중립 조기 달성

한국남부발전(사장 이승우)은 2030년까지 온실가스 배출량을 50% 이상 절감하고, 2045년 탄소중립을 달성한다는 계획을 세웠다. 탄소중립 달성 목표는 정부보다 5년 빠른 것이다.

남부발전은 2045년 석탄발전 제로화(0)와 함께 신재생에너지 84%, 무탄소신전원 11%, 연료전지 4% 등으로 발전설비를 구성해 친환경 에너지회사로 거듭난다는 구상이다. 2021년말 기준 남부발전의 총 설비용량은 1만1476MW이며, 이중 석탄 6044MW(52.7%), LNG 5061MW(44.1%), 유류 200MW(1.7%), 신재생 171MW(1.5%)로 구성돼 있다.

중소기업과 협력해 냉매 재활용

남부발전은 2021년 12월 '2045 탄소중립 추진전략(안)'을 수립했다. 추진전략은 발전부문과 비발전부문으로 나눠 탄소중립을 준비한다.

발전부문은 이산화탄소 포집 · 활용 · 저장(CCUS) 기술의 불확실성을 고려, 적용여부에 따라 LNG와 연료전지 비중의 복수안을 마련했다. 비발전부문에서는 외부감축 사업과 K-RE100 활용방안을 포함시켰다.

남부발전은 중소기업과 협력해 냉매 재활용을 통한 온실가스 감축 사업을 진행하고 있다. 냉매는 냉각시킬 때 열을 전달하는 물질로 냉장고나 가정용 에어컨, 자동차 및 각종 냉방장비 등에 사용된다. 현재 수소불화탄소(HFC)가 널리 쓰인다. HFC의 경우 이산화탄소보다 1300배 이상 온실가스 효과를 일으키는 것으로 추정(HFC-134a 기준)된다.

하지만 연 100만개 이상 사용되는 일회용 냉매의 경우 사용 후 용기내 잔여 냉매가 별도 처리과정 없이 대기 중으로 방출되는 문제가 있다. 이렇게 방출되는 냉매의 양은 한 해 200톤에 이른다. 이산화탄소로 환산시 약 26만톤의 온실가스가 대기 중으로 방출되는 셈이다.

남부발전은 이점에 주목해 2018년부터 국내 중소기업과 함께 기술개발에 착수, 일회용 용기내 잔여 냉매 회수 · 재생 기술과 온실가스 감축방법론을 인증 받았다. 이 사업을 통해 최대 연간 4만톤 이상의 온실가스 배출권 확보와 연 12억원 이상의 수익 및 일자리 창출을 기대하고 있다.

탄소중립기금도 조성했다. 온실가스 배출권 매매비용의 일부를 활용한 기금은 매년 약 1억5000만원씩, 2030년까지 약 20억원이 조성된다.

남부발전은 사회적 가치 향상에 도움이 됨에도 경제성이 낮아 추진하기 어려운 소규모 온실가스 감축사업 등을 시행하는 중소 · 벤처기업 및 NGO 단체 후원도 모색하고 있다.

실례로 탄자니아 음바쉬 초등학교 학생에게 '솔라카우' 1기와 솔라밀크(충전배터리) 250개를 보급했다. 이를 통해 250가구 1250명의 가족이 솔라밀크 배터리를 이용해 휴대전화를 충전할 수 있게 됐고, 솔라밀크에 부착된 조명으로 각 가정의 밤을 밝힐 수 있게 됐다.

솔라카우는 젖소 형태의 태양광 배터리 충전시설로, 전기 사용이 어려운 아프리카에 도움이 되고 있다. 탄자니아 외곽지역은 등유로 불을 켜고, 휴대폰 충전을 위해 도시의 충전소까지 4~6시간을 걸어가야만 한다. 등유 구입과 휴대폰 충전비용은 한 가정 총 수입의 20%를 차지한다.

재생에너지, 수소경제 중심 사업재편

남부발전 환경경영의 핵심은 수소경제 중심 사업재편과 재생에너지 확대다. 이를 위해 수소 사업을 전담하는 수소융합처와 지역별 신재생에너지사업 개발을 위한 신재생 개발권역센터를 출범했다.

남부발전은 세종시에 '신세종빛드림' 열병합발전시설을 건설한다. 신세종빛드림은 LNG를 주 연료로 630MW급 발전소와 시간당 340Gcal 용량의 열에너지 공급 설비로 구성되며, 2024년 2월 준공 예정이다.

신세종빛드림은 2028년 수소 혼소발전을 위해 국내 발전사 최초로 수소 혼소가 가능한 대형 가스터빈을 도입하고, 수소공급 인프라를 구축했다.

수도권 지역 수소경제 중심지로 떠오른 인천은 단일부지로는 세계 최대 규모(80MW)의 수소연료전지 발전단지를 구축했다. 신인천빛드림 수소연료전지는 수도권 25만 가구가 사용가능한 전력과 청라지역 4만4000가구에 온수를 공급하게 된다.

부산에도 △수소에너지 생산 · 저장 · 활용 · 실증산업 등 수소 생태계 조성 △태양광 · 연료전지 보급을 통한 그린산단 조성을 추진한다.

남부발전은 삼성물산, 남해화학과 손잡고 해외 그린 암모니아 생산과 국내 도입을 전개하고 있다. 수소를 운반할 수 있는 물질로 상온에서 쉽게 액화되는 암모니아는 액화수소 대비 단위 부피당 1.7배 이상 수소를 저장할 수 있다.

또 플라즈마 열분해 기술로 코로나19 이후 발생량이 급증한 생활 폐자원(비닐, 플라스틱)에서 수소를 생산하는 프로젝트도 진행 중이다. 이 프로젝트는 지역사회 폐자원의 친환경 처리뿐 아니라 생산된 수소로 전력을 생산할 수 있어 안정적 에너지 공급에 기여할 전망이다.

4. 한국동서발전

한국형 수소연료전지 상용화 추진

한국동서발전(사장 김영문)은 2030년까지 탄소배출량을 44.4% 감축하고, 2050년까지 재생에너지 발전비중 71%를 달성할 계획이다. 이를 위해 2021년 말 현재 866MW 수준인 신재생에너지 설비용량을 2030년 7.4GW까지 증설하고, 수소산업 생태계 구축에 적극 나설 방침이다.

동서발전은 국내 최초로 현대자동차, 덕양과 함께 '한국형 수소연료전지 시스템' 상용화를 추진하고 있다. 울산발전본부에 수소전기차 기술 기반의 1MW급 발전용 수소연료전지 시스템을 설치했으며, 2022년까지 실증사업을 진행한다.

이 연료전지 시스템은 국내 독자기술로 개발됐으며, 수소전기차 '넥쏘'에 들어가는 연료전지 스택이 탑재돼 있다. 현재 우리나라 발전용 연료전지 대부분은 미국 등 해외 원천기술을 기반으로 하고 있어 국산화율이 낮고, 부품 교체 등 유지비용이 비싸다.

강원도 동해시에는 국내 유일의 MW급 그린수소 생산 R&D 실증단지를 구축하고 있다. 이곳에는 △수소생산설비 △수소저장설비 △메탄화설비 등이 운영될 예정이다.

기존 발전소를 친환경으로 전환하는 가스터빈 수소혼소 기술개발과 실증도 추진한다. 기존 가스터빈 설비를 그대로 활용한 '수소혼소 연소 최적화 기술 개발'이 우선 과제다. 운영 중인 가스터빈 연료를 다변화하고, 경제적인 수소 혼소 연소 운영기술 개발을 추진한다.

노면 블록형 태양광기술 개발

동서발전은 중소기업 ㈜한축테크와 공동으로 2019년부터 2년간 연구한 끝에 '노면 블록형 태양광' 기술을 개발했다. 노면 블록형 태양광발전은 광장, 인도, 자전거 도로 등에 설치 가능해 도시 면적의 10% 이상을 활용할 수 있다.

다양한 환경에서 실적을 쌓기 위해 2가지 두께의 태양광 실증 모듈을 제작, 동서발전 본사와 울산시 태화강 국가정원 만남의 광장, 서울주문화센터 광장 등 울산지역 3곳에서 총 15kW 규모로 실증을 진행한다. 아울러 중소기업 매출 향상으로 이어질 수 있도록 연구개발품을 약 8억원 어치 구매하는 한편 울산시와 협력해 자전거길, 폐선로 등에서 시범사업을 전개한다.

또 신재생에너지 사업을 발굴하는 신재생개발권역센터에 인력 100명을 충원했다. 센터에서는 공장 지붕, 건물 외벽, 호수 위나 바다 위 등에 접목할 수 있는 기술을 발굴하고 있다.

동서발전은 영농형 태양광발전에도 기대를 걸고 있다. 영농형 태양광은 농사짓는 땅 위에 태양광발전기를 설치해 에너지를 생산한다. 통계청이 발표한 '2021년 경지면적조사 결과'에 따르면 2021년 전국 경지면적은 154.7만ha이며 경작지에 태양광발전을 설치할 경우 약 500GW(재생에너지 간헐성을 고려해 현재 발전설비로 환산시 80GW)의 대규모 발전단지를 조성할 수 있다.

농지 훼손, 농작물 수확 감소 등의 우려가 있지만 구조물에 농기계가 접근할 수 있도록 높이와 간격을 4m이상으로 설계하면 농사와 태양광 발전을 병행할 수 있다.

기업·지자체·대학에서 에너지효율 사업

동서발전은 탄소중립 실현을 위해 에너지 다소비 기업과 지방자치단체, 대학 등을 대상으로 에너지효율화 사업을 펼치고 있다. 에너지효율화 사업은 온실가스 감축 기여도가 높고, 경제적이면서도 효과적인 탄소중립 이행수단이다.

에너지 다소비 기업과는 에너지저장장치(ESS)를 활용하는 'ESS MSP (Management Service Provider) 사업'을 전개한다. 전기요금이 저렴한 밤에 에너지를 저장했다가 요금이 상대적으로 비싼 낮에 밤새 저장해놓은 전기를 사용해 에너지비용을 줄이는 형태다. 2017년부터 에너지 다소비 기업을 대상으로 전국 18곳에 425MWh의 ESS를 구축해 운영하고 있다.

에너지비용을 절감해 지자체와 이익을 공유하는 '스마트 에너지시티 사업'도 추진한다. 첫 사업으로 2020년 서울 서초구에 지능형 전기제어, 전압 최적화 등 에너지효율화 기술을 융 · 복합한 스마트에너지 시스템을 구축했다. 2021년에는 서울 강동구와 협약을 맺고, 저탄소 그린도시 조성에 박차를 가하고 있다.

또 대학의 에너지 사용을 체계적으로 관리하기 위해 '캠퍼스 에너지효율화 사업'을 추진 중이다. 동서발전이 자체 개발한 시스템으로 에너지 진단부터 설계, 구축, 운영 등 에너지효율 향상을 위한 통합 솔루션을 제공한다.

효율화 설비구축에 드는 비용은 동서발전이 전액 부담하고, 전력수요 감축을 통해 얻은 이익은 대학과 공유한다. 2021년 동의대에 캠퍼스 에너지효율화 사업 1호를 성공적으로 준공했다. 이어 동서대, 대진대에서 사업을 시작했고, 수도권 주요 대학에 에너지 진단을 시행하는 등 전국으로 확대하기 위해 활발한 행보를 이어가고 있다.

5. 한국서부발전

[UN 기후기술 전문기관으로 지정]

한국서부발전(사장 박형덕)은 탄소중립 실현을 위해 2032년까지 석탄발전 6기를 조기 폐지해 LNG 연료전환을 추진하고, 2047년 석탄발전 제로화를 달성할 계획이다.

서부발전은 2022년 2월 수립한 '탄소중립경영 추진계획'에서 2030년까지 2018년도 배출량인 3796만톤 중 1687만톤을 감축해 감축률 44.4%를 달성하겠다고 밝혔다. 아울러 2047년까지 3796만톤 전량을 감축해 탄소중립 실현 시점을 정부 목표보다 3년 앞당기기로 했다.

새만금 등에서 주민참여형 사업

서부발전은 3년 연속(2019~2021년) 정부경영평가 신재생에너지 보급확대 지표 만점 달성과 2021년말 기준 신재생발전 설비용량 1276MW로 발전사 최고 실적을 기록했다.

발전사 최고실적을 낼 수 있었던 배경은 지자체와 주민 요구를 반영한 맞춤형 사업모델을 개발했기 때문이다. 태양광 분야에선 새만금 육상태양광 2구역(99MW)과 새만금 농생명용지 수상태양광(73MW), 태안 이원호 수상태양광(72MW)이 대표적인 주민참여형 사업이다.

풍력발전사업도 적극 나섰다. 2030년까지 육상풍력 700MW, 해상풍력 3GW를 확보하는 'Wind Power 3 · 3 · 7 프로젝트'를 추진하고 있다.

서부발전은 신재생 발전량 비중을 2035년 35%로 확대함으로써 안정적 전력공급과 탄소중립을 실현한다는 구상이다. 그 일환으로 2022년 1월 '신재생 RE 3535계획'을 발표했다. 태양광발전설비 2069MW, 풍력발전설비 3306MW 등을 달성하기 위해 2035년까지 총사업비 40조원을 투자, 신재생에너지 설비용량을 6814MW 규모로 확대한다는 목표를 담았다.

서부발전은 탄소중립 실현을 위해 2019년부터 신재생에너지 16개 사업에 6400억원의 녹색채권을 발행했다. 향후 LNG복합 및 연료전지, 해외 태양광발전 사업을 위해 5000억원의 녹색채권을 추가 발행할 예정이다.

탄소자원화 실증사업 추진

서부발전은 수소 및 암모니아 혼소 등 무탄소 전원 개발에도 박차를 가하고 있다. 석탄발전을 대상으로 암모니아 혼소기술 개발을 추진중이며, 다가올 수소경제시대에 선제적으로 대응하기 위해 수소 혼소실증에 적극 나섰다.

수소 혼소의 경우 2021년 8월 한화임팩트와 협약을 체결해 서부발전이 보유중인 상용 가스터빈을 대상으로 수소혼소 실증을 진행하고 있다.

1단계로 평택1복합 80MW급 가스터빈을 개조해 혼소율 50%를 목표로 수소혼소 실증을 2022년말까지 완료하기로 했다. 2단계로 2025년까지 서인천복합 150MW급 가스터빈을 대상으로 혼소율을 세계 최고수준인 70%까지 끌어올릴 계획이다. 이렇게 되면 혼소 전 대비 온실가스가 40% 감축된다.

서부발전은 2016년부터 연구개발에 125억원을 투자, 이산화탄소 포집 · 활용 · 저장하는 CCUS 실증사업에 참여하고 있다. 태안발전본부 5호기는 0.5MW급 이산화탄소 포집 실증플랜트를 구축, 세계 최고 수준의 습식포집 흡수제 현장 실증을 완료한 바 있다. 이를 기반으로 2021년부터 150MW급 이산화탄소 포집플랜트 상세설계를 목표로 하는 '대규모 CCS 통합실증 및 CCU 상용화 기반구축' 국책과제를 진행 중이다.

가스발전시대를 대비해 2025년까지 이산화탄소 포집 효율을 향상시키는 매체순환 연소기술과 석탄화력 대체 LNG복합에 적용시킬 150MW급 포집플랜트 설계를 민 · 관 공동으로 추진하고 있다. 서부발전은 포집된 이산화탄소를 활용해 발전소 대체자재를 제조, 현장에 시범 적용하는 탄소자원화 실증사업을 추진할 계획이다.

발전분야 온실가스 감축 이외에도 농업 · 건물 · 중소기업 지원 등 비발전분야 온실가스 감축을 위해 노력하고 있다. 국내 감축분야에서는 2016년부터 농림축산식품부와 공동으로 충남지역을 대상으로 농가 감축사업을 정착하는 한편 제주도 시설농가를 대상으로 확대하고 있다.

이외에도 중소기업 기기 고효율화 지원사업인 그린 크레디트 사업을 추진한다. 건물부문 에너지 절감을 지원하는 기후위기 안심마을 조성사업은 2020년부터 충남도와 공동으로 추진하며 온실가스 감축 사각지대 해소에 앞장서고 있다.

또 축적된 온실가스 감축 역량을 바탕으로 2020년 1월 발전공기업 최초로 UN 기후기술 전문기관으로 지정됐다. 베트남에서 기후기술 및 신재생설비를 적용하는 민 · 관 국제협력사업을 추진하는 등 해외 기후대응사업도 펼치고 있다.

6. 한국중부발전

풍력발전 잉여전력을 수소로 변환

한국중부발전(사장 김호빈)은 '2050 탄소중립 시나리오'를 수립하고 태양광 · 풍력 등 재생에너지원 개발 및 수소에너지 등 친환경 기반의 혁신성장을 일궈나가고 있다.

시나리오에 따르면 중부발전은 2050년 발전비중 재생에너지 78%, 무탄소 가스터빈 20%, 연료전지 2.5%로 전력을 생산한다. 이 회사의 2021년말 기준 에너지원별 설비용량 비중은 유연탄 56.8%, 가스 40.1%, 유류 2.1%, 신재생 1.0% 등으로 구성돼 있다.

중부발전은 시나리오 실현을 위해 △대규모 해상풍력 중심 재생에너지 확대 △블루수소 생산단지 구축 등 청정에너지원 개발 △제주 상명풍력 그린수소 실증 △보령본부 10MW 이산화탄소 포집설비 상용화 기술 등 핵심기술 확보에 매진할 계획이다.

SK·현대제철·두산에너빌리티와 협력 강화

제주도는 현재 풍력 · 태양광 등 재생에너지 발전량이 최대 42%를 넘어섰다. 날씨나 계절에 따라 발전량이 전력수요를 초과하는 미활용 전력 처리 문제로 골치를 앓고 있다. 육지에서도 재생에너지 발전량이 급증할 전망이어서 이러한 문제가 뒤따를 것으로 예상된다. 미활용 전력소비와 그린수소 보급을 위해 풍력이용 P2G(Power To Gas) 그린수소 설비가 주목받고 있다.

중부발전은 국내 최초로 풍력발전소 잉여전력을 수소로 변환 · 저장하는 기술을 개발했다. 기존 전력계통에 변동성 재생에너지를 수용하는 계통 안정성을 확보함과 동시에 그린수소 생산기반도 마련했다. 제주 상명풍력에 적용된 P2G 그린수소 기술 개발로 국가 수소경제 기본계획 전략과제의 초석을 마련한 것이다.

중부발전은 2021년 10월 현대엔지니어링, 현대제철, 두산에너빌리티과 중형급(90MW) 수소전소 터빈발전 실증사업 양해각서를 체결했다. 이 실증사업은 충남 당진에 중형급 수소전소터빈을 적용한 신규 발전소를 건설하고 상용화하는 것으로 2027년 준공 목표다.

중부발전은 발전소 운영 · 유지보수, 현대엔지니어링은 발전소 설계와 시공, 두산에너빌리티는 수소전소 연소기 등 중형급 수소전소터빈 개발 · 공급, 현대제철은 수소 공급과 부지 제공 업무를 담당한다.

수소전소터빈 발전은 기존 가스터빈에 LNG 대신 100% 수소를 연료로 사용해 전력을 생산한다. 보령발전본부 유휴 부지를 이용해 SK그룹과 연간 25만톤 수소 생산이 가능한 세계 최대 규모의 블루수소 생산 플랜트 구축 사업도 추진 중이다. 이 외에도 보령 인천 서울 세종본부에서 50MW의 연료전지를 운영, 건설 중에 있다.

중부발전은 연소 후 탄소포집 기술개발을 위해 보령발전본부에 이산화탄소 포집설비(CCS)를 운영한다. 2013년 설비 구축, 2017년 압축 · 액화 설비를 준공했다. 2021년까지 총 8만4000톤을 재이용하며 발전사 최대 재이용 실적을 달성하는 등 운전기술을 입증했다. 2021년에는 순도 99.95% 이상인 이산화탄소 3만톤을 용접용과 드라이아이스 제조에 활용했다.

중소제조업·농어민 탄소감축 도와

중부발전은 중소기업의 온실가스 감축에 설비투자를 지원하고, 배출권으로 투자비를 보전하는 프로그램도 추진한다. 그 중 '청정연료 전환사업'은 벙커C유를 사용하는 중소기업이 LNG · LPG로 전환하도록 지원하는 프로그램이다.

3년간 240억원을 조성해 180여개 중소기업을 도왔다. 사업이 완료되면 10년간 온실가스 약 90만톤과 대기오염물질 6000톤을 감축할 것으로 기대된다.

'코미-애(愛)너지 사업'은 중소기업의 고효율 설비 도입을 지원한다. 2018년부터 2021년까지 12억원을 지원해 64개 중소기업이 설비를 바꿨다.

중부발전은 농수산업에 저탄소 생산기술을 지원하는 '코미-팜빌리지'도 시행한다. 50개 농수산 단지에 에너지 절약형 히트펌프를 보급, 에너지를 절감하는 사업이다. 완료되면 농어민들은 연간 온실가스 1만톤 절감으로 2억5000만원의 추가 수익을 얻을 것으로 보인다. 또 하수 · 빗물 등 미이용 수자원 발굴 등 2025년까지 물사용량 중 재이용수를 70% 이상 활용하기 위한 로드맵을 추진 중이다.

중부발전은 ㈜홍보그린텍과 '보령시 축산분뇨 자원화를 통한 온실가스 감축 외부사업' 추진 협약을 체결했다. 홍보그린텍은 보령시 축산분뇨 처리과정에서 생성되는 바이오가스로 발전설비를 운영하고, 중부발전은 정부승인부터 배출권 구매까지 제반업무를 지원한다. 이를 통해 연간 3000톤의 탄소배출권을 확보할 계획이다.

사회공헌사업과 연계한 글로벌 탄소중립도 추진한다. 방글라데시에 고효율 쿡스토브(요리용 레인지) 100만대를 보급하고, 550만개소의 가스 누출방지 설비 개선을 실시했으며, 탄소배출권을 확보했다.

7. LG화학

[전 세계사업장 사용전력을 100% 재생에너지로]

LG화학은 친환경 · 사회 · 지배구조(ESG) 리더십을 확보하기 위해 2050년 넷제로(Net-Zero) 달성을 선언했다. 기존 목표보다 무려 20년 앞당긴 것이다.

LG화학이 넷제로를 달성하려면 2050년 탄소배출 예상치 대비 총 2000만 톤을 줄여야 한다. 이는 화석연료 차량 830만대가 1년 동안 배출하는 탄소량이다. 소나무 약 1억4000만그루를 심어야 상쇄할 수 있는 규모이기도 하다.

탄소 감축을 위해 LG화학은 혁신공정 도입, 친환경 원료 · 연료 전환, 재생에너지 사용 확대 등을 추진하고 있다. 이를 위해 2023년까지 원재료부터 제품 제조에 걸친 환경영향을 정량 평가하는 환경전과정평가(LCA, Life Cycle Assessment)를 국내외 전제품 대상으로 완료할 계획이다.

LG화학은 전 세계 모든 사업장에서 사용하는 전력을 태양광 풍력 등에서 나오는 재생에너지로 100% 전환한다는 방침이다. LG화학은 국내외에서 녹색프리미엄제, 전력직접구매(PPA) 등을 통해 340GWh 규모의 재생에너지를 확보했다. 약 8만 가구가 1년간 사용할 수 있는 양이다.

LG화학은 지난해 녹색프리미엄제를 통해 연간 135GWh 규모 재생에너지를 낙찰 받았다. 전기차 배터리의 핵심 소재를 생산하는 청주 양극재 공장 등 주요 사업장들이 이를 통해 전력을 조달한다.

2019년 12월에는 국내 기업 최초로 중국 내 전력직접구매로 연간 140GWh의 재생에너지를 확보했다. 이에 중국 장쑤성 우시 양극재 공장은 올해부터 재생에너지로만 공장을 가동해 일반 산업용전력 대비 10만톤의 탄소 감축이 기대된다.

플라스틱 자원 100% 선순환시스템 구축

LG화학은 친환경 PCR(Post-Consumer Recycled) 플라스틱과 생분해성 플라스틱 소재 등 폐플라스틱 자원의 선순환을 위한 제품개발에도 적극적이다. PCR은 최종 소비자가 사용한 후 버린 플라스틱 제품을 선별, 수거해 재활용한 원료를 말한다.

2019년 7월 세계 최초로 친환경 PCR 화이트 ABS(Acrylonitrile Butadiene Styrene) 상업생산에도 성공했다. ABS는 아크릴로니트릴(AN)과 부타디엔, 스티렌을 중합해 얻어지는 공중합체다. 옅은 아이보리색의 고체로 착색이 수월하고 표면광택이 좋으며 기계적, 전기적 성질과 내약품성이 우수하다. 가정용 · 사무실용 전자제품 및 자동차 표면 소재로 사용된다.

이전까지 ABS는 재활용하면 강도가 약해지고 색이 바래지는 등 단점이 있었고, 검은색과 회색으로만 만들 수 있었다. LG화학은 재활용 ABS 물성을 기존 제품과 동등한 수준으로 끌어올렸으며, 업계 최초로 하얀색으로 만드는 기술까지 개발했다.

LG화학은 플라스틱 생산, 사용 후 수거, 리사이클까지 망라하는 ESG 비즈니스 모델을 만들고 있다. 2021년 3월 국내 혁신 스타트업 이너보틀(Inner-bottle)과 손잡고 플라스틱 화장품 용기를 완벽하게 재활용하는 '플라스틱 에코 플랫폼' 구축에 나섰다.

양사가 구축하는 에코 플랫폼은 '소재(LG화학)→제품(이너보틀)→수거(물류업체)→리사이클(LG화학 · 이너보틀)'로 이어지는 구조다. LG화학이 제공한 플라스틱 소재로 이너보틀이 화장품 용기를 만들고, 사용된 이너보틀의 용기만을 회수하는 전용 물류시스템을 통해 수거한 뒤, 다시 양사가 원료 형태로 재활용하는 방식이다.

세계 최초 생분해성 신소재 개발

LG화학은 화학적 재활용 공장 설립 및 기술 개발에도 박차를 가하고 있다. LG화학은 2024년 1분기까지 충남 당진에 국내 최초의 초임계 열분해유 공장을 연산 2만톤 규모로 건설할 계획이다. 열분해유는 사용된 플라스틱에서 추출 가능한 재생연료로 새로운 플라스틱 생산을 위한 원료로 사용 가능하다.

이 공장에는 고온 · 고압의 초임계 수증기로 혼합된 폐플라스틱을 분해시키는 화학적 재활용 기술이 적용된다.

또 직접 열을 가하는 기술과 달리 열분해 과정에서 탄소덩어리(그을림) 생성을 억제해 별도 보수과정 없이 연속운전이 가능한 것이 특징이다. 이를 위해 LG화학은 초임계 열분해 원천 기술을 보유한 영국의 무라 테크놀로지(Mura Technology)와 협업한다.

LG화학은 세계 최초로 생분해성 신소재 개발에 성공하는 등 환경오염 및 미세 플라스틱 문제 해결에도 나섰다.

LG화학이 개발한 신소재는 옥수수 성분의 포도당 및 폐글리세롤을 활용한 바이오 함량 100%의 생분해성 소재다. 이 소재는 단일 소재로 고객이 원하는 품질과 용도별 물성을 갖출 수 있다.

특히 핵심 요소인 유연성은 기존 생분해성 제품 대비 최대 20배이상 개선되면서 가공 후에도 투명성을 유지할 수 있어 친환경 포장재 업계에 파급 효과가 클 것으로 예상된다.

8. SK그룹

[9개 분야 친환경 기술 생태계 구축]

SK그룹은 글로벌 탄소중립 목표 시점인 2050년보다 앞서 넷제로(탄소 순배출량 0) 경영을 조기 달성할 방침이다. 아울러 2030년 기준 전세계 탄소감축 목표량 210억톤의 1%(2억톤)를 줄여 넷제로 경영에 속도를 높이기로 했다.

SK그룹은 2022년 6월 환경 · 사회 · 지배구조(ESG) 경영의 출발점이 된 충북 충주 인등산에서 탄소 감축을 위한 로드맵을 제시했다. 9개 분야에 걸쳐 친환경 기술 생태계를 조성한다는 구상이다.

우선 태양광 · 풍력 등 신재생에너지와 에너지저장시스템(ESS)으로 친환경 에너지 생태계를 구축해 2030년 3730만톤의 탄소를 감축하겠다는 목표다. 또 △저전력반도체 등으로 인공지능(AI)과 반도체 생태계를 만들어 1650만톤 △차세대 배터리 등 전기차배터리 생태계로 750만톤 △플라스틱 재활용 생태계로 670만톤을 감축하기로 했다.

이와 함께 △탄소없는 사회 생태계 650만톤(조림 · CDM 사업) △수소 생태계 500만톤(그린수소 · 연료전지) △CCUS 생태계 460만톤(탄소 포집 저장 활용) △라이프스타일 생태계 400만톤(대체식품) △클린 솔루션 생태계 15만톤(폐기물 수집 · 처리) 등을 로드맵에 담았다.

SK그룹은 이러한 내용을 디지털로 구현한 전시관 '그린 포레스트 파빌리온'

(Green Forest Pavilion)도 인등산에 조성했다. 디지털전시관은 인등산과 자작나무 숲을 모티브로 내부를 꾸몄다. 전시관엔 '9개의 여정' 주제로 탄소중립 달성 방법이 담긴 키오스크(터치스크린방식의 무인 정보단말기)를 배치했다.

모바일 도슨트(docent)로 키오스크의 특정 아이콘을 촬영하면 SK가 구축한 9개 친환경 기술 생태계와 탄소절감 효과를 증강현실로 볼 수 있다.

조림에서 반도체·배터리 생태계 조성까지

'그린 포레스트 파빌리온' 개관으로 주목받게 된 SK그룹의 ESG 경영은 최종현 선대회장이 1972년 서해개발주식회사(현 SK임업)를 설립하면서 시작됐다. 선대회장은 1960~1970년대 무분별한 벌목으로 민둥산이 늘어나는 것을 안타깝게 여기다 충주 인등산, 천안 광덕산, 영동 시항산 등 총 4500ha의 황무지를 사들였다. 이어 국내 최초로 기업형 조림사업에 착수했다.

당시 땅값 급등 가능성이 높은 수도권 용지 매입을 건의한 임원에게 "내가 땅장사 하자고 이 사업 시작한 줄 아나. 인재를 키우는 마음으로 나무를 기르자는 뜻"이라고 이야기한 것은 유명한 일화다. 50년 전 민둥산은 현재 400만 그루, 서울 남산의 약 40배 크기의 울창한 숲으로 변신했다.

또 최종현 선대회장은 조림사업으로 발생한 수익금을 인재양성 장학금으로 사용했다. 그는 1974년 사재를 출연해 한국고등교육재단을 설립한 뒤 학비와 생활비 전액을 장학금으로 지급했다. 최태원 SK그룹 회장은 선대회장의 유훈을 이어받아 한 차원 더 높은 ESG 경영으로 조림사업을 진화 · 발전시키고 있다. 최 회장은 2012년 SK건설(현 SK에코플랜트) 산하에 있던 SK임업을 지주회사인 SK㈜에 편입시킨 뒤 탄소배출권을 확보하고 해외 조림사업을 시행하는 글로벌 기업으로 변신시켰다.

SK는 2012년 강원 고성군의 축구장 70배 크기 황폐지에 자작나무 등 25만그루를 심어 조림(A/R) 청정개발체제(CDM) 사업을 시작했다. CDM은 조림 사업으로 복구된 숲이 흡수한 온실가스를 측정, 탄소배출권을 인정받는 사업이다. SK는 2013년 유엔기후변화협약의 최종 인가를 받아 국내 최초로 탄소배출권을 확보한 기업이 됐다.

또 SK는 인등산 등 국내 조림지 4곳(4500ha)과 전국의 공 · 사유림을 대상으로 탄소중립 산림협력 사업을 벌이고 있다. 기업과 공공기관의 탄소중립을 돕고, 산주에겐 수익원을 만들어 주는 것을 목적으로 한다.

SK는 현재 운영중인 탄소중립 산림협력 사업 프로젝트로 향후 30년간 매년 4만3000톤의 탄소를 흡수할 것으로 기대하고 있다. SK는 탄소배출권 거래 플랫폼을 구축, 환경보전과 부가가치 창출을 동시 추구하는 선순환 구조를 만들어 나갈 방침이다.

6개사가 참여한 'SK그린 캠퍼스'

SK는 해외에서도 탄소배출권을 확보하고 있다. 파푸아뉴기니 열대우림을 보호하는 '레드플러스'(REDD+: 개발도상국의 황폐화된 산림을 조림사업으로 개발, 온실가스 배출을 줄이는 것) 사업과 스리랑카 ARR(신규조림 · 재조림 · 식생복원) 사업이 대표적이다. 베트남과 필리핀에서도 관련 프로젝트를 추진중이다.

이 외에도 우즈베키스탄 조림사업, 튀니지 참나무 숲 복원사업, 베트남 농촌 공동체 개발사업 등 황폐화된 산림을 복구하고 사막화를 방지하는 'K-Forest' 스토리를 만들고 있다.

이와 함께 2022년 5월에는 관계사들의 인력과 역량을 한 데 모은 'SK그린 캠퍼스'(Green Campus)를 출범했다. 친환경사업을 하는 6개사가 참여해 만든 그린 캠퍼스는 SK그룹의 경영방법론인 공유 인프라 중 하나다. 참여사들이 물리적 공간(건물)과 지식, 정보 등 유무형 자산을 공유하며 사업 시너지를 낼 수 있도록 설계됐다.

참여회사 중 3개사(SK E&S · SK에코플랜트 · SK에너지)는 환경사업 관련 조직이, 나머지 3개사(SK지오센트릭 · SK온 · SK임업)는 회사 전체가 통째로 그린 캠퍼스로 옮겨왔다. 전체 캠퍼스 구성원은 1200여명에 이른다.

△SK E&S는 재생에너지 · 수소 · 에너지솔루션 △SK에코플랜트는 환경 · 신재생에너지 △SK에너지는 친환경 에너지솔루션 & 모빌리티 플랫폼 구축 △SK지오센트릭은 플라스틱 재활용 및 친환경 플라스틱 소재 △SK온은 친환경 전기차배터리, ESS 개발 및 생산 △SK임업은 산림을 통한 탄소상쇄 사업 등을 추진 중이다.

그린캠퍼스는 다양한 프로그램을 운영하고 있다. 관계사간 사업 이해도를 높이며 상호 벤치마킹할 수 있는 '공유 데이(Day)'를 열고, 구성원이 스스로 역량을 개발할 수 있는 강좌 · 학습 모임도 지원한다. 발굴한 과제는 캠퍼스내 시너지협의체를 통해 사업화까지 이어지도록 할 계획이다. 그린 캠퍼스는 구성원들이 물리적 한계를 넘어 협업할 수 있도록 메타버스로도 구현했다.

한편 SK E&S와 SK 머티리얼즈 자회사인 SK스페셜티는 '재생에너지 직접 전력거래계약(PPA)'을 체결했다.

이번 계약을 통해 SK스페셜티는 SK E&S로부터 충남지역 태양광발전소에서 생산된 50MW급 전력을 2024년부터 2044년까지 20년동안 공급받을 예정이다. SK스페셜티는 2030년 기준 필요전력의 약 10%를 재생에너지로 대체하고, 총 60만톤에 이르는 온실가스 감축 효과를 기대한다.

탄소중립 달성 목표는 SK 머티리얼즈 2030년을 비롯 자회사 중 SK트리켐, SK머티리얼즈 퍼포먼스, SK머티리얼즈 리뉴텍 등 3개사는 2026년이다.

에필로그

러시아-우크라이나 전쟁은 세계 에너지시장에 두가지 큰 변화를 가져왔다.

우선 석유 가스 유연탄 등 에너지가격이 급등하면서 에너지안보의 중요성을 재차 각인시켰다.

이와 함께 탄소중립 실현가능성에 대한 의혹이 늘었다. 러시아의 천연가스 공급제한으로 유럽연합(EU)이 석탄발전을 재가동하기 시작했고, 탈원전 선언 국가들이 원자력 활용방안을 모색하면서부터다.

하지만 변화와 혁신에는 언제나 굴곡이 있고, 저항이 있기 마련이다. 탄소중립은 가기 싫어도 가야할 길이고, 또 가게 될 것이다.

화석연료는 유한한데다 환경오염의 주원인으로 꼽힌다. 온실가스 배출은 한계치를 넘었고, 인간이 필요로 하는 에너지는 증가하고 있다. 에너지전환과 탄소중립은 불가피한 과정이다.

사실 탄소중립이란 한쪽에선 탄소배출을 줄이고, 또다른 한쪽에선 배출된 탄소를 흡수해 탄소제로 상태를 만드는 일이다. 그런데 탄소를 흡수할 수 있는 경우의 수는 많지 않다. 자연현상을 제외하곤 탄소포집 · 저장(CCS)외에 현재 이렇다 할 방안이 없다.

수요관리를 뒷전으로 한 채 공급측면만 강조할 경우 탄소중립은 요원한 일이 된다. 공급은 부지확보, 전력계통, 주민수용성 등 뛰어넘어야 할 3대 허들이 있다. 여기에 재생에너지는 간헐성이란 또 하나의 허들을 극복해야 한다.

결국 탄소중립을 실현할 수 있는 가장 직접적인 방안은 에너지를 적게 쓰는 것이다. 에너지효율과 수요관리는 1거4득(一擧四得) 효과가 있다.

첫째 에너지안보에 기여한다. 에너지 해외의존도가 95%에 육박하는 우리나라는 다양한 에너지원을 안정적으로 확보하는 게 최우선 과제다. 우크라이나 전쟁에서 보듯 에너지안보는 국가경쟁력 나아가 국가생존권을 좌우하는 핵심요인이 되었다. 에너지 효율개선과 수요관리는 외부환경에 휩쓸리지 않고, 우리 스스로 행할 수 있는 실천방안이다.

둘째 에너지생산비용이 크게 들어가지 않는다. 균등화발전비용이 그 어떤 에너지원보다 저렴하다. 셋째 온실가스 감축기여도가 재생에너지나 원자력보다 탁월하고, 넷째 신성장동력산업을 육성해 미래를 대비할 수 있다.

다만 수요관리는 합리적인 가격조정이 전제돼야 한다. 현재처럼 낮은 전기 · 가스요금 체계는 가격신호가 작동하지 않아 에너지 과소비를 부추긴다. 전기를 만드는 데 원료로 쓰이는 석탄과 천연가스 가격이 급등하는데도 요금을 억제하면 언젠가는 대가를 치를 가능성이 크다.

수요관리와 병행해 고려해야 할 것이 공급방안이다.

탄소중립 달성을 위해서는 전기화가 불가피한데 재생에너지는 기본 토대다. 재생에너지는 탄소배출이 없고 안전하다. 또 경제성이 갈수록 개선되고 있다. 선진국에선 이미 재생에너지 경제성이 원자력이나 다른 에너지원을 앞질렀다.

다만 우리나라는 국토가 협소한 데다 70%가 산지다. 육상에서 풍력발전을 운영하기 위한 풍속이 뒷받침해주는 지역도 한정돼 있다. 해상풍력은 우리나라 재생에너지 확대의 현실적인 대안 중 하나다. 그렇다고 기술력의 한계나 주민수용성 문제가 있어 올인할 수 있는 상황은 아니다.

원자력과 액화천연가스(LNG)가 유럽에서 택소노미(녹색분류체계)에 포함됐듯이 우리나라도 효과적으로 활용해야 한다. 연구주체에 따라 결과가 조금씩 다르긴 하지만 현재까지 원전이 타 에너지원에 비해 경제성을 지닌 것은 부인하기 어렵다. 온실가스 배출도 거의 없다.

그렇다고 다수호기 문제, 안전성 등 주민수용성을 고려하면 더 이상의 신규 원전 건립은 어렵다. 따라서 안전성을 전제로 계속운전을 실시하는 게 합리적이라는 생각이다.

포화시점이 임박해오는 사용후핵연료 처분시설 조성작업에도 적극 나서야 한다. 우리가 사용하고 누린 혜택의 결과물(방사성폐기물)을 다음 세대에 떠넘기는 일은 바람직하지 않다. 에너지문제를 정치화하지도 말아야 한다. 에너지문제를 정략적 정치공학적으로 접근하게 되면 공정성을 망각하고, 균형감을 잃게 된다.

LNG는 이산화탄소를 배출하지만 전력공급 안정화를 위해선 당분간 브릿지 연료로 활용할 수밖에 없다. 재생에너지와 원자력이 갖고 있는 태생적 한계를 보완해줄 연료이기 때문이다.

우리는 이 에너지 중에서 어느 것 하나도 배제할 여유가 없다. 합리적인 정책은 어떤 하나의 에너지원에 전념하는 게 아니라 조화롭게 함께 쓰는 데 있다.

또 우리나라는 에너지 해외의존도가 높고, 에너지믹스 구성의 한계가 있기 때문에 수소를 차세대 에너지원으로 육성해야 한다. 재생에너지, 이산화탄소 포집 · 활용 · 저장(CCUS), 에너지저장장치(ESS), 소형모듈원자로(SMR) 등 신기술개발에도 적극 나서야 한다. 단기적으로는 기존 기술의 효율향상으로 탄소중립 기반을 마련하고, 중장기적으로는 파괴적(Disruptive)이고 한계돌파형(Breakthrough)인 신기술의 상용화가 요구된다. 고탄소시대 추격자였던 우리나라가 저탄소시대 선도자로 도약하기 위해선 신기술 개발이 선결과제다.

여기서 공론화할 이슈가 하나 있다. 철강업계의 수소환원제철 기술개발이다. 우리나라 온실가스 배출량 가운데 포스코 1개 기업이 차지하는 비중이 약 12%에 이른다. 철강업계 전체를 따지면 17% 정도된다. 결국 이 부분을 해결하지 않고선 다른 분야에서 넷제로를 실현한다고 해도 국가차원의 탄소중립은 불가능하다.

우리나라는 2022년 처음으로 2조4000억원 규모의 기후대응기금을 조성했다. 이 부분에서 수소환원제철, CCUS, ESS 등 기술에 과감한 투자가 필요하지 않나 싶다. 물론 수소환원제철의 경우 특정 업종 · 기업 특혜라는 주장이 제기될 수 있다.

하지만 철강은 산업의 쌀이라 불릴 만큼 산업의 핵심요소이고, 제조업 중심인 우리나라 입장에서 철강산업 육성과 보호가 필요한 측면이 있다. 또 우리 삶에도 철은 스마트폰 TV 냉장고 자동차 등 밀접한 연관이 있다. 따라서 무조건 지원하자는 게 아니라 선택과 집중의 연구개발(R&D) 차원에서 공론화해 볼 필요가 있는 사안이라고 생각한다.

산업혁명 이후 석탄으로의 에너지 전환에 150년(1800~1950년)이 걸렸고, 석유와 전기가 보편화되는 데 100년(1900~2000년)이 소요됐다. 이런 점을 고려하면 30년 안에(2050년) 탄소중립을 달성하는 일이나 8년 안에(2030년) 탄소배출량을 2018년 대비 40% 감축한다는 목표는 엄청난 도전이다. 낙관하기 어려운 과제다.

우리는 지금 국제 에너지가격 상승에 따른 에너지안보와 탄소중립이라는 큰 산 앞에 서있다. 미래 기술도 아직까진 불확실성의 한계를 뛰어넘지 못한다.

하지만 이 문제는 국가가 국민들에게 지켜야 할 의무이자 목표다. 에너지는 우리의 생활기반이고, 산업의 토대다.

따라서 탄소중립을 실현하려면 "이건 맞고 저건 틀리다" "그때는 틀리고, 지금은 맞다"는 식의 이분법적 논리에 빠져서는 안된다.

어느 한 가지에 주력하기 위해 다른 것을 배제하는 건 상당히 무모하고, 무책임한 정책이다. 에너지효율을 중심으로 다양한 에너지원을 균형있게 활용하고, 미래에너지 기술개발에 과감히 나서는 일은 윤석열정부의 역할이자 책무다.

탄소중립 골든타임

초 판 1쇄 2022년 9월 1일
2쇄 2022년 9월 20일
3쇄 2022년 9월 30일
4쇄 2022년 11월 1일
5쇄 2022년 12월 1일
6쇄 2023년 4월 10일

지은이 이재호
펴낸이 장민환
펴낸곳 석탑출판(주)
주 소 서울시 종로구 새문안로3길 3, B3
전 화 02.2287.2290
팩 스 02.2287.2291
이메일 seoktoppub@naver.com
디자인 디자인내일
인 쇄 한영문화사

ISBN 978-89-293-0448-5 (03300)